中国经济体制改革研究会
公共政策研究部简介

中国经济体制改革研究会公共政策研究部（www.crcpp.org）的前身是2004年在“博士咖啡”同仁的基础上，由中国经济体制改革研究会秘书长石小敏先生倡导而成立的“公共政策研究所”，2006年又先后改名为“帕累托公共政策研究所”和“公共政策研究中心”，2007年再调整为现在的名称。她是中国经济体制改革研究会内设的但相对独立运营的研究部门。该研究机构通过自筹经费的方式，特别聘请国内外跨学科的专家学者，从事宏观政策、产业政策、市场监管、区域发展、社会管理、法治建设、政府改革、国际关系等领域的公共政策的研究和推广。该机构的理事由巴曙松、高辉清、何帆、鲁利玲、毛寿龙、石小敏、夏业良、余晖、杨鹏、周汉华、钟伟、赵晓组成。现任主任为余晖，执行主任为何帆。

公共政策论丛

学者自选集

执行主编 余晖

法制的转轨

季卫东 著

ZHEJIANG UNIVERSITY PRESS
浙江大学出版社

公共政策论丛总序

中国的改革开放政策，已经实施了30年，但基本是以经济领域效率导向的改革和开放为主线，社会、文化领域的改革明显落后。这不仅导致经济领域的深化改革和进一步开放步履维艰，而且阻碍了中国特色社会主义和社会主义市场经济体制的建设进程。未来的中国应该是与世界先进文明高度接轨的更加开放，更加民主、平等和自由的中国。显然，当下和未来中国的公共政策的形成和实施过程将会面临更加复杂的选择，其难度也可想而知。我们开始进入一个航向尚不完全明确的深海区域。如果说河里有石头可摸，海里则布满了暗礁！全面配套的转轨改革将更加艰辛。

在此背景下，中国经济体制改革研究会几年前专门成立了公共政策研究部，陆续聘请了生活和工作在国内外的众多中国学者作为高级研究员。这些优秀的学者跨越经济、法律、政治、社会、文化诸学科，并长期从事公共政策的理论和咨询研究。从2008年起，我们更以“公共政策研究报告”、“公共政策论丛·专著”和“公共政策论丛·学者自选集”三个系列为组合，推出这套公共政策论丛，并将其作为一项连续出版的计划。其目的就是要在更加广泛的领域介绍他们的研究成果，从而使国内公共政策的研究和讨论在理论和实际操作层面更深入地展开，并推动公共政策研究的本土化；同时着意培养决策者和公众的公共政策意识，吸引公众更为理性地关注和参与公共政策的制订和执行，并为各级政府决策机构在制订和执行公共政策时提供可能的帮助。

其中，“公共政策研究报告”系列展示的是公共政策研究部分年度完成的公共政策研究和咨询报告，这些报告有来自该部自立的课题，也有来自政府部门和国内外民间机构委托的课题；“公共政策论丛·专著”展示的是该部高级研究员有关某一公共政策领域的理论研究成果；“公共政策论丛·学者自选集”展示的则是该部高级研究员以发表或未发表的有关公共政策的论文、评论和研究报告组成的个人成果。当然，文集也可能是针对某一公共政策话题所收集的该部高级研究员的特约文章。

在宪政制度比较发达的国家，公共政策的提出、制订、执行、监督和评价是一个由公共政府主导，但同时高度开放、相关利益团体高度参与的制度过程。这个过程中当然也不乏各类研究咨询机构的参与。这必然是中国公共政策过程的方向。希望本论丛的出版能够为这一过程的逐步完善作出贡献。

作为公共政策研究部的现职主任和本论丛的轮值执行主编，我衷心感谢公共政策研究部高级研究员团队慷慨而有力的支持。

余 晖

2008 年 5 月 14 日

前　言

当今中国，正处于创造性混沌的漩涡里。

社会中的那些腐朽结构逐步分崩离析，固然造成了层出不穷的空白、错位、矛盾、混乱、失范、冲突以及不可预测性，但是就在浑沌一片的边缘，你会欣喜地发现，新秩序的构成因素也渐次形成和壮大。法律人则不断致力于对一些偶然出现的事物进行非随机化处理和技术加工，使之转写到制度设计的方案之中，促成社会的进化。

同时，你还会看到新陈代谢的阻滞，有局部性的，也有全面性的。亿万张蛛网般的人际关系纵横交错，使许多改革举措纠缠其中，最后像被粘住的蜻蜓，飞不了，走不动，最后只留下被抽空精髓、分享营养之后的残骸。

面对这尊变脸伊阿诺般的掌门神，面对这个复杂系统的多重的、渐进的演变过程，任何人都难免或深或浅地陷入“鬼打墙”或者“盲人摸象”之类的认识困境。要突围，要打破理论的窠臼，最好的办法就是尽量全面、深入地观察和分析不同事物的来龙去脉，反复推敲各种构成因素的功能、含义，以及潜在可能性。

近几年我经常回国，进行田园调查，参加学术研讨会，应邀讲演或座谈，以及接受报刊杂志的采访和约稿。这一切既迫使我更进一步关注中国的法与社会的现象和境况变迁，也为我提供了整理和叙述各种观感以及主张的机会，结果在不经意间催生了这本杂文集。虽然发言落笔的契机不一，时空跨度很大，但在立场（促进制度创新）、方法（从个案和具体问题透视整体结构）以及切入口（在无序与有序的夹缝里推敲公共政策的想法）上具有显著的连贯性，并聚焦于网络、权力以及法治之间复杂的互动关系。

该书收入的评论、随笔以及访谈涉及立宪主义、法律系统、审判权、行政、经济以及社会文化等不同断面，也许更适合呈献给法律界以外的读者，特别是公共政策研究者和实践者。在某种意义上可以说，这些急就章点点滴滴真实地记录了笔者对当下各种纠纷和规范的观察、问题意识以及思考实验的轨迹，也构成笔者法学理论作业的某些草图或素描。

要把长短不齐的稿件进行严格的分类和体系化是比较困难的。这里大致整理成四辑；各自形成松散的、包含多样性的统合。第一辑题为“制度转动的万花筒”，侧重于考察和讨论那些导致既有结构解体或新秩序生成的不同因素、推力以及机制；第二辑把视角对准民间财产秩序和话语空间，通过具体实例观察私人之间关系重组或生成的不同位相；第三辑主要涉及刑事案件，通过对生杀予夺现象的判断来确认强制力的本质和边界，探究国家统治的正当性根据；第四辑试图为民主法治的构思和建设提供一些最基本的线索以及切实可行的方案。

余晖教授发出热忱的邀请，在编辑方针上给予特别的通融，并允许我把基于忧患精神的诤言以及针对个别案例的尖锐批评也都完整地保留在文集里，在这里谨致谢意。另外，还要借此机会向那些慷慨地提供信息、建言或各种帮助的学界、新闻业以及实务部门的朋友们表示感激之情，恕我不逐一列举姓名。

就在搁笔之际，电视新闻节目开始播放台湾2008年“大选”的结果，海峡两岸和平发展、互相促进的前景开始明朗化。可以预期，中国的公共秩序转型和制度创新即将展开一个更加绚丽多姿的局面。

季卫东

于日本神户，2008年3月22日晚

目录 CONTENTS

第二部分　合意、权利以及正义

第三部分　社会变迁中的罪与罚

第四部分　吹响新世纪的“法螺”

第一部分

制度转动的万花筒

纠错机制的失灵

“华南虎照片”这样一起稚拙的诈骗案，居然能拖延八个多月，真可以去申报吉尼斯世界纪录了。

众所周知，几乎在陕西省林业厅公布镇坪县“华南虎”照片、颁发周正龙奖金的同时，就有很多网民质疑其真实性，并指出了破绽所在。2007 年底的舆论调查，提前半年就得出了与姗姗来迟的官方处理报告相吻合的结论。因此，如果有关机构打算要查明真相、纠正错误，本来是易如反掌的。

但“纸老虎”却反咬一口，居然还能吓退很多有责任、也有能力追究真相的人们。以致像中国科学院植物研究所的傅德志这样的身在象牙塔里的专家也悻悻然，不得不与那个图利造假的刁民同样打赌发誓，以自己的脑袋来担保实话实说的可信度。

可以说，那台佳能相机拍摄出来的，远不只是一种与《战国策》里庞恭对魏国君主讲述的“三人成虎”寓言相类似的社会怪象。

也就是说，在当今中国的某些地方，通过专业机构和技术手段识别真伪、校对正斜的机制已经在相当程度上失灵了。如此条件、如此背景，哪怕纠正一桩很小的错误，也不得不付出极大的代价，不得不等待某位上峰的拍板决断。只要组织的内部手续不启动，无论多么正确的主张也难以成立。

在虎照疑点暴露后，国家林业主管部门不仅没有主动承担调查处理的责任，相反，还与陕西地方林业主管部门把更大的财力和物力投入到更不着边际的寻找真老虎的事务上。最近宣布的对 13 名当地涉案干部的行政处分，不仅制裁很轻微，其理由也很奇妙。例如前陕西省林业厅信息宣传中心主任被免职的原因居然不是“护假”，而是所谓“违反组织纪律，开设个人博客，参与争论”，简直匪夷所思。

“打虎”派法律学者郝劲松接二连三启动外部问责程序，要求依法公开有关信息，指陈当地有关部门以其他名义拘留周正龙的根据和期间存在正当性瑕疵。即使在按照组织手续宣告处理结果的2008年6月29日，警方发言人也特意强调“虎照造假事件系周一人所为，没有发现公职人员和其他村民参与造假的事实”，竭力把追究法律责任的范围仅仅限定在周正龙一个人身上。

当各种制度化纠错的可能性都被大打折扣的时候，理应受到广泛尊重的权威就会分崩离析，因而社会的诚信度也会大幅度下降，风险则会大幅度增加。在这样的境况里，抵抗无序化的力量只能到制度之外去寻找，到人民当中去寻找。这次“虎照事件”表明，网民的相互作用和集体作用构成了发现和追踪违法行径的主要动力，网络舆论构成了一种非正式的、至关重要的民主监督机制。该事件的处理尽管已经延宕大半年，但并没有不了了之，应该归功于互联网。

从这个角度来看，我们也就可以反过来看清楚对关克给予免职处分的那个葫芦里究竟卖的是什么药了。把开设个人博客参与争论界定为“违反组织纪律”并给予免职处分，其实或多或少也流露出些许对网络舆论的报复心理，或有意或无意为将来压缩电子言论空间预留了伏笔。

但是，倘若“虎照门”这样丑陋的闹剧，最后居然还能进一步演变成这样的结局，那就不难想象，所有的纠错机制很可能都将毁于一旦。于是乎，“权力定真假”的流弊势必愈演愈烈，直到引起诚信危机。

然而，迄今为止，我们还是有理由保持审慎的乐观态度。实际上，“打虎”派的胜利已经向整个社会昭显这样的道理：自由的、公开的信息流通可以减少个人诈骗以及有组织的操纵等不正当行为的成功概率。网络空间里有一个无所不在的“虚拟陪审团”，可以极大地减少事实认定方面的误差和法律推理方面的盲点。在网络舆论与法律程序之间进行持续性互动的场合，滥用裁量权的机会势必短缺，已经失灵的纠错机制比较容易复原，再颟顸而蛮横的强权也将逐步现出纸老虎的原形。

另外，围绕“三人成虎”的大辩论其实在不经意间打造出了一个全国性的虚拟公共领域。在一定程度上，“打虎”派的胜利已经证实了这样的事实：理性的网络舆论如果善用，可以帮规章制度长出“牙齿”来，可以通过监督和表达这两种方式去影响决策，可以采取众志成城的方式防止社会诚信度的下降，可以加强秩序赖以维持的问责系统。

在制度创新的层面观察和思考虎照事件演变的全过程，一定会注意到，数码信息技术和互联网为中国社会带来的最大变化是，透明度的增大、关系距离的缩短使得各级政府都具有了可问责性，并且明显地提高了沟通和协作的效率以及确定性。这样设定的情境能够充分限制欺骗和武断的余地，也会在相当程度上阻遏结构性腐败的蔓延，还有利于克服猜忌、犬儒主义以及逆反心理，促进人与人之间达成互信和共识。

只有当自发的诚信和制度化的信赖恢复和发展到一定程度时，“有法必依”和“有错必纠”才会成为天经地义，赵高指鹿为马的陈年旧事和庞恭“三人成虎”的规讽寓言才会逐步淡出视听，不再构成现实中的近忧、远虑以及荒诞剧。

载《财经》总第 215 期

募捐的两难

慈善（Philanthropy）作为一种精神是人类博爱的流露，作为一种行动则表现为利他的奉献。俗话说“有力的出力，有钱的出钱”，意味着基于慈善的奉献行动可以采取不同的方式，但主要有两种：出力的就是志愿者工作，出钱的就是募集净财。换个说法，一个为自由时间的捐赠，另一个为交换价值的捐赠。

由此可见，募捐与志愿是一枚银币的两面，在本质上是完全相同的：都是发自仁义怜悯之心，都是当事人自发的和主动的利他义举，都与外部的强制或组织化的压力无缘。因此所谓捐款，就是志愿捐款；任何逼捐或者变相逼捐的现象均不属于慈善事业的范畴，实际上只能理解为一种特别的征税或者强制性摊派。

正是根据慈善的本意，我国《公益事业捐赠法》（1999 年 6 月 28 日公布）第 4 条明确规定：“捐赠应当是自愿和无偿的，禁止强行摊派或者变相摊派，不得以捐赠为名从事营利活动。”这就揭示了捐赠的逻辑势必通往非政府性的 NGO 和非营利性的 NPO，劝募这样的事情还是让民间团体去推动为妥。

然而在实践过程中，募捐也包含着某些两难困境：

首先，捐赠理应很个人化的行为，但作为救灾的一环，为了有效地动员社会的救援力量，不能不成立募集财物的组织，不能不大张旗鼓地进行劝募宣传活动。在组织和宣传活动中，个人行为的自愿性是很容易在不同程度上受到外部影响的。可以说，这里存在着“劝募的两难”。

其次，捐款是民间的自发奉献，但捐款的管理和分配却离不开制度设计以及有关政府部门的参与或者主导。也就是说，在以聚沙成塔的方式形成的民间捐款汇集在一起的那个瞬间，私人的善意就被溶解到公益的原则里，由国家统筹兼顾的逻辑就会起支配作用。

正因为政府将主导捐款的管理和分配，所以它理所当然地关注捐款的募集和汇总，也就难免要对劝募活动指手画脚。从而使得分捐过程反过来左右着募捐过程。志愿捐款如果不分配、使用就无法实现捐款人的善心，但分配、使用所需要的权力运作却又很可能使捐款的志愿性打折扣——不妨把这样的困境表述为“分捐的两难”。

还要看到，慈善精神虽然不限于基督教传统，也不限于欧美各国，但文化和制度条件都会制约民间捐赠的范围和规模。例如在天主教世界，因为存在教会组织的公益事业，所以个人本位的慈善活动并不发达。在清教世界，因为北欧各国长期奉行社会民主主义路线、确立了福利国家的体制，所以非政府的募捐也缺乏必要的土壤。

高标“仁政”理想的中国，一直认为赈灾是政府的主要职能，所以各种民间公益活动始终比较低调。在诸如此类的背景下，究竟要不要采取更积极的措施去促进个人捐助，民间公益活动的适当范围应该如何界定，怎样才能在倡导现代主体的自我负责原理的同时防止政府推卸责任的偏向，这些也构成一连串的悖论。概括成一句话，就是“自救的两难”。

针对“劝募的两难”，台湾同胞的做法是分而治之。2006 年 5 月 17 日修改公布的“《公益劝募条例》”第 14 条明文规定“劝募行为不得以强制摊派或其他强迫方式为之。亦不得向职务上或业务上关系有服从义务或受监督之人强行为之”，与大陆《公益事业捐赠法》第 4 条的内容是灵犀相通的。为了确保这个条款贯彻执行，台湾地区的“《公益劝募条例》”还在第 5 条特意指出各级机关虽然可以基于公益目的接受所属人员或外界的主动捐赠，但不得发起劝募，以防政府的强制性权力构成对个人心理的潜在性压力。

尽管如此，这个条文还是追加了一笔“但书”，即：“但遇重大灾害或国际援助时，不在此限。”按照这种制度设计的思路，在面对像汶川大地震这样极其惨重的自然灾害时，为了有效地实施救济和复兴事业，政府是可以开展劝募活动的，但不能采取强制摊派或变相逼捐的方式。

针对“分捐的两难”，日本在实践中一直采取了以下三项基本原则：（1）把捐款分光；（2）把捐款直接分给灾民以及遗属；（3）对捐款实行公平分配。这些习惯法是在 20 世纪 90 年代的长崎县云仙普贤岳火山爆发、北海道南西冲地震以及阪神—淡路大地震的救援活动中形成的，虽然行之有效，但也存在一些问题。

例如把捐款包括利息在内全部分配殆尽的做法看上去理所当然，但却没有考虑到管理成本。义援金规模极其庞大时，管理人员势必大幅度增加，分配的业务量也势必大幅度增加，这当中产生的费用要不要从捐款中支付就成为难题。

实际上，把捐款以现金的方式分配给灾民及其遗属的方式也不是的惟一的选择，甚至未必是最佳选择。例如美国在发生灾害时主要由红十字会、救世军以及合众道这三大组织为中心进行劝募活动，但捐款大都用于救援和复兴的项目，给灾民发放现金的做法反倒不常见。

作为最重要的分捐规则的公平分配原则，在救灾这样紧急的场合其实也是很难落实的。面对迫在眉睫的需求，不可能等待所有的捐款收齐、所有的灾害明确后再来计算和确定每人应得多少才妥当。在与死神赛跑之际，必须争分夺秒，而公平分配是消耗时间和费用的。何况捐款本来就是基于爱心和随喜，无法像税金那样计较出入的均衡性，也不应该完全由行政部门统一处理。倘若政府硬要在这里大包大揽，结果往往是费力不讨好，也常常会感到不堪负荷。

鉴于上述问题，日本在2004年1月15日开始施行的《关于募捐活动以及义援金使用的规则》在把习惯法以明文规定下来的同时，也进行了若干修正。其中第2条第1款揭示的募捐基本原则只有两项：一是因救援募捐所得的金钱和物资，必须全部作为捐款使用（不排除从捐款中开支管理费用的可能性）；二是绝对禁止私下流用捐款（不排除把捐款用于救援和复兴项目的可能性）。至于公平分配，主要通过限制捐款的用途（第10条）、通过议会决定救援金额（第12条）、事后提交用款报告（第13条）、对私下流用的惩处乃至刑罚（第20条）等程序性措施来担保。

毋庸讳言，在汶川大地震救援活动中，我们也可以发现“劝募的两难”、“分捐的两难”、“自救的两难”以及各种特殊表现形态。究竟采取哪些切实可行的对策来突破困境进而开辟慈善事业的新局面，且让我们拭目以待。

载《财经》总第213期

2008 年的凤凰涅槃

突如其来的大地震，再次让人类意识到生命和社会结构的脆弱性。

面对亲属伤亡、家园毁损、交通寸断的悲惨景象，大多数灾区群众都被迫挺身应付当下的危机，根本没有精力和余裕展望将来，有的个体甚至还会失去活下去的欲望。因此，灾后救援活动的关键是让灾区群众尽快超越当下、恢复信心和勇气以及展望将来的力量。

诸如此类的心理旋转，必须从有关政府机关自身开始并且向群众普及。在这个意义上，从 5 月 19 日开始的全国降半旗哀悼遇难者的仪式，构成一个重要的转折点——走出当下的阴影，投入将来的复兴。

在各地各界各族群默哀三分钟的那一瞬间，在“汶川加油”、“中国加油”的呼喊声中，在大规模志愿者行动与国际 NGO 的互动关系里，可以说某种具有空前凝聚力的新式“想象的共同体”诞生了。它的宗旨很明确，即“复兴”。

从灾区复兴到民族复兴，从政府主导的复兴到公民自愿参与的复兴，这应该成为大地震导致的大转型，这就是在废墟上隐约可见的“复兴共同体”，具有最广泛的共识基础。

或许历史将会这样记载：2008 年磨难连绵，但福祸相倚，这也是志愿者精神在中国实现凤凰涅槃的辉煌时间，从此以后，新生的公民社会开始趋于成熟。

仅就灾区对策而言，震后一周也构成重要转折点——自 5 月 19 日起，有关方面的核心任务由抢救生命转为重建生活。

灾难发生后的头三天是救人的紧要关头，随后受害的实感开始袭来，人心很容易陷入绝望和不安。所以在紧接着的头三周时间里，如何治疗心理创伤、修复基本生命线、克服日常生活中的各种具体困难就成为主要议题。与此同时，还应该开展震灾实况的紧急调查，以便为开展赈济和筹划重建提供必要的信息和依据。

头三周结束的时候，应拟定出抗震救灾的特别预算案并立即付诸实施。接踵而来的几乎所有工作，人都是为了以最快的速度、在最大的范围内回归到震前状态。这样目标明确而有限的紧急还原作业，必须在头三个月取得显著成果，否则今后的全面复兴工程将未必能顺利进行。在某种意义上也不妨做出断言：震后最初三个月的绩效，将决定四川等地救灾重建事业整体的成败。

毫无疑问，救灾重建事业的目的并非仅仅回归到震前状态，而是要把灾区改造成能充分体现21世纪中国风貌的新家园。在头三个月的紧急复原作业结束后，有关的受灾地区理应立刻转入战略性复兴的阶段。为此需要在大约三年的时间里，加大在住宅、产业以及城市基础设施等方面的投资力度，对一些重点工程项目采取倾斜性政策。当然，还必须在经济、社会以及文化等领域推动全面的、协调的发展。

为了稳妥地确定复兴的目标和举措，不得不在头三个月落实紧急复原工作的同时，对救灾重建事业的基本架构和作业进行富于前瞻性的思考，制定全面的发展计划，以便在地震发生后的三年之内初见成效、十年之内大见成效。

上述五个“三”——默哀三分钟、震后的头三天、初期阶段的三周、具有决定意义的三个月以及大功垂成的三年——就是我们把握大地震后救人、赈灾、复原、重建等各种活动的分析框架或者评估尺度；也不妨理解为灾区复兴这个系统工程的操作流程中的几个最关键的环节，或者说是社会机制转换的拐点。

如果从三年到十年的短程和中期运筹的角度，来考察汶川大地震后的复兴大业，有必要争取在半年之内，拟定出周详准确的全国抗震救灾活动纲要和重建家园的具体方案，否则就会贻误时机、耽搁进度。因此，建议全国抗震救灾指挥部尽早设置“震后复兴战略研究委员会”，组织有关领域的权威专家和有识之士出谋划策，并认真听取和收集灾区群众的意见和诉求。

另外，为了提高复兴工程的整体效率，还应该大力加强协调机制，承认和鼓励NGO、NPO以及志愿者的自发性团体的网络化合作。考虑到社会对重大事件的热情关注往往不超过半年、夏季奥运会难免要加快震灾记忆的风化的严峻现实，不得不对各种民间组织的积极作用寄予更殷切的期待。与此相关的举措，还有促进邻里互助、社区相安的自组织化过程，以防止灾区群众的孤独、绝望等心理病态。

房屋街道可以顷刻毁灭，但人际关系是不会毁灭的，并将构成震后复兴事业的一种非常重要的社会资本。为了减少乃至克服孤独、紧张等心理障碍，最大限度削减重建社区的各种成本，应该尽量采取各居住单位的灾区群众集体移居新区的举措，避免那种忽视个人意愿和社交需要的分散安置。在维护和修复灾区社群关系方面，各种民间团体同样可以发挥积极的作用。正是在这个意义上，汶川大地震灾区的复兴过程，也构成公民社会复兴的一个重大契机。

在制度层面，还应该通过法律举措加强公民社会自身的抗震救灾能力，改变在重建过程中只由政府唱独角戏的冷清局面。正如全国人大代表、上海交大党委书记马德秀在关于审议《防震减灾法》（修改）草案的若干建议中指出的那样：个人参加的地震保险，对减轻政府的地震救灾和重建负担具有关键性意义，应当加快推出我国家庭财产地震保险制度，本着广覆盖、小保额、循序渐进、量力而行的原则，建立地震保险基金，采取商业运作与政策支持相结合的运作模式。在某种程度上，这意味着立法让公民通过承担自我责任来获得自由选择的权利，从而最大限度地鼓舞民气、达成社会和谐。

以意料之外的抗震救灾和计划之中的奥运盛会为双轨，中国应在2008年有大转型，让世界目睹一场惊心动魄的凤凰涅槃！

载《财经》总第212期

“问责”与行政过程透明化

2008年4月间，安徽阜阳的手足口病造成20多名儿童死亡的严重后果，唤起了人们对当地四年前毒奶粉“大头娃娃”案的记忆，于是要求主管领导下台的呼声随着疫情传播而到处响起。紧接着，在山东淄博，发生了震惊海内外的“4·28”列车相撞事故，此时离全国春运只相隔三个月，于是要求相关负责人下台的呼声也不绝于耳。

“这次还不下台吗?”——在各地再三听到的这句话，道尽了广大民众的愤怒与无奈。

反过来，站在中央和地方各级行政负责人的立场上来看问题，他们也未必没有各自的愤怒与无奈。毕竟，在结构性障碍面前，再强悍的能吏也经常感到无能为力。而且权限关系没有厘清，责任所在有时难以确定。何况国情复杂，发展状况极不平衡，大小灾难事故防不胜防，倘若每次都动辄“宰几只替罪羊”，那过不了多久就可能出现令人啼笑皆非的“官员荒”。再加上还有派系倾轧下出现的所谓“选择性惩罚”，把问责当作权斗工具，更容易招惹怨尤。

实际上，“该下台”与“就不下台”的对立图式，俨然成为目前中国问责制的几乎全部内容。其他一些更重要的因素，特别是应该采取的治本举措，反倒被掩盖在抵触情绪里无法彰显。因此，不得不指出，“问责”如果仅仅纠缠于是否摘去乌纱帽，最后非但无济于事，还很可能演变成事与愿违。正是基于这样的考量，我们需要超越简单的两分法思维方式，需要在下台与不下台之间或者之外，发现若干第三变数，从而寻找到解决矛盾的新契机。

问责制的本质在于通过查明过错的原因、惩处失职的官员，来提高行政绩效，并改进制度设计。所以，问责制的主轴是负责人对外部履行说明义务，接受监督和审查，并对评估承担法律责任。这样的程序当然会导致引咎辞职、查办免职以及弹劾撤职等结果，但作为核心价值的还是行政过程透明化。如果一切取决于暗箱操作，不澄清事故（或曰挫败）的来龙去脉，没有追究和矫正制度上、技术上的缺陷，那无论摘掉多少人的乌纱帽也未必能拨乱反正，甚至还会使局面因互相攻讦和陷害而进一步恶化，以至于无从收拾。

由此可见，当问责制被还原到下台与不下台的简单化对立图式时，问责制已经有所扭曲或蜕变。但在中国，这样理解问责制也并非偶然，是以某些主客观条件为背景的。

首先，从主观的传统意识上说，我认为中国特有的制度设计，其显著特征可概括为“权力集中、责任分散”和“权限暧昧、责任严格”两点。具体的表现是：法律大量规定自上而下对官员追究后果责任的要件和罚则，但上下级以及同僚之间的任务分工和权限范围却没有划分得很清楚。可想而知，这样的状态有利于通过直接干预和人事制裁等手段督促低阶官员，却也为基层机关推诿、逃避以及转嫁责任提供了充分的动机和余地。即使在严格追究责任的场合，也只限于行政系统内部“纠举百僚”的监察和纪律，与社会学家马克斯·韦伯所说的政治“责任伦理”完全不同，遑论对外部社会乃至所有公民负责的现代民主观念。所以问责制很容易被理解为只是对官员追究后果责任，“拿去顶戴花翎”而已。

其次，分析现阶段的客观环境。人事管理原则、干部选拔方式以及任职晋升培训地点等一整套做法，决定了公务员的非中立性，在这样的制度条件下，行政人员的新陈代谢机制难免有些异化。也就是说，在制度改革停滞不前的场合，“问责”本来可以发挥的功能无从实现，人们只有在个别的官员身上出气，必欲除之而后快。按照经济学家约瑟夫·熊彼特的理解，民主政治意味着公民有机会对统治自己的人物表达接受与拒绝。在这个意义上也不妨说，问责制为中国公民提供了一种非常态的政治手段。

尽管如此，还是应该强调“下台”本身并非问责制的目的。只有不能履行说明义务的官员才下台。因此，问责制的本质在于说明义务。谁是负责人，谁就必须在不幸发生后说明原因，证实自己的无辜，并的确采取了必要的对策——这才是问责制的个中三昧。令人遗憾的是，在现阶段中国，至少到 2008 年 5 月 1 日《政府信息公开条例》开始生效之时为止，问责制中的说明义务往往被忽视。

仅就前面提到的实例而言，既然阜阳疫情涉嫌隐瞒，为什么不能查明防疫流程的各个环节以及有关人员的权限和责任？在提出辞职或者撤职之议的时候，引咎的那个“咎”究竟是什么，是否经过了公开辩论和严格证明？另外，造成胶济铁路“4·28”特大事故的超速，是在什么情况下发生的？有没有技术上或者制度上的原因？关于铁道部应该为济南路局管理混乱负责的主张是否有规范依据？在这些问题没有人履行说明义务之前，“该下台”与“就不下台”的对立就根本无从化解，辞职和撤职也未必会收到亡羊补牢的预期效果。

事实上，在“4·28”列车相撞的三个月前，铁路系统已经发生过重大交通事故，铁道部曾经承诺吸取教训、消除隐患、预防类似事故再次发生。但是，当时究竟采取了哪些具体措施却不得而知。为了处理那桩事故，铁道部设置了专门的对策机构或调查委员会吗？是否把情况通报整个铁道系统并要求各局站加强预防措施？是否成立了预防铁道事故一般性对策的研讨小组？对受害人遗属的善后处理是怎样进行的，有没有就赔偿和心理障碍问题提供咨询服务？如果不能就上述问题充分履行说明义务，那么相关负责人就难辞其咎。用一个人的下台，换取一套制度的出台，何不就从此开始?!

载《财经》总第211期

政协理应问责

2008年春节前的南方冰雪灾害突如其来，深留重创，导致人们的灾害观正在向如下两个方向发生剧变：

一方面，各种损失的责任、尤其是防备体制和应急举措不当的责任开始被追问，并成为舆论关注的焦点。换个表述，就是有从天灾视角转向人祸视角的明显倾向。虽然中国自古以来存在“天谴”观念，把灾异视为当政者自警和反思的契机，但以“灾变应人，要在责己”（语出东汉郎顗）为特征，没有外部问责、法律制裁的含义。

另一方面，正如评论家秋风所指出的那样，“此次雪灾中另一个刺眼的事实，是民间的救助活动也近乎空白”。因此，社会的自组织机制以及自愿的民间救助活动开始受到关注，现存系统设计的合理性也开始被质疑。这意味着超越天灾与人祸的某种共生视角正在形成，并影响这个国度的灾害观。共生论的基本逻辑是，现代城市的结构增强了灾难的复合性以及连锁反应，因此，群众的日常生活显得很脆弱，总是与风险同在，需要重新认识和借重“自力更生”的精神以及民间团体的力量。

从人祸与共生这两种视角来考虑灾害的社会对策，最重要的切入点当然是问责与改制。

春节刚过，在重灾区之一的广州市，“问责”的主张就被及时提出来了。具体表现为市政协副主席郭锡龄先生“炮轰”铁道部。他主张要向铁道部问责，要有人被撤职。

两天后，铁道部发言人做出回应，逐一批驳郭锡龄的发言内容。据报道，这位发言人还引用广州市委主要领导人的意见，指责郭锡龄的说法是“极不严肃、极不负责任的公开言论”，“决不代表广州市委、市政府，也不代表市人大和市政协”。最后他反问："当广大铁路干部职工和广州地区人民群众并肩战斗、奋起抗灾、共渡难关的时候，郭副主席身在何方？他的这些信息又是来自何处？"

本来，政协委员发挥监督作用、主管机关及时做出回应，是当今中国的一个令人欣慰的进步。可惜在这里，铁道部仍然没有充分表现出欢迎和诚恳接受外部问责的见识和器量。双方通过大众传播媒介的对话内容，也很容易让人联想起京剧《三岔口》——问者想查明事实、追究责任；媒体关心监督权行使的效应；答者却强调政协委员和媒体应该维护大局、有利团结的立场问题。此类的你来我往，表面上看起来很热闹，但并没有真正的意见交锋。

早在30年前，美国科学基金会的专家W. A. 安德森博士就已经指出："在高度复合化的城市社会，凡灾害终将作为一种社会问题而出现。"早在1300年前，我国唐代宰相杜佑在鸿篇巨制《通典》中就提出了"随时立制，遇弊变通，不必因循，重难改作"的命题。于大灾害或大事故之后进行问责，不仅可以有效地解决和预防相关社会问题，而且还可以有效地促进制度的改良、完善以及社会系统的合理化、精密化。

在这个意义上，铁道系统干部冒雪到车站疏散旅客，政协委员坐在会议厅里抨击行政举措失误，两种职能行为都是必要的，都能对公共事务作出贡献，并没有什么伦理上的高下之分。如果硬要抬杠，在某种意义上也不妨说：郭锡龄先生对现行防灾体制和救灾措施提出尖锐的批评，比他到广州火车站去端茶送饭，或者帮助武警抬出被挤伤昏厥的女士，贡献当然更大。理由很简单，行使法定监督权有利于提高行政效率、改进社会系统，可以使更多的甚至全体民众受惠，可以防患于未然。

如果有关当局只善于文过饰非，一听到尖锐的批评和追问就反唇相讥甚至暴跳如雷，那么结局只能像古希腊哲人毕达哥拉斯描述的那样："愤怒以愚蠢开始，以后悔告终。"

民主法治国家都非常重视问责和提高系统的效率。一般而言，发生任何事故或灾难，都会有主管部门、专家或研究者以及新闻报道机关反复进行详尽的调查和彻底的分析，并把细节信息和研讨结论加以公布，随后根据有关新发现，在全国范围内清查隐患、弥补制度或组织或技术上的漏洞，防止悲剧重演。

例如1995年日本阪神大地震，我身临其境，印象最深的是灾害发生后24小时之内，日本兵库县各主要职能部门的行为和举措均有非常详细而精确的记录资料（有些是工作日志记载的，有些是事后研究查明的），成为分析组织缺陷、明确个人责任、设计新型系统的重要依据。在一年之内，各领域的调查报告相继出笼，并有专著出版。在随后的十年里，有关资料的汇集、整理、分析、出版一直在进行，并把有关的发现和结论反映到完善制度和组织的作业里。

关于应付大规模的城市灾害，美国曾经提出过一句很响亮的口号："像备战那样防灾！"联邦紧急事态管理局（Federal Emergency Management Agency）的建制，的确带有准军事化的特征——组织紧凑、纪律严明。针对各种可能出现的灾难，在机构、计划、预防、应急、复兴、财政金融措施、问责、制裁等方面都制定了具体的操作手册、行动规则以及协调指南。其中特别注重的是内部的信息反馈和沟通，行政部门的效率和领导力，职责分工，组织之间的协调、动员与管理。只要取出任何一本防灾救灾技术手册，就可以看到权限与责任所在是非常确定的，很方便参众两院的议员们去横七竖八挑毛病。

由此可见，以中国之大，现在终于有位市政协副主席郭锡龄站出来对相关行政部门当头棒喝一声，我们完全不必表示惊诧。相反，我们还应该欢迎更多的政协委员以及人大代表积极地为民请命、依法问责，并为他们行使监督权提供更充分的制度化保障。可以断言：新一轮思想解放和行政改革，可从代议机构问责和外部监督开始。

载《财经》总第206期

为企业合规性投石问路

“三鹿奶粉事件”曝光，迄今近一个月。但肇事企业受理投诉是在半年多以前，地方政府的有关部门发现异状也有数月。在这段不算很短的期间，对这样性命攸关的祸害，既没有人主动采取任何补救的措施，也没有人依法公布任何警示的信息。因此，在上万名儿童健康受损的真相被揭露后，除了特定公司的名誉扫地，整个奶制品行业，甚至连国家的质量检查制度本身，也都因此陷入了诚信危机。

面对汹涌的舆情，有关当局采取了一系列制裁手段：逮捕数十名直接责任者、免除河北省石家庄市诸多高官的职务。迫于压力，国家质量监督检验检疫总局局长李长江也在9月22日引咎辞职，开创了在新形势下反省罪己的先例。诸如此类的举措，对于涤荡陋习、平息民愤当然是必要的。但是，仅凭简单的罚则却并不能消弭群众对食品质量的不安感，更不可能为社会提供充分的生活安全保障。如何完备制度、健全机制以便有效地预防问题和及时处理问题，也是一项当务之急。

在这里，最关键的是要在缓和行政规制之余形成新型的监管方式，避免规范真空，而不能退回政府加强控制的老路。也就是说，应该在营业自由的前提下，切实加强公司活动的“合规性”（compliance）以及守法精神。只有这样，才能像温家宝总理在探视患病儿童时所说的那样——“把食品安全工作进一步抓好，让坏事变成好事”。

侧重于对公司管理层的问责，绝不是要为政府开脱责任。相反，正是要借助鞭策企业家的方式去分清国家权力的界限、进一步明确政府的责任。只有让企业的归企业、政府的归政府，才能杜绝那种碰到企业悖德拿政府出气、碰到官僚勾结拿企业开刀的是非混淆。

与缓和行政规制相对应，在企业内部建构某种能够对强大的经营权进行有效监控和制约的机制，这是防止“三鹿奶粉事件”再现的治本之道。因此，必须高度重视关于企业合规性的制度设计。

所谓“合规性”，当然以遵守法律规定为中心，但并不仅仅限于这一点，还包括公司内部的各种规章制度，例如公司章程、职员公约、业务守则、保密义务、职业伦理等，与高品位的经营文化以及提供优质服务的信誉也有关系。

实际上，按照合规性要求，企业必须遵守的规范包括三个层次：第一，国家颁布的法律和政令；第二，企业自身制定的共同体规则和协定；第三，自由市场所要求的一般性诚信伦理，与中国传统规范体系的国法、村规民约以及道德礼乐教化的三元结构倒颇有些近似之处。显然这也属于一种综合治理。

合规性的制度设计，强调企业作为整体追求完美性的自觉努力，既不基于片面的国家强制，也不仅是管理者的个人职责，而是组织对实践活动的一种回应和处置。其实质内容是公司各方面齐心协力，通过遵守和运用各种正式的和非正式的规则，来实现健全的经营绩效以及相关经济部门的和谐发展，维持营利活动的诚信和公益性。

从法治的角度来看，按照合规性的要求，企业的管理组织和制度的运作除了必须严格遵守强行法规（mandatory statute），任意法规（directory statute）的作用也应该有所强化，与此相应，自治领域将进一步扩大。其结果，在国家性规范的执行方面或多或少还留有一些容许调整修改的回旋空间。更重要的变化是，合规性企业治理不囿于服从命令听指挥的纵向支配关系，相反，还鼓励企业内部的批评和建议以及通过举报制度的互相监督。

根据美国的经验，合规性在法律方面的要求，主要体现在《联邦量刑指南》关于企业犯罪的惩治尺度上。为了防止对组织的制裁偏于轻描淡写而导致整体性道德滑坡，这个规范性文件设置了对法人犯罪的刑罚如何进行从重和从轻裁量的具体标准，反映了软硬兼施的制度设计思路。按照有关规定，凡是管理层介入犯罪的、有前科的、对刑事侦查进行妨碍活动的企业，必须加重处罚。反之，凡是事先导入规章制度预防违法行为的、对违法事实进行自我申报的、主动坦白罪行的、对司法机关采取协助态度的企业，可以酌情减轻处罚。不仅实行坦白从宽，而且还容许以制度赎罪，这是一种很有趣的司法政策。

鼓励企业建立预防违法行为的规章制度，并把这种努力作为制裁上从轻发落的要件之一，这种制度设计或博弈策略，被简称为“合规性项目”（compliance program）。

其中主要包括七个环节，即：（1）制定预防企业犯罪的合规性标准和程序；（2）选任高级主管负责监督有关标准和程序的实施；（3）就有关标准和程序对职工进行宣传教育；（4）在权限划分和委托方面履行了充分注意义务：（5）确立了监察和报告的制度；（6）对违反规则的行为采取了惩戒等强制措施；（7）为防止类似问题的重复发生不断完善有关规章制度。

合规性的要求，还体现在企业治理（特别是对大公司管理高层的监控）方面。例如，关于法律风险处理（legal risk management）的多样化制度安排，要求享有经营权的主管人员充分履行答责义务，奖励对企业违法犯罪问题的内部举报以形成互相监督的机制，对虚假诉求的惩罚性损害赔偿，促进为了公益而进行的私人诉讼（quitam action），等等。在这个意义上也可以说，继“所有权与经营权分离”之后，正在发生“经营权与监督权分离”的第二次企业革命。另外，根据利益攸关者理论加强雇用保障和环境保护、根据自由竞争和公平竞争的原则禁止垄断性经营活动以及尊重知识产权，也构成合规性项目的重要内容。

我国的《公司法》在2005年进行了较大幅度的修改，并于2006年1月1日起生效。新规定的基本意图，正是在缓和规制的同时加强企业的合规性。在企业治理结构合理化方面，《公司法》修改的主要内容包括减少对企业的干预和法律强制性规范的适用，尊重和强调公司章程以及内部规则的效力，完善经营决策和管理的各种程序，扩大监事会的职能，导入股东代位诉讼制度，重视利益攸关者的关系和谐，等等。特别值得指出的是，为了防止企业滥用有限责任的法理、违反市场规则和企业伦理，新《公司法》第20条设立了法人人格否认制度。

如果这些法律规定都得到切实的执行，那么，“三鹿奶粉事件”之类的企业丑闻发生的概率就会大幅度下降，一旦发生了，也比较容易得到及时矫正。我们期待成千上万儿童因“毒奶粉”而到医院就诊时的哭啼，能够唤醒企业管理层的良知，让中国从此迈进一个强调合法经营的新阶段。

载《财经》总第221期

加强劳工的谈判地位

《劳动合同法》将于2008年元旦起实施，这标志着中国从此迈进节制资本、保护劳工的时代。尤其是该法第14条和第82条第2款的终身雇用制促进措施，以十年工龄划定解聘权的边界，可以成为防止企业主跋扈的一道紧箍咒。

尽管1994年通过的《劳动法》已早有类似规定，其第20条第2款规定："劳动者在同一用人单位连续工作满十年以上，当事人双方同意续延劳动合同的，如果劳动者提出订立无固定期限的劳动合同，应当订立无固定期限的劳动合同。"但在这里，职工似乎只能于双方就维持雇用关系达成共识之后提出取消期限的请求，也就是说期满十年仍不断签才是改变雇用形态的前提条件。然而什么是"双方同意"、怎样"续延合同"、如何界定"应当订立"的强制程度，这些含义都并不很明确，还有待进一步解释。

实际上，对《劳动法》第20条如何把握，学者们一直议论纷纭。主要存在以下四种不同的意见：

（1）十年划线等于给出有固定期限的劳动合同的时间上线，劳资双方如果续延雇用协议只能采取无固定期限的方式，但也可以终止劳动合同关系；（2）十年期满构成签订无固定期限合同的要件，不经过劳动市场的淘汰机制就无法获得雇用保障；（3）对旧经济体制下就职的国有企业职工的政策照顾，使处于年龄劣势的人群在改制后继续享有终身雇用的待遇，因此采取"应当订立"的弹性表述；（4）防止所有企业在竞争的压力下只利用劳动力的黄金时段，逃避对职工的道义责任，因此，如果雇用关系维持了十年，就应该解除劳动者对于失业危险的不安。

2007年夏天公布的《劳动合同法》，已经排除了这类不同解释的余地。其中的第

14 条明确指出劳资双方可以自由约定无固定期限的雇用关系；至于有固定期限的，在三种情形下劳动者享有主张签订无固定期限劳动合同的权利，除非他本人希望维持原来的那种灵活可变的状态。

这里的三种情形包括：（1）在同一单位连续工作满十年时间——即合同的反复更新导致雇用保障的法理；（2）用人单位初次实行劳动合同制或者国有企业改制重新订立劳动合同时劳动者已经在该单位连续工作满十年并且距法定退休年龄不足十年，这意味着企业有义务与国家分担体制转型的成本的政策；（3）连续订立两次固定期限合同并且劳动者一方不存在法定解雇理由，反过来说，就是职工具有期待继续雇用的客观理由。

显而易见，《劳动合同法》第 14 条的上述规定，再加上及时缔结书面合同条款（第 10 条第二款）、对口头合同的工资翻倍罚则（第 82 条第一款）、推定无固定期限的技法（第 14 条第三款）等，势必引起企业的人工费成本攀升，导致雇主在劳务管理方面的负担将显著增加。正是在这样的背景下，发生了清华大学洁华幼儿园断签合同纠纷、深圳华为公司“辞职门”事件以及其他企业意在应付《劳动合同法》第 14 条的各种策略。

首先需要指出，这类逃避规范、玩弄条文的举措是错误的，根本经不起法理推敲。

例如，洁华幼儿园的武学莲被评为“海淀区 2006 年度十大优秀外来务工人员”，又接到了按工龄从头起算的方式续约的提议，当然具有期待继续雇用的客观理由。在这种情况下，仅因希望出具书面保证就遭到终止劳动合同的处分，也没有按照《劳动法》第 100 条规定为劳动者交纳社会保险费，用人单位确实难辞“滥用解聘权”之咎。根据劳动和社会保障部的有关政策，工龄接近十年的员工退职后对原用人单位的招工需求是享有优先受聘权的，十年断签的做法根本不能正当化。

华为公司试图借助《劳动法》第 24 条关于协议解约的规定，通过包括总裁在内所有持续工作期满八年的员工都主动辞职的操作来绕过解雇的法律障碍，达到规避“十年大限”的目的。这样的雇用非安定化处理虽然很取巧，但却并非真正的“自动终结”，与有固定期限合同在约定的时间段里限制解雇和辞职的功能相悖，实质上违反了合同诚信原则。何况即使适用《劳动法》第 24 条，用人单位也还是不能免除该法第 28 条规定的经济赔偿责任。另外，这样“就地趴下、重新站起”的方式也明显背离了劳动和社会保障部关于在现有劳动合同期满之前不得续订劳动合同的政策。

其次，如果把国际企业竞争和国内就业负荷也纳入视野之内，考虑到劳动力过剩导致竞争激化的客观条件，“下岗”、“停薪留职”之类雇用关系名存实亡的现象，以及鼓励“非正式就业”、“灵活就业”的各种举措，那就不应该针对企业在人力资源管理政策方面的变化发出某种“一刀切”的禁令。还是要坚持劳动合同自由的原则，对于那些规避法律的各种对策宜按照因势利导、不告不理、个案救济的方针分别处理。

毫无疑问，经济的高速增长持续二十多年却仍不能给劳动者带来适当的工资增加，甚至在部分地区和行业还有减少的趋势这样奇特的事态，已经令人无法容忍了。劳动者的权利必须得到充分保护。然而也要看到，造成雇主过分专横和贪婪的根本原因并不在劳动合同的固定期限之中，也不是受雇人员不知道自己的利害所在。问题的本质是劳动者的谈判地位太弱，无力制衡强势群体。

因此，应该强调的第三点就很清楚了——要治本，就要增加工人在就业和待遇方面进行讨价还价的筹码。实际上，国家机关不必越俎代庖，只需提供适当的制度化支持，劳动者就知道怎样最大限度实现和维护自己的利益。

从增强劳动者谈判地位的角度来看法律选项，最重要的是团结权和诉权。

《劳动合同法》第35条要求用人单位在解除雇用关系时事先通知工会，有提高工会的地位和限制解约的意图。该法第51条还宣称未经工会、职工大会或者职工代表大会协商讨论而由雇主单方制订的就业规则无效——由于现存的就业规则大都是雇主单方订立的，认真贯彻这一条款很可能将引起矛盾和混乱。尽管如此，拓展劳动者参与的渠道还是非常重要的。有必要再补充一点，这就是确保工会真正代表和维护劳动者的切身利益。

当员工提出签订无固定期限的劳动合同而遭到企业管理者拒绝时，或者用人单位故意规避对雇用者不利的规定时，很容易引起劳动争议，需要通过仲裁或诉讼的程序解决纠纷。假如这些救济渠道不畅通、有关裁决或判决难以令当事人心服或满意，罢工就成为劳动者对抗强势群体的最后的合法手段。为了防止这类事态出现，政府应当严守中立原则，司法性处理应当合乎公平标准。除此之外，国家主动承担体制转型的相应成本，不把社会保障的包袱任意转嫁给民间企业也是解决问题的关键。

载《财经》总第198期

什么是真正的立法改革

近期围绕重庆试行“政府立法回避制度”的各种议论，似乎大都忽略了立法权与行政规制权之间的根本区别，也在相当程度上误解了授权立法的概念。不澄清这一点，不区别问题群的各种层面，我们就永远无法就有关的制度设计达成共识。

首先来看国家立法层面。按照萨维尼（Friedrich C. von Savigny）在1814年确立的分类方式，立法有三种基本形态，即（1）为改变现有格局而进行的制度创新，（2）作出规范性决定，以明确行为的标准，以及（3）排除条文的含义和效力之间抵牾的典章编纂。

在我看来，如果进一步再做些洗练，也不妨把现代国家的立法划为“人民意志的公平反映”与“社会结构的客观体现”这两大部分。与前者相对应的具体的立法手段就是议员提案，与后者相对应的就是行政主导。由此可见，行政部门根据权力的计划合理性要求在立法过程中发挥重要的作用，是有某种内在契机或必然性的。实际上，随着社会结构日益复杂多变，立法机关授权行政机关制定规则的数量和范围越来越大，这已经成为各国的共同趋势。

但一旦容许行政权介入立法活动，甚至主导起草和斟酌的作业，洛克（John Locke）、孟德斯鸠（Ch. de Montesquieu）们提出的经典的“三权分立”框架也就不得不受到修正或有所相对化。同时，如何防止行政权过度侵蚀立法权，如何克服权力的计划合理性要求甚至特殊化的部门利益最终压倒人民诉求的弊端，就成为法学者应该认真推敲的课题。

在“人民意志的公平反映”与“社会结构的客观体现”这两种理念之间经久盘桓，就会发现，除议员、行政官员们的权限斗争，立法还存在更本质的因素——正当化论证。随着图腾、王冠、祭坛以及旗帜的神圣光环陆续淡出，对于现代立法程序的设计而言，最重要的任务并不是制定条文的步骤方法，而是通过不同条文的竞争和淘汰机制来达成公平性、民主性和客观性、科学性的均衡，使法律规定能够因妥善而获得信奉。

换句话说，立法程序的核心在于对各种行为规范进行适当的选择，以确保公布的法律具有充分的实效和权威。立法程序并不是制造各类文件篇、章、节、条、款、项的生产线，而是对规范究竟是妥善还是不妥善的质疑进行检验和判断的多重过滤装置。这意味着从程序公正的视角来观察，立法者并不能，至少是不应该率尔拟订条文的。借用卡拉夫特（Julius Kraft）的著名表述，就是“成文法可以任意决定，却不能任意确定”。

那么怎样的制度安排才能有效地防止立法者任意？一般而言，为了解决立法者的“乱作为”问题，必须保证参与决策的人能真正代表民意，在透明化的程序中进行辩论并受到定期选举、互相审察等方式的监督；为了解决立法者的“不作为”问题，必须保证个人有权直接提出法案动议（initiative）和参加公决（referendum）。在这里，特定的利益诉求是制度化的诱因、动力以及信息载体，既没有必要，也没有可能把它排除在外。

因此，在代议制民主政体下，议员不必讳言自己代表某个利益集团的立场。要防止特定利益集团扭曲立法机制，关键的因素并非像法院那样的身份上的中立性和超然性，只需提供公开讨论的竞技场，保障不同利益集团都有机会表达各自的诉求并通过交涉达成妥协即可。倘若不出现某个利益集团一手遮天的情形，那就不必担心立法机关一意孤行的后果。

目前中国的问题却很特殊，虽然与英国众议院那样的“承认型议会”或者日本的“内阁法案占优势”格局不无类似之处，但是，起草作业绝大部分由某个相关的政府部门包办承揽，代议机构的审议活动也大都流于形式，相当多的法律还是采取具有命令性质的行政法规的形式。这就很容易导致立法权被行政权吸纳的事态，甚至出现个别主管部门为了防止束缚手脚、维护既得权益而争夺规则制定权的现象。

显而易见，造成政府部门在立法方面有机会营私舞弊的根本性弊端，既不单纯是行政主导的法案起草，也未必就是利益相关者参与决策，归根结底还是在保障公开辩论和反复审议方面的程序残缺。由此回过头来重新审视重庆的政府立法回避制度，就会发现所谓的三种“回避”（当然也包括不是出于主动的“忌避”）的事由都还有些可以商榷的余地。

例如，主管部门最了解有关领域的实际情况，因而也最有条件使规范充分体现社会结构的需要，排除它就意味着立法作业失去这个领域的信息优势，或者将增大相应的调查成本。何况跨部门的综合性立法作业本来就不应由某个部门来主导，国务院法制办公室的基本职能之一恰恰是在不同部门之间折冲樽俎的协调。所以，完全拒斥主管部门参与立法作业，把综合调整的职责转化为部门委托或社会招标的举措，难免留下矫枉过正、荒诞不经的话柄。

至于高度专业性问题委托技术机构提供意见，本来就与主动的回避和被动的忌避是风马牛不相及的，也完全不属于授权立法的范畴——我国《立法法》第9条—第11条和第65条，尤其是禁止再授权的第10条第3款已经作了非常明确的界定。

根据有关报道，重庆的“政府立法回避制度”的适用范围不仅涵盖地方性法规，而且涉及地方政府规章，这就混淆了地方性立法权与行政规制权这两个完全不同的概念。行政规制权包括根据法律制定个别具体规则的权限，有关的政府部门是不应该回避的，否则就有推诿职责的嫌疑。至于如何防止部门利益污染行政规制权，则属于依法行政和监察的层次。

尽管如此，还是要看到重庆市进行这类制度实验也有一定的价值。沿着有关现象和话语的蛛丝马迹，我们至少能找到如下几点启示：为减少乃至消弭行政部门利益被直接转换成法律的危险，必须健全民主程序、加强立法审议；鉴于全国立法权与地方自治权之间存在不同的属性，应准备两套程序公正的准则，分别适用于中央与各省、直辖市以及自治区；因为既存的法律体系被行政部门打上了很深的烙印，在结构转型之际势必要对现行法规进行全面而彻底的审查和修改。

载《财经》总第190期

解放“奴工”之路（附访谈记录）

连日来关于山西洪洞县黑砖窑的报道，仿佛让时光倒流了若干世纪。

人身拐卖涉及几个省，强制劳役持续十几年，掠夺的魔爪甚至伸向弱智者以及年仅八岁的儿童——如此穷凶极恶的“奴隶工场”，居然能得到当地政府和警察机关的默认甚至庇护，周围群众也漠然视之。透过这个典型案例，我们清楚地看到了掠夺性犯罪活动的系统化、网络化，正在把自由市场扭曲成弱肉强食的原始丛林，使人的肉体和灵魂都异化成交易的货物。

我们也看到了资本与权力的联姻合体正导致基层政府的各种职能逐渐失效，在最极端的场合，已经呈现出“公器私有”、“良心沉沦”的不祥之兆。

我们还看到了在盘根错节的食物链和迷彩变形的保护伞交相辉映之中，虽然制度上规定了逐级管制，但实际上却仍然无从问责的尴尬。

更可怕的是，在上述背景下，加强对权力的监察举措本身，反而往往增加新的寻租机会；解除对群众的束缚，也很容易诱发失控的危机。资本与权力之间的勾结，已经造成一种困境：无论是出现市场的失灵，还是出现政府的失灵，都缺乏强有力的矫正手段。

不得不指出，奴役性劳动并非洪洞县特有的、偶发的悲剧，类似的“包身工”、“童工”、“苦力”在其他区域和行业也存在。长期拖欠血汗报酬以及对那些坚持讨要欠薪的工人大打出手的事件层出不穷，则撕掉了更大量的隐性“奴隶工场”的面纱。在一定意义上可以说，很多地方的经营方式正在以暴力和暴利为两轮，沿着黑社会化的轨道迅速下滑，已经冲破法律和道德的重重防线。“黑砖窑”只是一个缩影。

黑砖窑现象把低成本、高收益的思路，推到了难以想象的极端——“三农”问题引起的大批“经济难民”被驱赶到拍卖劳动力乃至人身的黑市，再通过监禁和体罚，把工资成本降低到几乎为零的程度——这是对劳动自由契约原则的嘲弄，是在资本与雇佣之间制造敌意和破坏性冲动，与经济比较优势论根本不可同日而语。何况“奴隶工场”归根结底也形成不了真正有效率的生产方式，理由很简单，它的监控成本非常高。

尤其值得注意的是，山西省洪洞县的“奴隶主”们实际上通过两种方式削减或者转嫁了监控成本：通过老乡当包工头的方式加强服从效应；通过买通派出所、劳动监察部门以及地方政府的方式提高强制力度，让全国纳税人为少数黑砖窑的私镖开支埋单或者部分垫付，因为砖窑应缴税款中有相当大的一部分流入了有关吏员差役的个人腰包。类似的分利同盟，实际上是把国家和公民个人都统统变成了无限贪欲的牺牲品。

是什么使如此离奇的掠夺居然成为活生生的事实呢？

众所周知，按照既有的制度设计，组织很难实现有效的内部监察，势单力薄的个人也很难寻求有力的司法救济。要在有序的状况下改变现状、推行新政策，需要决策者的决心和动力。但是，中央自我执行的能量毕竟有限，也很容易在信息不对称的条件下遭到各级“衙门”的糊弄。

山西省奴工解放的过程已经雄辩地表明，强化舆论监督关乎保障生存权，完善民主程序方可将高层介入的成果转化为长效机制，降低表达利益诉求的成本。为了防止弱势群体沦为新奴隶，还必须加强他们的缔约谈判地位，让他们的合法利益获得充分的制度支持——包括建构人口失踪调查网络，明文规定最低工资标准并严格落实，承认工人和农民的维权组织，扩大直接投票选举的范围，鼓励各种形式的舆论监督，等等。

载《财经》网络版，2007 年 6 月 25 日上传

[访谈记录]

系统化掠夺：黑砖窑背后的治理缺失

黑砖窑的三层含义

问（《21世纪经济报道》，下同）：这一段时间媒体报道了一件非常令人震惊的事情，就是山西黑砖窑事件，之前媒体也报道过一些黑煤矿，把人诱骗或者绑架过去，采取类似包身工的方式，被强迫劳动，进行最原始的压榨。从现在情况来看，它可能已经不再是一个个案，在一些地方形成了一个链条和一个大规模的现象，您怎么看这件事？

答（季卫东，下同）：我觉得中国这几年来发展很快，国际上也很看好。但是在这个繁荣的背后确实存在着很多问题，这些问题如果现在不揭露出来不及时处理的话，很可能会使中国已有的发展成果毁于一旦。有关现象反映的意义非常深刻，我们看到了一种新型的“奴隶工场”，已经结成庞大的寻租网络和分利同盟。在某种意义上，已经出现了赤裸裸的、系统化的掠夺，这点很可怕。

现在我们看到的情况是，山西黑砖窑一方面把社会上的贫困没有职业的游民，通过各种各样的手段轻易地招引过来。另外一方面还拐卖未成年人、弱智人。这里反映了劳动力过剩和人身买卖两个问题。

国内剩余劳动力问题实际上已经很严重了，特别是在城市开发的过程中，我们国内大概有几千万的农民已经失去了土地，他们在城市寻找工作、流浪，有些人被城市产业吸纳，而更多的人温饱难求，涌进廉价劳动力市场，在求职碰壁的过程中不断地被压低薪酬标准，直到生存底线。

国内城市经济发展不能完全吸收的农村剩余劳动力，他们面临着极其残酷的竞争，而且没有最基本的社会保障。这就造成了强制劳动，虽然可能有一定的契约承诺，但也仅是提供吃住，几乎连工资都不用支付。

无论如何，黑砖窑现象的滋生需要温床。奴役性生产方式之所以能够产生，能够维持下来，能够普遍化，需要一定条件。首先，就是源源不断出现的失地农民。这些失地农民没有得到有效的组织，没有被吸纳到产业化的过程中去，就会变成“经济难民”。被置于绝境的这一群人为了活下去，只能接受低廉的薪水，恶劣的工作环境。

其次，诱拐人口特别是儿童在国内很长一段时间就存在。人身买卖是黑社会的组织化犯罪的一种。这是文明制度绝对不可能容忍的。但现实中却存在某些缺口，使人身交易黑市禁而不止。

再次，“奴隶工场”是法律所不容的。强制性劳动意味着非法监禁人身自由，这是一种犯罪行为。但黑砖窑现象能够长期、大规模存在，原因是当地的政府甚至公安机关持庇护态度。在某种意义上说，黑砖窑的老板私下贿买公权力保护伞，得到一些基层政府官员的默许，才形成了这样耸动视听的大鱼、小鱼和虾米的食物链。

所以山西黑砖窑事件反映出了三个问题——因大量失地农民的存在而引起的贫困群体，劳动力不能完全自由流动，部分基层政府的涉黑化。

克服这三种现象需要我们今后从制度方面进行根本性改革。当然我们也知道问题涉及的面很广，尤其是一些基层政府涉黑化之后，要取缔的话极其困难。既得利益集团的抵抗，可能会使任何努力都化为泡影，比如说逮捕、取缔的决定刚做出，马上就有人给嫌犯通风报信。因此，处理这种棘手难题要有通盘的考虑和制度方面的慎重安排。

另外，山西黑砖窑事件的揭发、惩治过程也很有启示意义，让人在黑暗中看到希望之光。6月5日互联网刊登四百多个父母的泣血求救信，引起权威性媒体介入，有关真相才曝光于天下。那些可怜的父亲为了寻找失踪的孩子，曾经再三找过公安部门，也找过当地政府，但都不起作用。最后他们只好求救于互联网和媒体。这表明受害者已经对当地政府的公共服务彻底失望了，不得不寻求另外的救助渠道。

中国的改革现在已经进入深水区，今后的每一步前进都非常艰难，任何一项新的根本性改革举措都涉及到既得利益格局。因为资本和权力一体化，他们可以垄断所有资源，因此具有极大的能量。在这种情况下，仅靠中央政府的善意政策和一些自上而下的举措都很难把这个改革有效地推动下去，在这个意义上可以说，深入的改革必须借助于民意。山西黑砖窑事件揭露出来以后，大家在震惊之余会追问很多东西，这就有利于推动深层次的改革和重构执政的合法性基础。总之，今后中国往哪里走，民众的呼声具有关键性意义。怎样让民众的呼声得到表达？怎样降低这种表达的成本？这些还是问题。

另外，政府也要把关怀、组织化的关注点转向给弱势群体。这次全国总工会在处理黑砖窑事件当中发挥了非常积极的主导作用，还提出了让工人、农民组织起来的课题，我觉得这是一个很好的开端。

这次黑砖窑事件揭露出来的不光是劳动力买卖公平问题，而且让社会意识到万物商品化已经到了这样的程度，连人身都变成了一种商品。在这种情况下，一个很重要的任务就是如何防止这种被放任过度的竞争自由和重商主义走火入魔。这样的畸形状态很可能导致中国好不容易刚刚建立起来的市场机制半途而废、功亏一篑。事已至此，不得不让政府进行一定程度的干预。比如严格按照劳动法条文要求各地明确规定最低工资标准并严格监督执行，通过财政再分配的方式，使资源的分配能够向弱势群体方面有所倾斜，能够保证贫富悬殊不至于太大。通过其他方面的制度，像失踪人口调查制度、劳动力市场管理制度等等预防诱拐等犯罪行为，在户籍制度改革的同时，要把这些制度都建立起来，这样才能够堵塞人身买卖的各种管道。

在这个过程中，一方面政府要认真考虑怎样做出深化改革的决断的问题，另一方面，还应该推动一种普遍的公民行动，对社会的弱势群体特别是赤贫阶层给予更多的温暖和关怀，唤醒社会良心。

问：您怎么会把黑砖窑事件跟失去土地的农民联系在一起?

答：农民的生存方式相对来说处于比较原始的阶段，只要有土地，农民就有基本的生计，不至于发生太大的存亡危机。当土地失去后，农民就只能另外寻找生计。现实情况是地方政府部门以极其便宜的价格把农民的土地征用了，基本上不必真正经过农民的同意，等于剥夺了农民的原有生计却没有为他们提供充分的出路。

在征地过程中，农民只能得到菲薄的补偿，不足以支持他们改行。农民失去生活依靠，必须另寻出路。而不动产业获取的暴利并没有适当回馈农民，其实这也是一种强制剥夺。现在这样的失地农民缺乏另行谋生的资本，没有技能，已经不可能回到农村去耕作，他们只好出卖自己最简单的劳动力，甚至于肉体本身。正是因为失地农民作为“经济难民”源源不断地涌进雇用劳动力市场，才很大程度上使中国经济在高速成长十几、二十年后还能保持工资成本不变，甚至有些地方还略有下降。

黑砖窑现象则把低成本、高收益的思路推到了难以想象的极端——使“三农”问题引起的大批“经济难民”被驱赶到拍卖劳动力乃至人身的黑市，再通过监禁和体罚把工资成本降低到几乎为零的程度。更令人担忧的是大量的隐性“奴隶工场”，可能并不像山西砖窑那么明显，但从长期拖欠工资和以暴力阻止讨薪要求的现象可以略知一二。

改革的分配正义缺失

问：您刚才谈到一点就是，现在对我们来说一个非常可怕、非常迫切的问题就是权力和资本的勾结。我们在黑砖窑事件中也看的比较明显。比如说当地开砖窑、开煤矿的，大大小小都和当地政府有着千丝万缕的关系。像黑砖窑这个事情，在此之前已经有了各种各样的一些反映，但是发现这种申诉或者这种解决在基层无法实现，之后求助于网络，求助于社会的一种舆论，最后通过中央政府，向下传导，采取一种动员式的方式来解决这个问题。但是往往在中间官员的执行层，或者当地的基层政府遇到了一个非常大的阻碍。一方面来说我们希望打破资本跟权力的结合，另一方面我们也看到，往往赋予政府新的职能的时候，在某种程度上也增加了其寻租的空间。比如中国黑砖窑事件，如果基层政府普遍跟当地的利益集团或者资本有联系的情况下，我们如何打破这种结合呢？

答：大家都知道，在现有制度下，因为民主程序有缺陷，所以各级政府官员大都只须主要对上级负责，不必太多顾忌民间反应。另外，因为分权制衡原理得不到承认，所以国家组织本身很难实现有效的内部监察，势单力薄的公民个人更难寻求有力的司法救济。在这样的状况下，任何变化往往取决于最高权力者的主观意志及其逐级贯彻的实力。但是，中央自我执行的能量毕竟有限，也很容易在信息不对称的条件下遭到各级政府机关的衍。

山西省奴工解放的过程已经雄辩地证明：没有言论自由就很难保障生存权，没有民主程序就很难把高层介入的成果转化为长效机制，也很难降低表达利益诉求的成本。为了防止弱势群体沦为新奴隶，还必须加强他们的缔约谈判地位，让他们的合法利益获得充分的制度支持——包括承认工人和农民的维权组织，扩大直接投票选举的范围，鼓励各种形式的舆论监督，等等。

问：我们要保障弱势群体，社会需要一个底线，比如政府实行最低工资制，给一个保障。我想到这样一个问题，从改革开放之初，一直谈效率优先、兼顾公平，可能在实际执行过程中，往往强调效率而忽视了公平。这种思维模式一直持续下去。比如前一段时间看到，经济学张五常先生在接受采访时说，不应提高人民币的汇率，否则中国低附加值产业的就业机会会转移到越南等这样的国家去，那么中国的工人就会失业；也不要建立最低工资制，否则也会提高成本造成产业转移。但是我觉得您现在提出的观点似乎跟这种观点正好相反，不知道您怎么看？

答：低廉的劳动力价格对制造业发展有利，能吸引更多的外国厂商来投资，也能促进出口创汇。所以张五常先生的分析也是言之成理，持之有据的。但是，中国经济高速成长这么久，劳动成本却一直没有上升，农民工的实际工资还在降低，这是异常的，在其他国家罕有先例。其他很多发展中国家劳动工资都会随经济发展上涨。放任劳动力价格被人为压低的事态，一方面使中国制造业经济有很强的竞争力；另一方面，客观上存在极大的不公平。当工人薪酬被过度压低，以致与其他阶层、特别是雇主的收入太不成比例，甚至达到不足以维持劳动力简单再生产的地步时，这样的发展模式再有利可图，也必然难以为继。

何况外国直接投资规模越大，外流的利润和利息也就越大，经常项目逆差给本国金融系统带来沉重负担的可能性也越大，因此仅靠压低工资成本来吸引外国厂商的直接投资，以此拉动经济，这并不是一种很有效率的资本运用形态。

不同阶层的利益不能达成适当的均衡，分配正义不能实现，不仅会影响生产积极性，迟早还会影响社会的稳定。至于如何做到适当的均衡，是一个社会集体选择的结果，仅靠强制是不行的。从这个意义上说，虽然我们理所当然地要强调效率，但也必须兼顾公平。如果经济发展的利得过度地集中在少数人手里，大部分人一直在贫困线上挣扎，也会反过来降低效率，甚至造成前功尽弃的后果。

现在山西省的黑砖窑事件告诉我们，劳动者连出卖自己劳动力的自由都没有了。这无异于在资本与雇用之间故意制造敌意和破坏性冲动。我们如果仅仅用经济逻辑来看待工资成本问题以及不同群体之间的博弈，忽视感情，不致力于消弭阶级仇恨，显然会出大问题。

在考虑效率时，还要考虑各种社会成本，尤其是监控成本。强制劳役归根结底也形成不了真正有效率的生产方式，理由很简单，它的监控成本非常高。不过，从山西黑砖窑的个案我们可以发现，业主实际上通过两种方式削减或者转嫁了监控成本。一种是通过老乡当包工头的方式加强服从效应。显而易见，这样鼓励“杀熟”，势必使任何人都变得不可信任，导致道德雪崩。另一种是通过买通派出所、劳动监察部门以及地方政府的方式提高强制力度，让全国纳税人为少数黑砖窑的私益开支去买单。如果当地派出所成了砖窑“私镖局”的话，国家为他们支付工资，不是等于全中国人民来为“私镖局”支付工资？哪有这么不合理、这么不公平的情况？

另外，砖窑应缴税款中有相当大的一部分流入了有关吏员差役的个人腰包。类似的分利同盟，实际上是把国家和公民个人都统统变成了无限贪欲的牺牲品。

建立政府公共服务体制

问：早在此之前，有媒体曾报道地方强制劳动情况，而这次曝光的除了规模非常大以外，没有什么不同。这次国家领导做了批示，山西、河南警察迅速进行拉网式地解救，非常积极。但同时我们也看到，到今天为止，除了村支书的儿子开了一个砖窑，被撤了职位、开除党籍以外，没有看到镇长、县长这样的一些官员有任何人出来负责的，更不要说官员的引咎辞职了，为什么不见官员问责呢？

答：这首先反映了既有的制度设计的失效。这样严重的问题出现了，按道理各地的职能部门早就应该出面处理，哪里还要等中央发话?！因为山西黑砖窑事件的违法性、犯罪性表现非常清楚，那么多父亲在上穷碧落下黄泉地寻找失踪孩子呢。但很遗憾，当地的公安部门、劳动部门不仅敷衍塞责，而且还百般庇护，甚至还参与奴工交易。所以我们有充分的理由怀疑基层政府一些职能部门基本上已经陷于瘫痪，在有些区域国家的法律制度已经破产了。看起来各种国家机关都在强调责任制，甚至搞层层把关的承包，但问题一旦揭露出来，很难真正追究责任，演变成一个无人负责、无从问责的局面。

为什么会出现这样荒唐的事态？按照民主法治国家的制度设计，政府的财政收入来自税金并在税收范围内提供行政服务，政府必须向纳税人负责。公民履行了纳税义务，就意味着购买了安全以及其他方面的社会保障，不必另外向其他势力寻求庇护。中国到现在为止在制度设计上还没有充分体现出这样的逻辑。

问：通常重大事件发生会成为一个契机，今天这个极端的事件所暴露的意义，可能反映出公共服务在中国经济快速发展中的滞后，也反映了经济的复杂度提升的要求，那么这些事件出现会不会意味着公共服务的一大转型？

答：山西黑砖窑事件对全国人民的心理冲击是很大的，究竟会产生什么样的深远影响，现在还很难断言。我们希望400位父亲的号啕之声能惊天动地泣鬼神，希望奴工的解放至少能大幅度改善行政服务的现状。到目前为止，很多人并不认为是公民以纳税的方式购买行政服务，相反，似乎行政服务都是政府的政绩以及施给老百姓的恩惠。这样的观念必须改变。必须把颠倒了的是非重新颠倒过来。如果这种观念、制度设计不能得到修正，将来类似黑砖窑那样的惨祸还会重复出现。我们目睹了很多运动和风暴，一阵子有效，但事后还是旧态依然。

问：有人说黑砖窑事件让我们看到了一种原始丛林竞争规则，强势群体对弱势群体的剥夺。两年前北大的李强老师曾经谈过一次关于拉美化的问题，他谈到一点，如何通过改革让各个群体，尤其是弱势群体能够有一个比较归属化的途径去进行他们合理利益的申诉，他说中国避免拉美化的最关键的一环就是能不能做到这一点，不知道您怎么看他的观点?

答：弱者如何得到保护，既需要从人性的角度考虑，也需要从制度的角度来探讨。李强教授谈到弱势群体的利益诉求渠道，本质就是降低他们向国家寻找正义的成本。哪种方式能降低弱势群体呼救的成本呢?回答是民主。这一方面要把弱者组织起来，人多势众，使他们能够相对变得强一些。另一方面，要给他们提供制度方面的保障，明确他们的权利，比如最低工资标准、集体合同交涉、基本的福利供给等等，还要为他们提供各种救济的渠道，至少在法律上有制衡强势群体的手段。在某种意义上，强者是可以不依赖制度就实现自己的利益，只有弱者才更需要制度保障。法律制度、民主制度就是要保护弱者的正当利益，以实现社会公正。

还有一个问题就是社会的公民意识。要彻底铲除“奴隶工场”的社会基础，需要让大多数群众认识到掠夺和强制劳役的非道德性。因此，我们应该在全国范围内推动一场唤醒良心、伸张人道、拒绝暴力的公民权运动。中国很大，发展很不平衡，社会情况很复杂，光靠政府是力不从心的。即使在西方社会，也不可能让福利制度覆盖所有方面。因此，社会互助机制非常重要。长期的高度集权的官僚体制已经破坏了传统的社会互助机制，现在还没有恢复，新的机制也没有充分建立起来，所以问题很多。在这样的状况下，必须让群众认识到要求过高的工资和福利待遇是不现实的，同时也应该大力调动民间的各种积极性，鼓励慈善事业和非政府组织（NGO）活动等等。

除此之外，还应该加强企业的社会责任感。中国经济这二十多年来成绩很大，但不公平的问题也很多。现在中国已经出现了规模巨大的私营企业，也出现了非常富有的阶层，即使按照发达国家的标准来衡量其资产也毫无逊色之处。我们要保护这样的私人财富，促进产业资本市场的发展和成熟，与此同时，也要提醒他们的社会责任。在欧美各国可以看到很多企业和慈善团体的公益活动，在日本可以看到社会分配比较公平，要使中国在软件方面也达到同样的水准，还得加强公民教育。

问：比如之前小煤窑事件，现在的黑砖窑事件，无处不折射出老百姓深恶痛绝的官商勾结的问题，如何解决这一恶瘤？

答：黑砖窑事件的本质是组织化的犯罪，系统化的掠夺。一千多人失踪的问题被放任这么长的时间，甚至出现派出所故意放纵的情节，已经对国家信誉和执政合法性构成极大的伤害。因此，首先必须彻底打消群众中存在的“警匪一家”的疑虑。必须在从优待警的同时，从严治警。香港特区在20世纪70年代的经验和教训告诉我们，如果不严惩警察渎职行为，法治秩序就根本无法维持；如果不建立廉政公署那样独立而有权威的监察制度，不借助民意和舆论的压力，令行禁止就是一句空话。当然，其他方面的制度改革也很重要。

（2007年6月20日晚电话访谈记录稿。在此对《21世纪经济报道》的两位记者的辛勤工作表示谢意）

“牙防组”事件公益私诉启示

一桩公益诉讼案，也可能产生变法的“多米诺骨牌”效应。

自中国公益网主编李刚2005年9月28日状告“全国牙防组”，到2007年5月21日卫生部提出清算性质的审计报告，历时仅1年零8个月，就使一个存续了18年的“权威”机构轰然坍塌。紧接着，追查“类牙防组”、监督“伪公权力”的诉求应声而起，从而把认证资格、商业贿赂、行政官员寻租、专家职业操守、基金会管理、公共产品供给等一连串问题，都放到了社会舆论的聚光灯下。只要顺藤摸瓜，必定有制度大改革的瓜熟蒂落。

表面上看，“牙防组”的罪过只是违规认证、擅用捐款而已。但是，追究症结可以发现，诸如此类的活动正在蛀蚀整个法律制度的牙齿，使得中国式重商主义被空前放纵，达至极端。

此症结下，正孕育着某种最糟糕的市场经济形态——任何事物都成为沿街叫卖的商品，都被变换成纸钱硬币；而社会价值体系则在欲望的反复冲击下分崩离析，化成一堆碎片。

此症结下，亚当·斯密设想的劳动产品的流通和自由竞争，被简单的销售热点所取代；马克斯·韦伯设想的合理计测和合法经营，被膨胀的盈利欲望所取代；攫取财富的“原始暴力”以及“货币诈术”，成为支配经济社会的基本法则。以致于连北京大学口腔医学院那样高雅圣洁的殿堂，也开设了像明代“牙行”那样的中介机构，更有甚者，连“官牙”与“私牙”也都不必区分了。

尽管中国传统政治的根本弊端是公私混淆，但通过“义”“利”之辩、“朝”“市”之隔的话语和制度安排，其实依然可以发现在强调忠义的统治道德与强调诚信的市场道德之间划出界线的各种努力，以及从中形成的对峙图式。

关于统治道德，老子的阐述非常精当：最好的统治者是让人民不察觉他的存在，等而次之的让人民敬爱他，再下一等的让人民赞扬他，再下一等的让人民害怕他，再下一等的让人民侮骂他。诚信不足才会不被相信。统治者应该慎于言词，不轻易发号施令，等事业成就之后让百姓都说本来就应这样。

关于市场道德，孟子从财产保障和交易自由这两个方面作过经典性分析：民众的一般规律，有固定产业的有恒心，没有固定产业的就没有恒心。一旦没有恒心，就会放荡胡来，无所不为。等到陷入罪恶再来惩治，这是欺罔民众。……物品不一致，乃是物品的本性，或者相差一倍五倍，或者相差十倍百倍，或者相差千倍万倍。你要把它们等量齐观，是淆乱天下。优质的鞋和粗劣的鞋卖同样的价钱，人们怎么会接受呢？

当这两种不同系列的道德被搅和在一起时，将会发生什么样的现象？回答是：几乎无可救药的腐败。2006 年刚辞世的杰出学者兼作家简·雅各布斯女士在《生存系统——关于商业和政治的道德基础的对话》一书中已经敏锐地指出，如果在商业领域中适用统治道德，或者反过来在统治领域中适用商业道德，都会引起规范体系的紊乱，给社会造成致命伤害——柏拉图早就洞察到这样的危险，所以把这类道德混同称为“最大的罪恶”。她还补充了如下命题：“一旦道德体系被混合，就无法找到公正的出口。”

的确，著名经济学家约瑟夫·斯蒂格利茨在讨论国家的经济作用时，曾经把政府与市场之间的关系形容为“互动的伙伴”，强调官方与社会的“协调”，并且主张鼓励非政府组织（NGO）等民间部门提供公共品。尽管如此，他还是严格区分了统治道德与市场道德，要求人们杜绝公器私用，抑制政府对特殊利益集团影响较大的领域的介入，促进信息公开以确保对不同规范的自觉选择。

但在“牙防组”事件中，看到的只是少数个人拉卫生部的大旗作虎皮，借一大批口腔医学院的院长和专家的头衔作资本，以或真或假的票证作为交易对象。在“牙防组”和“牙防基金会”这两块招牌下进行的各种活动，名为认证商品质量，实则居间行商、把持市场，进而利用垄断地位来索贿拉资助。什么官厅纪律、职业操守，还有什么学术伦理、科技规则、广告标准，各种社会价值都被投入重商主义坩埚里搅拌融冶，试图从中炼出“金元宝”。

更令人齿寒的是，把新生事物 NGO 的公共信誉也搭了进去，只留下个“衙门自留地”的臭名，用什么牙膏也洗刷不净。在几乎所有可用的器具都被污染、被腐蚀的场合，似乎只能听到雅各布斯谶语的回音——“无法找到公正的出口”。

然而，自2005年起，“全国牙防组”在北京被起诉，却显示一条现实可行的公正的出口。这就是私人提出的公益诉讼，让具有责任感的公民直接动用法律手段来划清公与私的界限，区别不同的道德体系并根据需要对规范进行主体性选择。更准确地说，李刚们对“牙防组”的起诉属于作为示范的“试验诉讼”的范畴。

什么叫试验诉讼？简单地说，就是公民对被告先提出一部分权利主张，根据诉讼结果再决定是否进行全面提诉。例如，在难以预测判决后果时，先提出局部诉讼——在“全国牙防组”案件中就是只针对违规认证——作为试验，确认诉求能否得到法律承认。当事人有目的地进行试验诉讼，着眼点在对类似案件的波及效果以及形成规范，法官也会留意判决的波及力以及诉讼经济性。至于部分性权利主张一旦得到确认后再进行追诉，也是有目的地进行策略性诉讼，可以通过另案提诉的方式环环相扣，推动权利和规范的进化。

这样带有投石问路性质的公益诉讼，在当事人看来可以节约诉讼费用，提高胜算。在司法机关看来，判决会引起连锁反应并决定一系列相关诉讼的结果。从法与社会研究的角度来看，个人诉讼可以产生公益效果，甚至推动制度改革和规范创新。后来，试验诉讼的概念进一步扩大，包括以形成规范或政策为目的、对社会产生广泛影响甚至会引起法律运动的公益性诉讼。只行使部分权利使得诉讼更简便易行，风险也较小，有利于促进对法律的动员，有利于通过制度化互动的方式进行改革。

在这里，诉讼制度方面的配套条件（例如既判力、波及力、先例机制等等）的完备当然是题中应有之意。更关键的是当事人和法官要有明确的目的意识。这就显示了对试验诉讼加强研究和介绍的必要性，而“牙防组”案件适时地提供了一个很好的契机。

载《财经》总第186期

制度反省重于贪官忏悔

原安徽省委副书记王昭耀因受贿罪和巨额财产来源不明罪，被一审法院判处死缓重刑。《检察日报》公布了他的忏悔录，其中值得注意的是这样一段话：

> 回忆这些年来，面对灯红酒绿的花花世界，觉得自己风里来、雨里去，一天忙到晚，也够辛苦的。看到老板们一个个大把大把地捞钱，潇潇洒洒生活，想来想去，觉得自己吃亏了，产生了“有权不用、过期作废”的念头。

在迄今可见的贪官反省材料中，或多或少也有类似的情绪流露。

应该承认，这些固然有文过饰非的伏笔，但也的确在一定程度上反映了官场某种无奈的现实以及根深蒂固的心态。

因为王昭耀们如果能够抑制“意志薄弱”、“精神空虚”等犯罪诱因，如果能够坚持清廉操守，结局恐怕与黄仁宇的史学杰作《万历十五年》中描绘的海瑞相去无几：“海瑞……尊重法律，乃是按照规定的最高限度执行。这种信念有他自己的行动作为证明：他官至二品，死的时候仅仅留下白银20两，不够殓葬之资。”

不言而喻，如此这般的可悲下场决不应该成为贪赃枉法的借口。实际上，在任何地方，即使薪酬再优渥，也仍然难免有人见利忘义。

但是，倘在一般情形下守法的代价总是清贫，其收获惟有孤寂，那么无异于权力结构本身已经成为腐败的温床。这时更需要的与其说是贪官的忏悔，毋宁说是制度的反省。

例如王昭耀作的检讨：“收了礼后，我便插手干部使用和人事安排工作……其实就是一句话的事，举手之劳，打个电话或者开会时给有关人员打个招呼就完事了。”

这非常典型地揭露了结构性腐败的真相。为什么一个党委书记就能擅自决定属下大量干部的任免升迁？因为存在某些便于利用的“组织原则”和导致“一把手”说了算的规制。为什么被告在短短十来年间受贿 294 次、获赃款约 1350 万元都能平安无事，甚至还不断加官进爵？因为在很大程度上存在通过人际关系网寻租和分利的攻守同盟。

显而易见，人事决定的集权化、任意化以及交易化，势必引起一系列的连锁反应。首先，任何一个在位的干部始终缺乏安全感，即使并无贪欲，只是为了保住官位，也不得不巴结能够随时改变其命运的领导，更何况在心存晋升之念的场合；而巴结的手段必然不限于能力和政绩，无原则的效忠和“上供”可能更容易立竿见影。这就会在官场形成某种围绕特定上司的激烈竞争。

其次，垄断性的人事权意味着充沛的政治资源，并可以兑换各种所需物品。不同价值之间替代和转换的“双赢局面”一旦打开，官场或迟或早就会市场化，从政就像一桩无本万利的合伙事业；“公仆”的职位将蜕变成最盈利的商品，既可以囤积居奇以抬高价码，也可以反复倒卖以薄利多销，从而使公器私有化的规模呈几何级数扩大。

由此可见，一方面在理念上要求干部艰苦朴素，在很长时期、很多地方并未为官员提供足以养廉的待遇；另一方面又没有对权力进行必要且充分的限制。这是国家在制度设计的层面不得不思考之处。

贪官污吏们对此也心知肚明。惟其如此，才会有人在形式上全面认罪，实际上百般辩解。官官相护也就失去了耻感和罪感，变得仿佛像出于恻隐的善意，甚至还显得有那么几分义气凛然。

在这一点上，原安徽六安市副市长王伟比他的上司王昭耀说得更坦率。他说：“体制上，县委书记权力过大而监督乏力，如果监督制约有力，我也许就不会犯这么严重的错误；环境上，中国人讲究人情往来，大环境、大气候如此，我一个人是无力改变的。”当然，法院不能因此就减免他个人违法的刑事责任，但这样的辩解之词倒也的确并非无稽之谈。

但是反过来看，假如不严厉惩罚那些贪赃枉法者，社会稳定很可能就会分崩离析，国家秩序也难免信誉扫地。面对法与情之间两难困境的尖锐化，除了尽早理清制度关系，可以说已经别无选择。

载《财经》总第 180 期

法贵于行

松花江污染事件曾于2005年底在国内外引起轩然大波。据不完全统计，这场公害事故大约造成了数亿元直接经济损失，影响到沿江一千多公里流域内一千多万居民的日常生活，并导致外交磋商以及联合国出面敦促治理。

然而，一年多之后姗姗来迟的行政处罚决定，对肇事企业只罚款区区100万元——这已经达到国家环保总局有权制裁的最大力度。这一消息令舆论界再次哗然。

记得两年多前发生的沱江污染事件，也是对加害企业罚款100万元，加上支付给渔民的1170万元赔偿金和缴纳的405万元排污费，被追究责任的企业承担的代价居然不到所造成经济损失两亿多元的百分之一。为防止受害居民提出民事损害赔偿诉讼，四川省资阳市雁江区司法局甚至还在2004年4月30日发出禁止律师代理诉讼的通知（将近半年后被撤销）。

此次松花江事件的处理，“吉化”双苯厂明里暗里一共支付了多少赔偿金，我们不得而知。假如参照先例和经验做出的推测没错，那么必须承认，如此不痛不痒的制裁很难对企业的行为方式有什么实质性的影响。

毋庸讳言，对败德的企业经营者、政府官员以及豪强势力的违法行为制裁畸轻、罪罚不相当的现象，并不仅仅发生在上述“双江事件”，亦非局限于环境行政这一领域。人们几乎随处就可以发现“有法不依、执法不严、违法不究”的实例。法律就像被拔了牙、剪了爪的老虎，无从立威，即使像福建省屏南县联营化工厂污染事件这样众所周知的典型，尽管被国家环保总局厉声点名，在2003年还作为全国十大环境违法事件“上榜”，一审拖了将近两年半才判决，1721名受害者平均每人只得到145元的损害赔偿。显而易见，“环境风暴”刮得再强劲，也只能见效一时。在日常生活中实现正义，还有赖于制度化的、可以随时动员操作的制裁手段。

造成法律“无齿”、侵权者“无耻”事态的原因很复杂，有的源于制度，有的源于文化，也有的属于过渡阶段的短暂现象，另外还有强烈的营利动机和政府主导的产业发展政策的影响。但无论如何，人类既然是理性动物，就决不应该竭泽而渔、饮鸩止渴。何况规避和抵制正式规范的行为一旦成为公开常态并四处蔓延，国家就必然面临秩序崩溃的危机。仅就公害问题而言，必然面临环境日益恶化对民众生存权的严重威胁。

某种意义上，法律底线失守的最大根源在“法自上而犯之”。因此，在现实条件下逐步推动法律“兑现”的主要力量就不得不来自基层，来自那些不愿歪斜的“下梁”——或许这也正是构成近年来部分法学者关注“私力救济”的一个逻辑起点。

这么说当然不是要支持严刑峻罚，或者一味加重行政制裁的力度，也不是要鼓励受害者任意冲击侵权企业、强行自我补偿，更不是要妨碍产业的高速发展。我们的目的很明确：为了有效推行合法经营以及实现开发与环境保护之间的适当均衡，必须让受害人、权利人参与执法监管和制裁机制的运作，通过提起民事请求和公益诉讼的程序来有效地制约逐利活动，让侵权者产生痛感，记取教训。考虑到中国传统社会的“去讼”理念和厌讼情绪，要让受害人主动寻求司法救济，首先应该通过制度改革扫除起诉障碍，并为调动用法积极性提供必要的诱因或者甜头，以使胜诉者能够充分获得实际利益。

在既存的各种制度设计方案中，能够明显促进民事索赔从而迫使违法厂商有所收敛的是惩罚性损害赔偿的规定。例如，《消费者权益保护法》里导入了“双倍赔偿”条款（第49条），马上就引起所谓“王海现象”风靡一时，这样的实践经验也足以证明，受害人的起诉多了、损害赔偿的频率高了，已经失去的法律的“牙”和“爪”就会重新长出来，变得比较锐利。

当然，像公害诉讼这样牵涉面极广、损害额极大的案件，惩罚性赔偿方式的适用很有限，应该慎之又慎。尽管如此，让环境保护法制上的损害赔偿能够落实，确保适当而充分的制裁力度，并明文规定最低赔偿额，这些举措既有必要性，也完全具备可行性。

一旦促进受害人行使索赔权的诱因得到强化，相关配套制度的建立和健全也就会立即提上议事日程。例如，为了实现分散的居民与强势企业和地方政府之间在法律装备上旗鼓相当，需要承认和鼓励律师的维权活动，并通过律师费的败诉方负担原则、成功报酬方式以及法律援助等制度化手段，确保受害人敢于寻求专业服务并能够请到优秀的律师。为了降低个人索赔成本、减少畏难情绪和“免费搭车”心态，需要奖掖代表诉讼、进一步宽容民间环保组织或其他社会团体支持起诉的举措，并许可当地居民开展反对公害的请愿、示威运动。

不得不指出，以上述变化为背景，“健讼”、“缠讼”、“滥讼”之类的流弊或多或少难免得到助长。这就要求法官具有更高的专业水准和政策判断力，以防止过度索赔，也要求有关部门大幅度改进公害案件的技术鉴定制度以及证据规则体系。除此之外，还应该具体规定补偿和赔偿的合理标准以及申请、核准程序，并在此基础上及早建立公共性环境损害赔偿基金以及企业赔偿保险机构。如果没有一整套专门用于公害诉讼的损害赔偿制度，没有通过财政拨款、环境专项税费以及企业界赞助等方式形成的资金来源，所谓充分保障民事索赔权云云，也只是画饼充饥而已。

仅就目前环境保护执法和公害制裁的问题而言，能让现行法规立即展现“爪牙”的“第一推动力”，恐怕要通过全国既存的几十个甚至更多的民间环保组织的草根网络，来凝聚、调度以及发挥。其中特别值得高度评价的，是中国政法大学公害受害者法律援助中心从 1998 年开始推行的支持诉讼和提供法律咨询的制度化活动。有必要指出，在这里，法律援助虽然构成一个方便的现成工具，但其适用范围极其有限。如果继续在这样狭窄的范围内画地为牢，那么与公害相关的民事索赔以及执法参与就很难更上层楼、四处开花，强化环保制裁的效果也很难充分显现。

由此亦可见，解除对非政府团体的紧箍咒、让公害诉讼支援中心这样的机构有更广阔的用武之地，就成为现阶段国家环境保护总局以及各级政府应尽的一项法律职责。

载《财经》总第 178 期

“人治”与“狗患”

农历狗年仲秋，城市限制养狗问题成为中国国内舆论瞩目的焦点。事实上，早在今年夏天，有关“打狗”的话题已经引起过各方关注。据7月30日的新闻报道，云南省牟定县在公安局组织下掀起了一场对狗的“严打风暴”，5天之内处死只数超过5万，其中包括4000多只已经注射狂犬疫苗的宠物。在7月25日至8月3日期间，该县共扑杀深埋55046只家犬和野犬，占饲养总数的99.94%，只留下警犬和军犬。

引起这场耸动视听的“大屠宰”行动的原因是，在此之前，狂犬病造成了5人死亡、大约300人患病的恶果。

消息传开，海内外舆论界顿时哗然，一些国际动物保护团体也摆出了为狗请命维权的架势。但有关政府部门似乎更热衷“人权高于狗权”的宗旨，时至今日，城乡各地“惩狗”运动方兴未艾。为什么？下列数据提示了答案：

1996年一年，全国狂犬病例为159件；10年之后的2006年，仅9月这一个月就发生病例393件。在2005年，狂犬病造成患者死亡的人数高达2545人。

权威机构的统计结果是：目前全国共有狗超过7500万只，预防接种率竟不到10%；农村地区85%的狗难以进行登记管理；即使在首善之区北京，有证的家犬为50万只，实际上有150万只没有户籍，或被暗中窝藏，或在自由流窜。有关部门产生强烈的危机意识，也不足为奇。

杜绝狂犬，为民“除害”，这很好。但能够因此认可所谓“宁可错杀一千，也不漏网一个”的政策吗？难道中国真的到了“狗多为患”的地步吗？在现阶段，实际上中国人均养狗数为0.058只，不仅跟罗马尼亚的0.13只不可同日而语，也远低于日本的0.098只。由此可见，狂犬病的根本问题并不在狗口太多，而在于管理不善。假如没有治本的制度改革，即使那些治标的举措再严厉，恐怕还是无济于事。

众所周知，防治狂犬病的关键在于对家犬普遍打预防针，对野犬及时进行救济性收容、防疫处理以及绝育手术，此外还应该全面改变动物饮食起居的卫生条件。在这里，登记制度构成前提条件，具有决定性意义。因为没有准确的数字档案，就不可能对危险动物和流浪的动物实行有效的管理。

中国的一些大城市固然早就建立了养狗登记制度，但是，在制度设计的思路上主要存在三种偏好，导致事与愿违。

其一，通过高收费和烦琐的手续抬高门槛以限制养狗。例如在北京，起初上证的手续费是8000元，接近普通市民标准年薪的总额。尽管到2002年降为5000元、翌年再降至1000元，仍然大大高于日本等发达国家的水准。在广州征收的标准更是惊人，第一次上证费高达上万元，以后每年还要更新登记并缴费6000元。不言而喻，立法者的本意是要阻止养狗，但结果无异于鼓励无证养狗。

其二，养狗登记的收入究竟用于完备动物防疫治疗的基础设施，还是用到养冗员或其他方面去了？对此缴费人心存疑念，而有关部门缺乏必要和充分的说明。高收费与资金流向不透明，很容易让人将其与“黑箱操作”联系在一起。这只会加深市民对办证机构的不信感，势必助长部分人私下养狗、逃避公共责任的动机。

其三，在动物保护和管理方面，忽视动物贩卖业主、民间组织以及志愿者活动的作用，导致有关部门力不从心，只好采取“运动式”执法方式，在事态恶化到极端时才“重拳出击”、搞“一刀切”。

自1822年马丁法案（*Act to Prevent the Cruel and Improper Treatment of Cattle*, *3. Geo. IV. c. 71*）颁布以来，西欧保护动物制度化的历史经验已经清楚地表明，自发的团体（例如英国的RSPCA）以及动物爱护管理员网络，在推动有关立法及其执行方面发挥了重大作用。尤其是根据动物权（animal rights）的集体私诉，既能发动刑事程序来遏止虐待动物的行为，也有助于改进对危险动物和流浪动物的管理，实现人类与自然界之间的和谐。

调查各国（主要是东欧和东亚）的家畜宠物生态，还可以发现这样的有趣规律：野犬数目与民间保护社团的规模和自组织化的实效成反比，而狂犬病的发生率与制度设计的合理性成反比。

但在中国，上证也好，收容也好，扑杀也好，统统由政府部门包揽下来，往往是事倍功半，吃力不讨好。特别是目前，很多地方大兴土木，拆迁之后随处可见丧家之犬。面对家犬“野狗化”的乱局，正需要靠公正的法制以及民间组织这样的“千手观音”来普度众生。如果仅凭行政部门发公告，甚至以“入户排查”的方式强行介入，对作为亘古老友、忠实象征的家犬开此杀戒，这个社会不出现戾气横行和人性堕落的结局，恐怕也是难事。

围绕养狗与打狗的讨论，还提出了一个具体问题，就是饲养者应履行的义务——包括不虐待、不遗弃、不放纵以及关于遛狗的安全和卫生方面的注意事项。也就是说，在狂犬病流行以及人与狗的互相厮杀的背后，存在着人与人之间相邻关系的无序化趋势。

鉴于这样的情形，的确亟需制定和完善与动物管理有关的各种法规，并相应加强对越轨犯规行为的制裁（包括罚款、拘禁以及剥夺饲养权等)。

同时，我们也不得不深入思考这样一个密切相关的宏观问题：既然个人对公共事务的关心和参与始终受到压抑，又怎能在某个特定场合突然责备个人缺乏对公共责任感而不计其余？换句话说，倘若真要治理“狗患”，并以此为契机陶冶在相邻关系以及社会其他方面的公民道德，就必须大力拓展民间的公共领域，从那些爱护和管理动物的公益志愿者起步。

载《财经》总第 172 期

作为护身符的艾滋病隐私权

中国正面临艾滋病（AIDS，获得性免疫缺陷综合征）扩散的风险，因此，有些地区、有些人群对此感到恐慌，于是产生大量的流言和议论。更有甚者，在某些地方已经出现“强制检测”、“隔离管理”等倾向。

艾滋病恐慌的具体表现很多。最典型的反射性行为是，对艾滋病人及其亲属的歧视和躲避。不言而喻，死亡的迫近使人对自我产生空前强烈的防范意识，这就难免要引起生存权之间的激烈碰撞。

在这生与死的界面，言论机构时常面临深刻的两难：不报道真实的消息，可能导致受害者范围扩大；而对信息处理不当，则很容易导致患者及其亲属的生活全面崩溃，致使他们的人权失去基本保障。

随着艾滋病感染率的迅速上升，这种两难更加突出。现在我们已经看到这样一个悖论：当艾滋病患者人数超过数百万甚至有可能逼近1000万时，关于隔离治疗的措施势必失效。同时，千分之几的感染率，也意味着保护隐私权的困难成倍增加，意味着更有必要性和迫切性来防止信息的不适当扩散所引起社会恐慌。可见，围绕艾滋病传播的生存竞争，首先表现为知情权与隐私权的碰撞。

关于知情权，大家记忆犹新的是1985年美国电影明星洛克·哈德森因艾滋病去世。在尸骨未寒时，他的同性情侣就以死者隐瞒病情继续同居8个月为由提起损害赔偿诉讼。这一消息在震撼世界之余，推动了有关法律和公共救济制度的建立，也使人们对艾滋病信息公开的必要性印象深刻。的确，要防止这种恶疾的传染危险，让最有必要享有知情权的人及时了解真情是必要的。

但是，几乎同时震撼世界的还有艾滋病恐怖症的传染，过度防卫心理以及无知造成艾滋病人受到极其严重的歧视甚至迫害——离婚、失去工作、被房东赶走、医院拒绝诊疗、保险公司不接受支付请求、子女被剥夺教育机会，如此等等，不一而足。为了防止这类侵犯人权的危险，适当的信息封锁被认为也是必要的。近些年来，在中国，同样的现象屡见不鲜甚至还愈演愈烈，终于在2006年春天逼出了一个《艾滋病防治条例》的隐私权条款。

应该注意的是，这项立法的目的，除遏阻艾滋病恐慌、排除患者歧视，还有这样的用心：让病人及其亲属无顾忌地获取关于健康状态的正确信息，避免疾病扩散的根源深藏不露，造成无法逆料的严重后果。

由此可见，片面强调隐私权是不适当的；更重要的问题是如何建立有效的保密检测咨询系统，在充分掌握信息的同时，控制信息的随意流动。这是因为，从法律推理的角度来看，牵涉艾滋病患者的隐私权与普通的隐私权相比，有着本质的不同。前者包含有关部门积极获取信息以及对信息进行外部控制的内容，后者则以尽量排除对个人信息的接近为原则。

一般而言，隐私权的本质是个人对涉及本身的信息进行自我控制，以防止外部力量对私生活空间的侵犯。病毒感染可能性当然也是一种个人信息，但在涉及艾滋病的场合，以死亡高风险和扩散机会为媒介，有关病情也可以转换成公共卫生问题。而在关于公共性的方面，言论自由的尺度必须放宽。正是因为这个道理，隐瞒非典疫情的行为无异于对人民犯罪。由此类推，隐瞒艾滋病病情的行为也会危及群体安全。

根据艾滋病隐私权提起反歧视诉讼的主要理由是，除性接触传播、毒品注射器共用传播、输血传播、母婴垂直传播，日常接触都是安全的，不会引起感染。但谁也不能断言共用食器、便器的传播风险就完全为零，因而在个体安全与群体安全之间始终存在着张力。尽管如此，这里的法律推理，还是不能立足于少数人对多数人的功利主义计算，而必须在不同的人权之间进行调整并使之达成均衡，必须侧重生命伦理的内在整合性。

当然，有关艾滋病的判例推理，也不仅仅取决于有关权利和生命伦理的考量，另外还存在不少政策性判断。即使承认对艾滋病隐私权的保护以有利于保密检测为衡量尺度，还有必要解决实践中的棘手问题，例如正确的信息究竟应该让多少人知悉？假如某家公司无意雇用了艾滋病人或者对病毒携带者不采取歧视性的隔离措施，等到同一单位出现另外的患者时，很可能有人要出面追究公司违反注意义务的法律责任，究竟应该怎样进行处理才能让人心服口服？由公司负责承担赔偿责任是否合乎公平原则？假如某学校接受艾滋病患者子女就读的消息传开后导致转学潮，究竟由谁来收拾残局？显然，这里牵涉到非常复杂的利害权衡，除法律推理外，还需要在政策的层面统筹兼顾。

不过，具体到北京市朝阳区法院审理的艾滋病孤儿诉媒体侵权案，我们看到的只有无知夸大恐怖、恐怖变成歧视、歧视制造新恐怖的恶性循环。

记者的主观动机也许并非要以身试法，也许也没有逾越职业道德雷池的打算。但在客观上，不负责任地披露艾滋孤儿的个人信息，很有可能造成破坏保密检测咨询系统的后果，反倒会给群体安全带来更大的灾难。清华大学的李楯教授说得好，“该案件虽小，但有极为重要的示范效应和意义”。这场诉讼的判决将会宣告，对艾滋病病情的一般信息公开与对患者及其亲属的个人信息保密是相反相成的，但决不可混为一谈。

艾滋病隐私权的根本特性是，处在生存权与自由权的交汇点上，很难归结为简单的防止信息泄露问题。也正是因为事涉复杂的利害权衡，尤其是考虑到艾滋病感染者及其亲属始终处于弱势地位，容易受到群体的歧视和压制，更有必要按照德沃金（Ronald Dworkin）的法学命题，给面对社会巨大压力的患者及其亲属发放“权利的护身符”。对于艾滋病隐私的披露必须对于艾滋病病人及其亲属给予同等的尊重和平等保护，以确保其不至于因其疾病而受到粗暴对待，甚至失去基本的生存和治疗的权利。

可以说，艾滋病隐私权实际上是为残酷的生存竞争画出了一条底线，也为在公共卫生方面形成特殊的权力关系画出了一道边界。

载《财经》总第162期

“引咎辞职”面面观

《中华人民共和国公务员法》（以下简称《公务员法》）从2006年1月1日开始生效。这部法律开宗明义第一条就表明，其主要目的是要通过明确权利义务关系，来加强对公务员守法性的监控，提高行政活动的效率。因此，公务员的职业化、中立化、合理化以及加强责任观念和制裁机制，就理所当然地成为其中最基本的规范指标。

根据现代科层制研究的先驱者马克斯·韦伯的分析框架，中国传统的官僚系统属于家产制的范畴，在很多方面呈现出类似私有物品的特征。虽然科举本身具有普遍主义色彩，但考试的评判标准不是法律知识和职业化管理的技能，行政活动的担当者都被视为君主的家臣或者“天子门生”，甚至上官与僚属之间也往往靠个人化的眷顾、服从、忠诚的特殊纽带来维系，例如曾国藩之于湘军将领。其结果，国家机器的操作很容易偏离公共目的，纲纪往往因乡愿而废弛，正式的官职岗位也逐步蜕化成私下交易的对象或者某种势力集团所固守不放的寻租地盘。

为了打破这样的家产制窠臼，防止政府官员因公私混淆而产生的腐败堕落，在中国建立的现代公务员制度，首先必须服务于整个国家以及全体民众的公共目的，而不能为结党营私留下任何方便之门；其次各级公务员也必须恪守对事不对人的职务规则，超越个人信念和部门、集团的动机而以普遍性的国家利益为行动目的。一般而言，凭借公务员考试、任命资格以及行政组织内部的严格纪律等一整套制度设计，就可以基本上实现官僚系统的非个人化和合理化。

但不能不指出，文官考试的障壁同时也有可能构成特权阶层的堡垒；公务员的身份保障难免导致躺在过去的成绩上吃老本、不求有功只求无过的惰性以及不断趋于严重的行政低效。要克服这类流弊，还应该进一步采取适当的人事更迭政策，并加强对行政权的民主监控，使官僚系统成为某种形态的“责任科层制”。与承包责任制的内部追究、对上负责不同，所谓责任科层制，以问责程序为轴心，是指政府工作人员对来自政府外部的民意代表、舆论以及公民个人的质询、批评以及控告，严格履行回应和说明的义务，直至依法接受正式的弹劾裁判。

结合时政并从“责任科层制”的观点来解读新施行的《公务员法》，特别值得注意的是第82条第3款（引咎辞职规定）和第4款（责令辞职规定）。按照这两个问责条款，担任领导职务的公务员如因自身失职或严重失误而造成重大损失、产生恶劣的社会影响，或者对重大事故负有领导责任的，应当引咎辞职；符合引咎辞职条件而本人不提出的，上级或有关部门应当责令其辞职。不言而喻，立法者的意图是要通过辞职和责令辞职的方式，来调整公务员正常退出机制、减少冗员、加快管理机构和各种职能组织的新陈代谢，从而在相当大的范围内以制度化的方式发挥鞭策和警示作用，减少官僚阶层倦勤的习气。

在《公务员法》施行以后，所谓“流水不腐、户枢不蠹”的原理以及人事更迭政策，将更多地体现在该法第82条及其他日常性纲纪制裁的规章的执行过程之中，形成现代法理型统治方式的基础。更重要的是，《公务员法》所正式确立的引咎辞职制度，在客观上已经否定了领导无谬误的神话，也在很大程度上破除了与权力禅让、政绩延续性相联系的官场潜规则，有助于在借助程序理性迅速改变人事布置之后，及时纠正过去的错误，开拓出一片崭新的局面。

毋庸讳言，在很长一段时期，中国社会的报应和制裁机制，实际上或多或少陷于一种功能麻痹的状态。在企业，表现为科尔奈教授所说的“预算制约的软化”，国家父爱主义使管理层和职工都感觉不到经营失败的风险压力。在政府，官员不必接受质询，不必直接面对民意的监控，不必担心因工作失误而被追究责任；只要紧跟上司，哪怕群众意见再大，也还是可以不断升迁。按照承包原理追究责任者的做法虽然不无效果，但往往受阻于个人包办和相互包庇的黑箱操作。《公务员法》的引咎辞职条款，实际上是往承包制的旧瓶里注入了问责制的新酒，使制裁机制的开启自动化，不受个人化特殊关系的羁绊。

引咎辞职制度显然大幅度扩展了从政生涯的风险和不可预测性，形成一种让人战战兢兢的压力。这种压力会增强执政者的责任伦理，也会使某些人望而却步，从而改变社会价值取向的官本位畸形。但不能不看到，这种压力也有可能在一定条件下，导致官僚阶层对《公务员法》第 82 条的集体抵制——很少有人引咎辞职，也很难让人责令辞职。或者出现相反的情形：引咎辞职条款在执行之际被上下其手，最终扭曲成一种权术，非到问责的逻辑在被推演到“人人有责”的极端并且反过来变成“人人不负责”的那一刻，谁也不肯善罢甘休。无论出现哪一种情形，《公务员法》第 82 条第 3 款和第 4 款都势必流于形式。

为了避免引咎辞职条款在《公务员法》施行过程中逐步蜕变成一纸空文，立法机关还有必要更上层楼，引进公务员弹劾制，制定相应的程序规则体系，并且进一步健全和改善对政府的实体性民主控制。如果没有这些配套要件和制度性保障，引咎辞职条款就很难有效地发挥作为激励机置的功能。

载《财经》总第 150 期

不可寄望“环境风暴”

中国传统秩序原理的本质在于个人承包责任制。因此，各级官员在面对需要承担责任的恶性事件时，条件反射性动作往往是把一切都“包”起来，欺上瞒下。

这次中石油“吉化”分公司双苯厂发生爆炸后的事态也不例外。尽管烟火冲天、污水滔江，尽管事关几百万沿江居民的生死，居然还是有人敢于统一口径，公开宣称没有污染，其自保之“勇”与智识之“愚”，确实让我们叹服！

现在，国务院已成立专门处理这起爆炸事故和水污染的调查小组，有关组织和个人可能要被追究法律责任，有些人也许还会受到刑事处罚。这似乎是处理这种重大事故的惯例。但在这场影响广泛的灾难性事故中，利益受损的普通老百姓和其他企事业单位能获得何种补偿，更令人牵挂。

按照污染者付费原则，《环境保护法》第 41 条第 1 款、第 2 款，第 43 条等各项规定，以及国家环保局在 1991 年对《民法通则》第 124 条做出的行政解释，肇事的工厂和直接责任人员不仅必须要赔偿所造成的损失，而且有可能受到刑事公诉。虽然《国家赔偿法》仅把违法行为纳入受理范围，与过失责任相关的事实行为被排除在起诉事项之外，但在因不知情而饮用被污染的自来水等造成人身伤害等事态发生后，被害者还是有权以环境保护措施不适当为由提起行政诉讼，并请求补偿。

然而不得不指出，像松花江污染这样后果严重、影响深远的事件，只按照以上方式索赔，即使企业破产、专项财政支出项目完全亏空，也未必能够充分弥补当事人可能遭受的实际损失，而现行制度又没有提供其他适当的救济渠道。因此，从法律角度看，以这次事件为契机，尽快从普遍性规范着眼，进行“亡羊补牢”作业，显得更重要、更迫切。

在环境保护方面，中国的行事方式一直偏重于行政规制，以预防为主的各种措施也蔚为大观，但在就污染的损害进行赔偿方面的做法显得很单调并缺乏力度。受害者不得不个别地与造成污染的企业进行讨价还价的谈判，极大地增加了当事人及整个社会在这方面的交涉成本。

这种情形也导致受害者产生畏缩心理，宁可选择忍耐，等别人提诉后“免费搭车”，难以形成自下而上推动环保的动力。即使偶尔有人出头鸣不平，也往往被企业以贿赂的方式轻易买断要求停止污染的环境权。

这样的制度条件不改变，无论刮多少场“环境风暴”，无论以环境监察的方式摘掉多少顶“乌纱帽”，恐怕还是很难从根本上解决问题。实际上，中国环境污染的严重后果已逐一显现，在很多地区，受害者的忍耐正接近临界点，今后受害者要求损害赔偿的呼声势必越来越高涨，单靠行政手段无从解决问题。

因此，今后环境法制发展的重点，应该是强化审判手段和经济杠杆综合运用，通过经济上的激励体系，加强企业进行环境保护和行政部门进行环境审计的主观能动性。与此相应，需要促进受害者通过行使索赔权来发挥监督功能。

鉴于目前的局面，法律人及有关实务部门的当务之急，倒还不是忙着应付具体官司，而是尽早采取适当对策，确保对环境权的资源供应，使索赔不至于最后几近画饼充饥，甚至在有关当局进退失据之余激起社会动荡。

就个人浅见，这次松花江污染事件即使当下还没有出现请求国家赔偿的案件，政府也不妨预先拨出专款，准备对经过审核确实符合条件的受害者进行补偿，规定补偿的合理标准以及申请、核准程序，并在此基础上及早建立一整套环境损害赔偿体系，即对索赔权的社会保障机制。

除财政临时拨款，还应该以维护企业的国际竞争力为前提条件，通过有选择地导入环境税、燃料税、污染保险费、工商界赞助等方式，逐步形成足以支付将来可能出现的巨额赔偿请求的基金。但是，比开辟财源更复杂的问题在于如何合理地确定赔偿对象、范围、项目以及额度，既要防止过度索取的流弊，也要兼顾各种法益的均衡，还要进一步考虑怎样才能借助捐税与承担赔偿责任等经济性杠杆，有效地推动产业结构向减轻环境负荷的方向转型，以防止赔偿保险变质为对夕阳产业的变相补贴。

为了达到统筹兼顾和深谋远虑的要求，在处理这类问题时除了倚重环境保护方面的专职人员和法律学者，还有必要吸收自然科学、工程学、医学、工伤事故、社会保险、福利政策、预算编制、统计等方面的专家，参与制度设计，并对赔偿对象区域、身体伤害及其他可预期利益损失的决定标准逐一进行详尽、严密的调查。

20年前在前苏联发生的切尔诺贝利核电站事故，逼出了戈尔巴乔夫的公开化、透明化政策。两年前在北京等地出现的“非典”疾役，使中国引进了高官问责制。这次吉林的爆炸和污染事件又会带来什么样的变化呢？

载《财经》总第148期

国家私营化的“怪味豆”

对临湘市副市长余斌“受贿扶贫”案，终审法院近日做出了维持有罪原判的裁定，引起了舆论的普遍关注。从刑事诉讼规则的角度来推敲此案，并没有什么需要特别质疑的地方。自古以来，中国人就深谙这样的道理，“私义行则乱”（《韩非子·饰邪》），“人心之多私，而以法为公”（陈亮语）。不言而喻，即便是被告确实有以赃款行善事的私人义举，也只能作为量刑时减轻惩罚的参考材料，但无法改变确定罪名的法理根据。然而，民众对此案的不同反应，应该会让有关当局五味杂陈，如同品味一颗“怪味豆”。

据新浪网问卷调查的结果，投票者当中大约有66%的人是同情被告的。网站上的短评，观点分歧很大，或者断定这个“贪官”不仅没有犯受贿罪，甚至还是目前难得的“清官”；或者觉得这个长期主管教育和政法的干部非常狡猾，已经预留逃避罪责的暗道机关。

浏览着一篇篇网民跟帖，不禁联想起明朝末年朱之凭的人物分类：“隐恶扬善者，圣人也；好善恶恶者，贤人也；分别善恶无当者，庸人也；颠倒善恶以快谗谤者，小人也。”（《在疚记》）大概余斌觉得神州大地到处行走的都是隐恶扬善、宽恕为怀的“圣人”，所以相信自己不会被判有罪。从网络虚拟空间的舆论倾向上看，倒也可以说他的乐观虽不中也，亦不远矣。

主张余斌无罪的主要根据是：赃款用于扶贫或者其他公益，结果和主观动机都是好的。在这里，更值得注意的与其说是具体判断的是非得失，毋宁说是上述论述中折射出来的群众性思维方式的基本特征——实质性价值判断高于法律程序，情境伦理高于普遍的社会正义。

或许是因为久在鲍鱼之肆，连“圣人”以及“贤人”们对乡愿引起结构性腐败的气味也开始变得不那么嗅觉灵敏了。我们看到的是：一个中层官员在行使公共权力时私下收取“佣金”，在处理公共事务时支付来路不明的款项，这些钱大都用到正道上，解决了群众认为应该解决的问题，那就没必要大惊小怪的了，甚至还被大家视之为德行善举。

显然，这是一种结果指向的思路——为了目的可以不择手段，可以无视正当程序原则。而这个结果本身也不必是公共性的，只要某一部门的职工得到实惠，某些碰到实际困难的个人得到救济，关于资源处置的决定就可以正当化。至于分配是否公平，是否符合法律规定却很少被追问。即使有渎职行为，只要这个干部还心存恻隐、索取有度、部分利益能回馈社会，就是“清官”、“好官”——当今的吾土吾民既然已经把对权力行为的评价标准以及公众的道德底线降低到如此程度，那么“圣人”与“庸人”的界限也就变得模糊不清了，“贤人”没准反倒被当作谗谤的“小人”甚至被群起而攻。

余斌之所以自信无罪并能得到多数人同情，还由于他在政府不应缺席而缺席了的地方，也有声有色地扮演了国家全权代理人的角色。他的口头禅“取之于民，用之于民”，在政府行为的层面倒是蛮符合制度经济学理论的基本命题的——公民通过纳税的方式向政府购买对人身和财产的保护及其他公共物品，并通过对财政预算等各种政府职能的民主监督来防止垄断了所有强制手段的政府滥用其权力。这意味着政府类似一套出售保护和正义的制度化装置，税率就是公共物品的标价。

但是，由于缺乏监督的有效机制，政府乐于“取之于民”，却未必肯“用之于民”。当公民不能通过制度化渠道购买必要的公共服务或者按照分配正义的原则请求调整时，只好以贿赂的形式来获得——这是所有贪官都会承揽的交易。问题是，这种权钱交易不仅不能发挥调节贫富悬殊和部门差距的再分配功能，而且必然以损害公共利益为代价，以实现中饱私囊的目的，自然会引起民愤。

而在“受贿扶贫”案中，被告余斌敛财有术，散财也有“道”。在多数贪官那里，帮助私人逃税成功的报酬及财政项下的税金剩余，都只是通过各种双向赎买方式进行切割分享的甜瓜；但在余斌那里，行贿者可以在某种程度上私下得到第一种公共选择的模拟效果，弱势群体则可以在某种程度上私下得到第二种公共选择的模拟效果，多了一点“乡与朝争治”（《管子·权修》）含意上的化民为公。

这也就难怪那些没有能力或没有意愿去行贿的老实人，禁不住为那个善解民意的聪明人鼓掌喝彩——虽然那甜脆的欢呼和赞扬声中难免夹杂着几许“被出卖却还帮着数钱”之类的辛酸，虽然自信无罪却被判罪的余斌本人也是满腹的委屈和无奈。但在政府经常缺席或错位的状况中，除了公器私用与私器公用之外，人们究竟还有哪些其他手段可资采用呢？

这里的核心问题在于大家是否想清楚了，余斌的行为，实际上是在利用公权力受贿征税，然后在利益相关者的范围内，由他自主进行税制外的分红。这多少有些类似于国家征税然后利用税收进行公共服务。但是，在余斌这里，他一个人承担了类似国家的不同角色，等于一个官员就构成了一个拟人化的国家，国家职能变相私营化，或者国家本身的非正式私有化。

载《财经》总第140期

问责与制度环境

毫无疑问，黑龙江沙兰镇小学发生的洪灾惨祸，既是天灾，在相当程度上也是人祸。作为灾区的上级行政首脑，黑龙江省省长是很敏感的——在沙兰事件发生后，他立即打报告向中央自请处分。

根据中国自两汉以来特别强调立足于德治的反思精神。中国近年来推行高官问责制，在重大灾害和事故发生后都追究有关人员的责任，省长引咎的举动也属于新政之风的影响，值得关注和鼓励。

但我们也不得不指出，这虽然可以在一定程度上缓解舆论对党政机关的压力，但未必能够真正有效地防止类似惨剧的重演。

从法社会学的视角来观察，问题的根本症结在控制系统以及社会结构之中。坦率地说，在现行体制下政府什么都要管，但实际上却很难什么都管好——日理万机必有疏漏之处。现在各单位的“第一把手”都是集各种大权于一身，但是权力边界不清楚，权力的运作不透明。随着社会日益多元化、复杂化，这样的权力格局往往会导致责任空泛，实际上却无人负责的后果。这次事后追究沙兰镇小学悲剧的因果关系就发现，几乎任何人都可以振振有辞，举出一些推卸责任的理由。

在这种制度条件下，实行问责制困难重重。个别官员的主动引咎辞职固然可以让民众感到官员的良知尚存，但如果引咎辞职的官员将全部责任揽于一身，或舆论只满足于个别官员的辞职，而没有看到个人过错背后的制度原因，是很难从根本上解决问题的。

从问责难行的角度来反思抗洪防灾方式的合理性，会得出这样的结论：在很多方面应该首先被问责的，是整体结构和制度设计。

稍加调查就可以知道，许多国家的中小学都设在社区最安全的区域，教室和操场则顺理成章地被指定为紧急状态下的公共避难场所。但在沙兰镇，尽管有1998年洪灾的教训，小学校址却仍在最低洼的地段，也没有在校园改建工程中采取必要的防范措施。

例如在日本，当气象局发出警报时，各类学校都会按照文部省的指导纲要和内部规则自动休课，让学生待在家里或者集中到学校的安全场所直到警报解除，关于复课时间也有具体的规定。为了保证安全，中小学会定期组织防灾训练、发放救护手册，并建立家长之间互相联系的固定网络以在必要时传递紧急通知。但在沙兰镇，气象预报以及上游汛情对防灾几乎没有发挥任何作用，得知消息的人员也缺乏横向联络的意识，危机临头时学校教职员大都张皇失措。

在现代化社会，事后的救灾、复兴以及补助灾民，理所当然是政府的职责，财政部门必须为此准备充分的专项资金，并事先规定不同受损级别以及相应的补助金额。不过赔偿损失的主要方式还是发放保险金、分配募捐进款、提供特惠贷款以及减免税赋。如果行政部门有失误，灾民可以告到法庭请求国家赔偿或公平补助。根据学校事故的法理，家长还可以起诉校方要求损害赔偿。

但在中国，由于不幸事件的归责系统仍然带有旧习惯的色彩，结果往往是受害人及其亲属自认倒霉、默默承担损失；或者相反，完全由国家财政负担。有关部门在行使裁量权之际，始终面临对受灾的部分公民“付款多则不公平、付款少则不满意”的两难。沙兰事件的善后处理虽然有新的举措，但基本上还是沿袭那种简单划一的旧惯例。

在一些应急措施比较完备的国家，在应对突发性公共事件时，在接到警报之后，地方当局的中心工作就是启动应急体制，并在灾害发生后立即提供充分的公共服务。无论事前还是事后，有关部门必须随时交换关于灾情的信息，并通过各种传媒通知当地居民，以便各人根据正确的信息采取适当的应对措施。每一次灾害和救助活动的全过程，都会留下真实而详尽的记录和调查资料，以供学者和决策部门研究并吸取教训。

但在沙兰镇，政府机关事先都毫无防备，也缺乏紧急动员的意欲和组织效率，又不存在从事公益活动的民间团体。另外，在惨剧发生后，当局对有关信息的公布仍然不及时、不充分。

中国在1997年已经制定防洪法，在“硬件”对策方面对防汛、抗洪以及河川治理都有宏观筹划以及保障措施，灾后的一体化行政动员能力也具有相当的优势。但还缺乏分别针对城乡不同环境的具体行为指针以及“软件”对策方面的制度安排。

例如，整理各地洪灾信息、预测在不同降雨量下的浸水区域、指定避难通路和场所、建立完整的防灾体制、加强危机意识的教育、改善灾情评估指标、设计预警系统和避难指挥方案、提高灾区复兴工程的水平、加强灾民健康调查和医疗（包括心理慰抚）。同时还有必要制定灾民生活恢复援助法，对受损的不同程度进行类型化处理，规定中央财政的不同补偿金额以及地方财政自主性援助的原则和标准，等等。

由此可见，我国在推行问责制时，应充分认识到，问责程序是以功能分化、权责明确、信息公开、法律支配、社会自治等为前提的。黑龙江省省长主动请求处分，固然表现出了官员的责任意识，但是，面对死于非命的孩子，我们更应该思索的是，如何通过制度建设，完善包括问责制在内的各项制度，通过制度保障减少灾难。

我们期待社会各界能以“沙兰事件”为契机，全面审视我们的抗洪防灾体系以及各项制度设计，尽量减少乃至避免悲剧的重演，这才是对那些死于非命的孩子的最好悼念。

载《财经》总第136期

城市本该飘溢平等自由的空气

居住和迁徙的自由权，作为一项宪法性权利，曾在中国 1954 年《宪法》第 90 条第 2 款中规定。但是，四年之后的 1958 年，这项规定的效力就进入休眠状态，1975 年更是被送进“失效条文的墓场”。取而代之的是在加强管理和维护社会稳定的名义下出台的各种限制人口流动的政策法规和行政措施。

近年来，尤其是在“孙志刚案”的催动之下，这项宪法性权利似有胎动再生的迹象。北京市政府预定在今年 3 月下旬进行的关于废止《外地来京务工经商人员管理条例》的审议，以及有关准入制的争论，在此背景下可以视为该基本权利诞生的又一轮阵痛。

从宪法学的角度来看，居住和迁徙的自由兼备两种不同类型的人权——自由权和社会权——的属性。从社会史的角度来看，这项宪法性权利是以劳动力的商品化为前提条件的，与选择职业和经营的自由也密切相关，具有非常重要的经济意义。在西欧资本主义发达国家，上述自由作为既成事实而为人们广泛享有，被视为理所当然，因此，在近代人权宣言的代表性文献（例如法国《人权宣言》、美国宪法前十条修正案）中并没有明文的规定。但在政府主导的赶超型现代化的过程中，为了满足产业市场的需要，后起的各国大都通过宪法条款和立法措施，自上而下地为居住和迁徙自由提供制度性保障，使其由背景权利转化为制度性权利。在这样的背景下，中国 1954 年《宪法》也曾写进同样的内容。但是，由于中国一度实行严格的计划经济，加上意识形态等因素的影响，这个规定很快被打入冷宫。因此，不难理解，随着中国已经回到现代化路线，正在迅速发展产业市场经济，重新激活相关的自由权正是题中应有之义。

不言而喻，居住和迁徙的自由往往会导致农村人口大量涌向城市，特别是繁忙而繁华的大都会。如果对此大规模的人员流动缺乏有效的调整和应对措施，很可能造成并加剧西欧曾经呈现过的城市化病态，例如拥挤混乱、基础设施供应不足、各种资源的匮乏、失业率上升、贫富悬殊、治安和环境的恶化，等等。根据报道，北京市的人口已经急遽膨胀到1700万左右，各种城市病状已经相当严重，确有必要强化管理。加上2008年在北京举办奥运会，各界对于北京市在保持繁荣的同时，如何维护社会稳定的问题，势必给予特别关注。在上述种种约束条件下，加上长期以来稳定压倒一切的思维定势，一个不难想到的对策是，为了防患于未然，应对北京市的人口流动进行限制。这一切或许就是促使中国人民大学教授、北京市政协委员张惟英女士提出关于“北京人口准入制”建议案的理由。

但是，城市本来就是流动性的结晶。或者说城市本来就应该飘溢着平等而自由的空气。现代城市更是以自治行政和开放包容为基本特征。从20世纪90年代起，作为国际化、全球化的重要一环，人员、资金、物资以及信息跨越疆界的流通越来越频繁和壮大，以这样的背景，在国际大都会里推行人口准入制，不仅有违市民自由的精神，也是对时代潮流的抗拒。特别是北京，从“元大都”时代开始就成为世界性都城，在政治上一直被赋予“譬如北辰居其所，而众星拱之”（《论语·为政篇》）的象征性意义，无论是对内还是对外，高筑壁垒更非明智之举。

正如前面所指出的，居住和迁徙的自由会带来一系列甚至是相当严重的社会问题。政府根据计划理性对自由的范围和程度进行适当的制约和调整，确有其必要性。但是，这种管理应在充分尊重这项宪法性权利的基础上，进行因势利导，而非简单的闭关自守。这就意味着政府只能在允许流动中维护社会的稳定。毫无疑问，这样做会对城市规划、基础设施的建设以及各项制度的健全提出更高的要求，也会付出一些代价。

但是，在当代宪政语境下，政府的职责，除了维护社会秩序，还有保护公民基本权利的义务。从法学理论的层面讨论有关问题，不得不承认：居住和迁徙的自由只能服从于公共利益或者公共福利的原则，而不是政策性目标；只能通过对选择职业和开展经营等经济权利的调整（主要是市场机制）以及必要的社会保障网络，来间接地加以限制，而不能直接下达“一刀切”的命令。

实际上，即使从自由边界这个角度来考察，我们还是无法得出应该建立准入制的结论。为什么？原因很简单：

第一，政府缺乏足够的能力来正确甄别什么人该进京、什么人不该进京。

第二，即使政府有那样的能力，这意味着把公民分成三六九等，对某些群体采取歧视政策，弄不好反倒会逼出个要求市民权的群众运动来。

第三，即使老百姓的忍耐限度足够宽大，市政当局也必须划出像深圳罗湖那样明确而坚固的边界线进行区隔才能见效，并且不得不全方位地加大监控的力度，结果势必出现国中有国、国将不国的割据局面，社会管理的成本将变得极其昂贵。

最后，放眼更长期的经济趋势，准入制还很有可能引起城市功能和投资活动的不平衡乃至萎缩，一方面引起城市居民的失业率上扬，另一方面加重“民工荒”的严重性，提高劳动力成本，也有可能反过来在出口份额减少与内需市场增大的摇摆之间引起景气的震荡。

由此可见，北京市政府在倾听民间呼声的基础上摈弃准入制的设想，准备采取相反的思路来缓和对进城民工和商人的限制的做法，是值得欢迎和高度评价的。

值得注意的是，在张惟英女士的明确的提案之外，还存在着各种可能削弱、推迟这项宪法权利生长的观点和建议。比如，一些著名经济学家认为，为了保证廉价劳动所带来的制造业竞争力，为了通过维护地区之间的比较优势而建立中国经济的内部自我循环体系，采取促进资本移动而不是促进人口移动的政策在某种程度上是必要的。这种观点隐含了类似的政策取向，可能会在不经意之间或多或少助长画地为牢、排斥外来人口的倾向。

不得不指出的是：仅仅废除《北京市外地来京务工经商人员管理条例》并没有真正解决问题，甚至反倒会像打开了“潘朵拉盒子”，除了留下对平等主义的一丝希望，各种难题都跑出来了，到处引起市政管理上的困境。于是我们有理由期待进一步的配套措施，特别是通过建立和完备各种规章制度为移居者提供充分的雇用保障、工伤事故补偿、医疗服务、生活救济、母亲和儿童福利、接受教育的机会、选举权和被选举权、请愿和申诉的渠道，并加强对犯罪的预防以及对贫民救助设施的管理。

载《财经》总第128期

被漠视与被扭曲的

一个小镇的办公场所，举债建造仿天安门式样的办公楼，据说设计方案中还暗藏以“王”作“主”之类的象征性玄机。事发之后，王姓党委书记居然毫无“亢龙有悔”的负疚感——对于如此奇特的政治景观，不同的人当然有不同的解读：

卫道士从金色琉璃瓦屋顶和脊兽上看到了僭越；占卜者从地方官员以“自立生祠”的热情来经营所谓“政绩工程”中看到了乱象；历史家会联想到罗马帝国角斗场里等级森严的观台设计；经济学者则会感叹“有形之手”对企业资产的变相剥夺；监察部门或许还能从书记亲躬建筑设计、利用企业改制后的资产投资以及建筑施工合同条款中找到经济疑点。

除此之外，以一介法律研究者的眼光来扫视那张小天安门照片，还能看到些什么？答曰：权利主体的缺席，公正程序的错位。

对这样的观察和判断，或许反对者会反驳说：修建新办公楼并非镇党委书记的“一言堂”，而是由领导班子集体讨论决定，前后历经两届领导，通过15道审批程序，各种手续一应俱全。但是，这些事实虽然可以作为推卸个人责任的托词，却根本不足以否定对其法理正当性的质疑；甚至可以说，正因为那是执政者的集体行为而不是某个官员的一时心血来潮，所以问题更严重，更需要进行整体性反思，不断推敲如何加强公民权利以及公正程序原则的基本保障等根本性问题。

让我们先从具体事实与具体规范说起。根据《楼堂馆所建设管理暂行条例》的规定，办公楼、会议楼属于非经营性质的“楼堂馆所”，必须经过严格的审批程序，不得搞计划外工程。该条例第21条规定，企业的流动资金和生产发展资金不得用于楼堂馆所项目建设；第23条规定，有关建设资金必须存入建设银行实行统一管理；第25条规定，用自筹资金建设办公楼之类，要按年度投资额的30%征收建筑税；第31条规定，对于擅自提高建设标准、挪用企业流动资金和生产发展资金等行为，应给予主要负责人和直接责任者以经济处罚、行政处分。比照这些规定，忠县黄金镇的办公楼难道真的算不上违章建筑？

再看征地补偿费。根据《土地管理法》第31条规定，国家实行占用耕地补偿制度，非农业建设经批准占用耕地的，按照“占多少、垦多少”的原则保证耕地面积不减，否则必须缴纳耕地开垦费。另外，该法不仅详细规定了对农民的征地补偿，而且以第48条和第49条明确了对补偿安置方案的公告和承认程序以及由群众对补偿费用的收支情况进行监督的程序。然而，根据新闻报道，黄金镇的办公楼征地费计算标准比法定金额低31%，征地费与转手出让给建筑商的收入差价高达十几万元。即使这样少得可怜的补偿费，也没有直接交到农民手中；农转非的安置名额一个也未落实，惹得当地民怨四起。

21世纪初，中共中央办公厅和国务院曾经联名发出“关于在全国乡镇政权机关全面推行政务公开制度的通知”，旨在扩大基层民主，监督行政权力。宪法、法律和各种行政法规、地方性规范和规章，也为此规定了相应的尽管远远算不上规范的程序。但是，在中国的广大基层，“印把子”、钞票、人事安排以及象征性符号体系仍然处于高度一元化的状态，基层政府的干部，特别是作为“一把手”的党委书记，实际上拥有相当大的权力。而普通老百姓以及人民代表，则大都被排除在对政府财政预算以及收支情况进行审议和监督的程序之外。似乎不是公民以纳税的方式出钱雇公仆、购买行政机关的公共服务，倒好像是各级干部们在以权生钱、点石成金来养活农民，施恩乡里。由黄金镇党委书记亲自设计的“天安门”，正是这种权力机关意识紊乱和错位的绝佳体现。

造成此种现象的一个重要根源，与缺乏公正程序密切相关。其中最重要的程序错位，就是权力渊源的程序被扭曲了。根据我国《宪法》和《地方各级人民代表大会和地方各级人民政府组织法》，地方人民政府由同级人大选举并向本级人大负责。但是，在实践中，人大权力远未实质化，地方政府只对上级党政机关负责。这就必然导致权利主体被漠视。纳税人尽管支付了费用，却无权约束自己的公仆，甚至对税金用途也缺乏监督和过问的权力。

从更深层次看，权利主体的缺席和公正程序的错位，势必导致权力合法性的流失。

那7组占地为王的怀古建筑，那111级鸡犬升天的青石台阶，观礼台上的花坛以及每个办公室附带的休息间和厕所，都折射出公器滥用和私用的肮脏、丑恶以及滑稽。

在这样的背景下，从“小天安门”上“垂范”下来的每一道“圣旨”，恐怕都难免引起衣衫褴褛的农民们的非议或者哄笑吧？如果一个改革中的社会，缺乏以合法性进行社会整合的力量，国家权力结构的合理化改造将十分困难，而自以为是、颐指气使的“土皇帝”的出现并不是罕事，这正是最让人忧虑的事情。

要摆脱这种尴尬，怎么办？处理当事人是为必要的治标之举，但治本的办法，还是要通过制度改革，切实保证公民的权利主体地位和他们有效表达自己的意志和意愿的公正程序。比如说，能不能把黄金镇的“大会堂”向纳税人以及人民代表开放，让基层政府的财政预算以及收支明细表都在这里讨论通过？能不能在大门边的高墙上开辟一个镇领导职务竞选公告栏，用来张贴候选人的简介以及政策设想？

总而言之，让基层的预算民主实践从黄金镇开始，让乡镇行政长官的基层选举试点从忠县开始，这或许不失为将功补过、积德造福的最佳出路。

载《财经》总第124期

法院误判的国家赔偿责任

从2004年10月1日起，最高人民法院制定的《关于审理国家赔偿确认案件若干问题的规定（试行）》开始生效。该规定的重要意义主要表现在以下三个方面：

第一，扩充了已有的确认程序的功能，在上诉和审判监督之外，明文规定了即使没有无罪判决或其他纠正误判的正式决定，个人或团体也可以请求权向管辖法院或者其上级法院乃至最高法院申请有关职务行为侵权的确认之诉。

第二，在提出确认之诉之前，有关当事人必须穷尽申诉、审判监督等上的救济手段，除非已经获得足以证明职务行为侵权的权威性文件（包括无罪判决、纠偏决定等）。

第三，以列举的方式，明确了15项判断审判人员职务行为的违法性的标准。其中14种职务行为涉及司法程序上的诉讼指挥权和法警或执行官的命令权的行使，判决及其他审判活动并没有明文包括在内。虽然第（15）项规定的“其他情形”条款也可用来审查判决内容，但最高法院审判监督庭的有关人员指出，“适用这项条款应十分慎重，严格掌握，除确认违法各方分歧不大的情形之外，均应提交审判委员会讨论决定”（见《人民法院报》2004年9月3日）。由此可见，本规定似乎在一定程度上受到英美传统上的“司法免责”（judicial immunity）原则的残余影响，把一般意义上的误判问题基本上排除到确认之诉的视野之外。

自1994年公布《国家赔偿法》以来，我国关于审判赔偿的司法解释或法院规定较重要的就不少于8个。如此重视司法赔偿问题，固然显示了具有中国特色的“实事求是、有错必纠”的司法原则以及责任制在维护秩序方面的关键性，但是也暴露了审判活动失误过多的严重性。《中国法律年鉴》的统计资料显示，2001年共受理审判监督案件93576件，占当年二审结案件数的19%，高出上诉率10%。同年处理完毕的审判监督案件有93434件，其中直接改正原判决的为23326件，指定再审的为5232件，两项合计占审判监督结案总数的31%。当年审结的国家赔偿案件共有6753件，其中刑事赔偿案件为2705件，占总数的40%，比前一年度同类案件增长11.32%。如此高的误判率、刑事赔偿规模和索赔案增长速度，促使最高法院调整政策，把涉及审判的国家赔偿与一般性国家赔偿区别开来。

从法解释学上看，涉及审判的国家赔偿案件的判决主要依据以下4种因素做出：(1) 作为请求对象的前诉的审判具有违法性；(2) 有关的违法性影响到判决结果；(3) 职务行为的违法性与个人责任之间的关系；(4) 损害赔偿额的计算标准。《国家赔偿法》第24条规定了刑讯逼供、殴打施暴、贪赃枉法、徇私舞弊等明显的违法行为的个人责任。之后最高人民法院颁布的一系列司法解释和规定有所补充，2000年“关于民事、行政诉讼的司法赔偿问题的解释”提示了违法性判断的各种要件，但以对妨碍诉讼的强制措施、保全措施以及执行措施为限，并不包括误判在内，也没有提出认定审判违法性的明文标准。

对审判的违法性标准做出详细规定的只有《人民法院审判人员违法审判责任追究办法》(以下简称《办法》) 第2章，尤其是其中第5条、第7条、第9条、第12条、第14条。但是，该《办法》对由审判人员个人责任所导致的违法性判决，是否由国家承担代位责任的问题尚待澄清。更重要的是对审判人员违法审判责任的追究，只能由法院内部监察部门实施。作为受害方的公民、法人以及组织并不能对有关审判人员直接提起赔偿的请求。违法性的判断与国家赔偿程序实际上处于被隔离的状态。换句话说，中国的现行制度在违法性问题上采取实质性立场，在程序上也对审判赔偿的请求进行阻遏，但在法院内部追究审判人员责任的违法性判断又过于宽泛。

鉴于上述现实，今后刑事赔偿和非刑事司法赔偿的制度变迁的基本方向将是完善关于审判赔偿的制度，特别是承认国家赔偿请求以及确认之诉的被告可以包括国家和地方的权力机关（因为法官任免权在地方人大及其常委会）以及办案法官在内，即消除陈旧的司法免责原则的影响。但除审判人员渎职枉法的特殊情形，还是应该坚持由国家来为职务行为承担赔偿责任的代位责任制，不宜过度强调个人责任。同时也应该防止法院利用确认程序推卸国家应负的赔偿责任，并针对这类偏颇预留矫正的机会，例如容许律师协会的维权机构开展独立的调查并将结果公诸传媒。另外，为了切实保障法官的审判独立和敢于决定的精神，还应该进一步明确对职务行为违法性进行判断的外部标准，而对追究个人责任的范围则进行适当的制约，仅以故意或重大过失为限，不宜保留过于严苛的违法性内部标准。

载《财经》总第116期

第二部分

合意、权利以及正义

爱国，何不守法？

神力公司侵权事件，以“爱国”的名义掩饰普通刑事罪行，结果只能是“祸国”。面对假冒伪劣的指控，拿不出法律证据就拿出民族主义煽情话语来作为挡箭牌，反倒会进一步坐实“奸商”称谓，更有甚者还将“殃民”——玷污整个民族的信誉。湖南“神力”袁老板在年初弃保逃回国后发表的那份俨如“伦敦蒙难记”般的公开信，演出了一幕欲使天下为“私”的荒诞剧，大有把自己的祖国和人民都拉上被告席“陪审”的豪迈气势。

这么说当然不是要否定围绕知识产权保护的策略，存在国家利益之争的事实；更没有忽视在国际刑事司法领域中维护本国公民权益、预防司法不公、抵制贸易保护主义偏颇的必要性。但不得不指出，在 ABRO 门事件中，被告再三铸成大错，相关方面也不乏那么一些应对失措、处断亏理之处，因而剩下来的也就仅有一个非常简单的选择性问题：是诚信守法，还是公然践踏既存的规章制度？网络舆论把英国实施拘留、美国要求引渡当成“霸权及帝国主义”进行谴责，甚至把原告爱宝公司在中国的代理律师也当成“汉奸”横加辱骂，反倒更加凸显了政治唯情论的盲点以及社会心理的不成熟。

实际上，自 1870 年 8 月 9 日颁布《罪犯引渡法》（Extradition Act 1870）起，英国等普通法系国家一直没有采纳欧洲通行的“不引渡本国公民的原则”（principle of non-extradition of national），甚至在把域外犯罪的本国公民引渡给行为地国法院时并没有以互惠为前提条件，基本上显示了尊重和信任外国审判制度的姿态。即使在司法实务方面需要就引渡与相关的其他国家达成协议，也基本上采取严格的属地主义，并不拒绝作为犯罪行为地的他国法院有权管辖，亦不拒绝把本国公民引渡到外国受审（除非属于特别重大的犯罪案件)。因此，就引渡问题向英美两国发起民族主义攻势，难免有“无的放矢”之讥。

根据日本刑法学专家森下忠教授的记述，即使从14世纪起就坚持保护本国公民的属人主义，总是最大限度地争取刑事管辖权的德意志和希腊等欧洲国家，近年来也有所变化，开始承认酌情裁量的引渡（discretionary extradition)。此外，尤其值得一提的是，欧盟评议会正在起草和审议的防止高科技犯罪条约，其中有条款把侵害知识产权触犯刑律的行径认定为“重大犯罪”，并使相关嫌疑人的引渡变得更加容易。

还应该注意到，2003年9月29日生效的联合国《打击跨国有组织犯罪公约》(*U. N. Convention Against Transnational Organized Crime*)，迄今为止缔约国已增至136国，其中包括在2000年底罗马高级别政治签字会议上就已署名的中国。该公约的参加国都有义务加强在刑事司法方面的国际共助、简化引渡程序、扩大引渡范围，这是一项国际承诺。顺便指出，日本在2005年发表的关于防止假冒品和海盗版扩散的条约提案，进一步要求比照《打击跨国有组织犯罪公约》的内容承认对知识产权犯罪嫌疑人的引渡和收益没收，已引起其他发达国家的共鸣。

另外，1990年8月27日至9月7日在古巴首都哈瓦那召开的联合国关于防止犯罪以及犯罪者待遇的第八次会议上，通过了《罪犯引渡模范条约》(*U. N. Model Treaty on Extradition*)，意在促进加盟国之间缔结罪犯引渡条约，其中第九条规定了临时拘留(provisional arrest)。在此之前很多双边条约和国内法也有为引渡而拘留或逮捕的规定。因此，英国警方应美国司法机关的请求对袁宏伟采取羁押措施，并不能说就违反了国际法或者侵犯别国司法主权。其实，2000年12月28日中国通过的《引渡法》第30条（应外国请求引渡的场合）和第48条（向外国请求引渡的场合)，也规定了在紧急情况下先行采取强制措施的内容。

湖南省的一些律师曾经就ABRO门事件发出警告，认为如果美国将袁宏伟从英国引渡成功，那么今后与美国有着贸易或知识产权等法律方面纠纷的中国商人都会面临限制人身自由的风险。这些说法并非杞人之忧。实际上欧美公民中已经有人因为通过互联网侵犯知识产权的罪名，在海外旅行中遭到英国拘留。这类保护私有知识产权的跨国法律举措也许有些过激，未必十分妥当，但显而易见，符合程序要件的拘留和引渡，与民族主义歧视还是不可等量齐观。

在上述背景下，我们要适当保护本国公民的权益，就必须在法言法，靠诉讼规则和各种技术性方法来决胜负。也就是说，按照格老秀斯（Hugo Grotius）关于“或者引渡，或者惩罚”的著名公式以及能动属人主义（principle of active personality）的逻辑，不妨把2000年中国《引渡法》中的平等互惠原则和本国公民不引渡原则转化为有效的防御工具。

根据中国刑法关于商标罪的三种规定（第213—215条），对湖南神力的指控在行为地国也具有可罚性。因此，中国在制度上的选择空间本来是很大的——如果依属人主义，那就可以向英国请求引渡；如果依属地主义，那就可以对美国主张管辖权；如果依轻法原则，中国就可以坚持本地管辖权，在刑罚较轻的条件下要求适用中国法律条款。

但是，只要美国爱宝公司代理律师的陈述属实，行为地湖南的有管辖权的法院的确曾经拒绝受理原告起诉，那么所有的对策也就大都无从谈起了。人们将有理由对格老秀斯的“或者引渡，或者惩罚”公式进行逆向推论：既然犯罪者的本国不承担惩罚或者代理惩罚（alternative to extradition）的义务，那么引渡以及为了引渡的拘留或逮捕就势在必行。假设非要摆出“偏不引渡，偏不惩罚”的反潮流姿态，那就无异于在宣告对现代国际法秩序做出全面挑战——这当然不是大家的本意。

无论如何，围绕此事件的现象和话语再次提醒我们，中国正在面临日益增多、日益复杂化的国际法律摩擦和策略诉讼，但当地企业、政府以及民众似乎还缺乏充分的精神准备和处理手段。人们往往习惯于把本应仔细推演运筹的制度竞争和知识格斗转换成一场群情激昂的口水仗。倘若连律师们也仍然不敢超越诸如此类的浮躁语言游戏、不善于凭借法解释学技艺转战千里之外，那就应该坦言，重新审视法律职业教育的方式和内容，此其时也。

载《财经》总第204期

异化的“患者同意权”

2007年11月21日的寒夜。北京朝阳医院京西分院。由于“丈夫”拒绝在手术单上签字，本来有救的孕妇和胎儿，终于在医生和护士的环视下撒手人寰。这就是轰动一时的“拒签”事件。

为什么在治疗条件较好的医院，竟然会发生这样一尸两命的惨痛悲剧？透过模糊的泪眼，可以依稀看到有关人员和机构纷纷逃避和推诿责任的举止以及各种动机，并且都不无理由甚至法律依据；而在问题情境的深处，还能进一步找到医患之间的不信任、民工的绝对贫困化、生命伦理的崩溃以及治疗管理机制设计方面的缺陷等原因。

无论李丽云和肖志军如何有错或者无知，事后的激愤指责都是徒然的，甚至还颇有点残忍。实际上，对于患者以及外行而言，医疗本来就意味着必然的“信息不对称”。由于治疗措施的判断涉及高度专业化的知识、技术，来自外部的评价和监督都非常困难。检查室、化验室、手术室、急救室都以“密室”隐蔽性为特征，难以预防或者证明医师的过失以及不法行为。在事故发生后，侦查也很容易受到限制，篡改病历和有关证明资料以及串供的可能性防不胜防。以此前提条件，怎样树立并加强职业道德和信任度就成为关键的问题，而中国的现状则很不容乐观。患者不敢进医院，更不敢信任医院，并非捕风捉影之谈。

在只拥有不完全信息甚至对治疗细节基本上一无所知的场合，加上对医院的误解、偏见以及根深蒂固的猜忌，可以想象，患者及其亲属一方行使自我决定权进行选择的风险必然会显著增大。如果经济承担能力过于微弱，这种风险的重压就将成倍加强。所以，具体到目前的个案，肖志军在接到第三张签字单时精神状态陷入混乱，可谓事属荒诞，却也情有可原。

然而换个角度来看，正因为信息资源极其不对称，院方也不得不承担巨大的风险责任，甚至还难免承受说不清、洗不尽的委屈。更有少数患者亲属无理取闹、要挟索赔，甚至不分青红皂白地对医护人员动用暴力手段。由此可见，坚持当事人或关系人签字自负其责，并把署名单据作为护身符，就自然而然成为院方最行之有效的防御手段。

众所周知，本来患方自我决定权是抵制医院的特殊支配权的一件利器。但是，在现阶段的中国，这一对策的功能已经发生了蜕化变异，成为抵制问责、转嫁后果以及阻止敲诈的主要手段。

从 11 月 21 日下午起的 3 个小时里，可以说医患双方的最大关注点并非抢救，而是责任。在难产孕妇的微弱之躯上，双方基本上只是围绕四个字——“索签”还是“拒签”——打了一场拉锯战。其间还把北京市卫生局的负责人也裹挟了进来，形成持久性的混战局面。事实上，这场关于责任的较量到现在仍然没有终结，只是更换了阵地、阵容以及关于责任的谈判条件。在中国的各类纠纷处理过程，同样的复杂化、棘手化现象早已司空见惯。但本案的情节更惊心动魄，因而也就更烘托出结局的荒诞不经。

平心而论，患者自我决定权在特定情境里的变质，也构成了对既存的医疗卫生体制、法律规范以及理论命题进行反思和重新认识的一个重要契机。

首先需要注意的是，自我决定与自我负责本来是互为表里的，而责任风险的大小往往取决于选择、决定时的信息量或信息解读的正确度。治病救人过程中的信息分布有一个显著的特点，这就是医师占有压倒优势。因此，在要求患者行使自我决定权时，医师有义务提供充分的信息并进行说明。离开知情权，就谈不上自我决定权，所以患者及其亲属的同意被界定为“知情同意”（informed consent），仅强调签字这一点是片面的、不妥的。

其次，应该指出，患者与亲属的意思表示也有轻重之别。在自我决定权概念中，患者个人的愿望优先于亲属的主张。但在中国，由于宗族主义和集体权观念的影响，家庭成员的态度显得更有决定性，例如严重病情的通知对象不是患者而是其亲属。这就有可能造成在医疗措施选择上无视本人意愿的事态，导致患者对医师产生猜疑。当然，在肖志军拒签事件中，患者李丽云已经做出反对做手术的意思表示，在本人陷入昏迷、无法自主判断的情况下由“丈夫”行使同意权是名正言顺的。但亲属选择的效力必须受到一定限制，不得违反患者的真实意思，必须以符合患者的利益为前提条件。

鉴于患者及其亲属在根据信息进行抉择、承担责任风险方面的劣势以及精神状态不安定的可能性，现代法制在引进自我决定权的同时，也承认在一定条件下能够根据生命伦理对其进行适当的限制。例如，当患者处于精神错乱或昏迷状态时，医疗机构也可以基于家长制温情主义的考虑，来限制或否定自我决定权的行使。

此外，社会道德、多数人的感情和价值判断、对第三者以及社会的危害性，也可以成为院方裁量的根据。但这种干预的现实可能性以及方式、范围，取决于医患互信关系以及制度条件。

在中国，家长制温情主义的担纲者不是医疗机构，而是负责管理医疗卫生的行政部门。这种安排的好处是防止强制手术的弊端，但也带来了如下问题：丧失治疗机会和侵害期待权的后果都从医院转移到政府，即使医院加入赔偿责任保险也无法大胆做出有利于患者的风险性决断，医患纠纷很难按照契约法理或者信任法理追究责任，缺乏充分的信息和专业能力的行政部门为了回避责任，只有更进一步强调患者和亲属的选择自由和后果自负，等等。

这正是我们在目前的个案里看到的怪圈：不是死者及其遗属在咎由自取的舆论压力下默默忍受过于严酷的凄惨，就是发出指示的卫生局包揽一切善后处理——但这个指示的内容却只有“如果家属不签字，不得进行手术”13个字，矛头正对着苦主肖志军。已经推卸责任的医院正在引用《医疗机构管理条例》第33条等规定，不断向社会强调不作为的合法性，似乎不知道这样一个基本事实：无论自我决定权，还是家长制温情主义限制，其渊源都在生命伦理，而并非出自法规条款。

总之，要适当处理“拒绝签字”事件，就不得不超越实证主义法学的藩篱，直视法规与道德的关系，并以此为契机推动医疗卫生体制的根本性改革。

载《财经》总第200期

彭宇案的公平悖论

南京公交车站发生的一起极小的民事纠纷，缠讼近十个月，且在全国掀起惊天动地的舆论风暴。此类“蝴蝶效应”反复出现，暗示中国社会在某种程度上已呈现混沌状态——任何细微变化都可能导致完全出乎意料的后果。而警察与法官之间的关系成为凝视、质疑的焦点。

2007 年 9 月 5 日，南京市鼓楼区法院对此案做出判决，让被告彭宇稀里糊涂地与跌伤的原告就损害额来个四六分成。审案人员认为：“从常理分析，其与原告相撞的可能性较大。如被告是见义勇为做好事，更符合实际的做法应是抓住撞倒原告的人，而不仅仅是好心相扶；如被告是做好事，根据社会情理，在原告的家人到达后，其完全可以在言明事实经过并让原告的家人将原告送往医院，然后自行离开，但被告未作此等选择，其行为显然与情理相悖。”

如此奇妙的判决理由，加上各种令人费解的办案细节，迫使我们不得不先对这个所谓“常理”或者“社会情理”进行分析。

先撇开事实认定不谈，在该案处理过程中，有两项具有中国特色的因素是很值得关注的：一是警察积极介入了毫无暴力或犯罪迹象的日常性民事纠纷，公权力在私人间互动中长驱直入，难免造成力量对比关系发生变化；二是作为对警察介入的反应和抗衡，弱势一方必然要诉诸舆论支持，因而也就导致群众的高调介入。

在这里，先有权力契机，后有群众契机。如此构图在中国司法领域并非偶发，几乎在任何具体的审判活动中都屡见不鲜。正是因为强权与民愤之间的张力不断扭曲着法官的行为模式和心理，所以很多判决才变得有些类似扶乩的锥画信息。

众所周知，现代民事诉讼制度在分配证明责任方面的基本标准是“谁主张、谁举证”，由负责举证的那一方来承担无法查清真相的不利后果。据此，在本案中，原告有义务证明彭宇存在侵权的客观过失。然而，承办警察在现场制作并由当事人签署的原始询问笔录这样关键性的资料，据说因派出所装修遗失了。警方只提交了有点来历不清的誊写文书和复制电子文档，显然缺乏证据价值。对笔录的内容真实性，当事人双方各执一词，而原告又不能提供任何其他的证明资料，这就使过失何在的问题完全无从查明。

在这样的情况下，法官如果不让负有举证责任的原告承担不利后果，那就意味着实际上必须把举证责任在相当程度上推到被告身上。如此行径是有悖法理的。但彭宇案中，承办法官却借助了三根法律杠杆：曰自由心证主义，曰过失盖然推定技术，曰公平责任原则。

欧洲大陆法的所谓自由心证主义，其宗旨是要避免法定证据主义的僵硬性，让审判人员能摆脱法律形式的制约，而直接面对事实和具体语境，凭借法律人的良心、正义感以及专业素养做出妥当的综合性判断。但是，这决不意味着法官享有肆意专断的特权。恰恰相反，是要求法官达到类似孔夫子所说“随心所欲不逾矩”那样高尚的境界。无论如何，自由心证主义的出发点必须是合法的资料，法官行使裁量权仅限于对有确凿证据的证明力范围和可信程度进行估量。

但在彭宇案中，我们看到的只是非法的资料以及法官对于有关证据造假问题的熟视无睹。为什么派出所蹊跷地宣称原始笔录遗失？关于原告的儿子在警察部门工作并介入调查的传闻是否属实？原告为什么谎称不认识确实在场而且扶助过她的那位证人？如此明显的疑点都没有洗涤干净，还侈谈什么公平的“内心确信”？

在判决理由中，本案承办法官根据“常理”和“社会情理”对被告过失进行了可能性分析。在民事诉讼法学领域，根据经验法则进行概括认定和选择性认定的推理技术是得到承认的，主要目的是减轻负责举证的受害人一方（原告）的过大压力。尽管如此，只要被告能提出充分的间接反证，原告关于间接事实的皮相证明以及法官的盖然性过失推定就无从成立。

彭宇申请证人陈二春提供的陈述，正好构成了有力的间接反证——原告徐老太一口咬定没有见过这位帮忙把她从地上扶起来的在场第三人，但谎言最终被戳穿。显而易见，陈二春的间接反证使得自由心证主义与过失盖然推定技术在本案都行不通了。至于其他的破绽以及判决书中存在的一些逻辑谬误，为了节约笔墨，在这里姑且存而不论。

既然转嫁举证责任和推定过失并没有成功，那么承办该案的法官突兀地断定“对本次事故双方均不具有过错”似乎也就不足为奇了。在此情况下，过失相抵的法理无从援引，于是《民法通则》第132条所规定的公平责任原则，便成为审理活动的根据。但不得不指出，如果前述的过失推定不是无谓的，那么对损失的公平责任就只是过失责任原则的补充；反过来，如果把公平责任理解为过失责任的例外，那么法官的心证理由就只是判决的蛇足而已。

《民法通则》第132条很有特色。一般而言，当负有举证责任的原告不能证实对方的过失而不得不以受害人之身承担所有损害时，这样的状态的确难免让人有恻隐之心。为了避免过于残酷的结局，侵权行为法学有缓和过失条件、扩大损害保险和社会保障等救济渠道的趋势。在我国，相应的立法政策是根据实际情形让有关方面分担损失，但有两个问题依然无法回避：

一个问题是分担责任和损失的法定标准并不清楚，给法官留下了过大的裁量余地，很容易助长滥用职权的风气。

另一个问题是容易造成事与愿违的结果：热血法条导致冷血判决——即使毫无侵权过失的公民也可能被责令承担损害赔偿责任，甚至见义勇为的好人也因此贾祸，酿成更大的不公平。用20世纪著名法理学家富勒（Lon L. Fuller）的话来说就是：混淆“愿望道德”与“义务道德”之间的区别势必破坏法律的内在道德，关于分担和利他的外部道德也因而变得残酷化。在无过失保险、医疗保险等制度尚未完备的现阶段，这样的判决会显得尤其缺德。

其实，纵观任何社会的日常生活，像彭宇案这样真假难辨的民事纠纷都是不胜枚举的。如果审理侵权诉讼时过于拘泥于举证责任和过失原则，就会在不同程度上面临原告证明成本过高、败者赔偿能力欠缺的困境。但是，不去探讨综合治理的制度设计，只是以“各打五十板”的方式来潦草结案，甚至故意枉法去迎合某种特殊的利益诉求，那就不仅难以解决问题，甚至反倒很可能在两种道德的碰撞以及信任坠落的过程中引起侵权行为法的危机。

总而言之，无论彭宇案的事实真相究竟如何，判决书显示了审判人员在运用推理技术时不仅犯有低级错误，还碰到了一个“公平责任”并不公平的道德悖论。

载《财经》总第194期

制定新闻出版法当其时

从各家媒体竞相报道“纸包子”的惊人新闻，到訾北佳接到损害商品声誉的刑事判决，相隔一个月有余。在这期间，有北京电视台的公开道歉，亦有“透明度”节目负责人的免职处分，但均未能平息人们对相关问题的质疑和议论。即使8月12日法槌落下，似乎还是不能一锤定音。真应了《红楼梦》太虚幻境里的那副对联：“假作真时真亦假，无为有处有还无”。

这倒不是说检察院和法院在这起捏造报道事件上应该“无为”。

根据我国《刑法》，对构成损害商业信誉、商品声誉罪的行为，是可以直接提起公诉的——这不同于侵犯名誉权的诽谤罪，该罪在一般情形下必须经受害方亲自告诉才处理（但严重危害社会秩序和国家利益的除外）。况且，要让那些走街串巷、无证经营的摊贩来确认损害商业信用的范围和程度，也颇有那么一点不着边际。

另外，根据现代刑法学原理，无论侵犯的对象是信誉还是名誉，都属于抽象危险犯的范畴。也就是说，不必存在现实的损害就足以认定犯罪。虽然对商业信誉诉讼的要求比一般名誉诉讼更严格（这意味着与精神性权利相比较，对经济利益的保护排序较后），必须证明被告所言的确是虚伪事实才能定案，但本案的诉因本来就在伪造新闻事实，完全符合必要的条件。于是，根据关于言论自由的宪法原则要求以公共利益的名义免予追究的主张，也无从成立。

现行《刑法》第221条的内容是这样的：“捏造并散布虚伪事实，损害他人的商业信誉、商品信誉，给他人造成重大损失或者有其他严重情节的，处二年以下有期徒刑或者拘役，并处或者单处罚金。”基于该项规定，考虑到假消息在国内外产生的恶劣影响，北京市第二中级人民法院判处捏造报道的主谋訾北佳有期徒刑一年并科罚金千元，看起来并无不妥之处。

但仔细推敲之后就可以发现，这一判决的法理构成实际上仍然存在某些瑕疵。

值得注意的是检方陈述，已经见报的指控内容摘录如下：“訾北佳在今年六七月间，通过采访未能发现有人制作和销售肉馅掺纸包子，于是自带面粉、肉馅、纸箱等，骗取卫某等人信任，教授卫某等人制作了两屉肉馅掺纸包子，……秘密录制了制作过程。”

这段文字意味着本来存在“纸包子”的风传（据说訾北佳也是接到过群众的电话举报），然而訾北佳在调查采访时却没有发现实例，因“功利心作祟”而捏造了新闻材料。考虑到近几年来关于大头婴儿奶粉、毒粉丝、头发酱油、人造鸡蛋、苏丹红、假药等等各种消息，如此背景、如此动机的解释的确能顺理成章。推而论之，就可以得到现代法学的一项基本原则作为抗辩理由：倘若误信存在相当的根据，尤其是在涉及公众关心事项的情况下，对报道不能处罚。

当然，捏造并不等于误信。因而，“纸包子案”可以分成两个不同的侧面——捏造报道与损害商誉。后者是这次司法定罪的基础，却并没有特定的所指对象，也难以证明有损害商誉的直接故意。

在目前假货横行的社会背景下，必须加强舆论监督，适当放宽报道自由的尺度。实际上，只要能发现一个真实的纸包子，事件的性质就很有可能发生变化（例如对“现实的恶意”的指控将不攻自破、事关公益等附条件抗辩的主张也容易成立），定罪处罚的根据就会有所动摇——当然，捏造报道的污点本身是怎么也洗刷不掉的。

鉴于上述情形，检察院对新闻工作者以职权提起公诉、法院就表达活动的侵权指控做出定罪量刑的判断还是应该采取慎之又慎的态度。也就是说，必须在排除所有的合理疑点之后做出妥善处理，竭力防止阻塞言路的副作用。可见，决定“纸包子案”成立的关键还是前者，即捏造报道的情节。

毋庸讳言的是，捏造报道本身并不构成犯罪。尽管对于来自任何方面、采取任何形式的新闻造假，都不能姑息或放纵——这样的行径是违反职业道德和纪律的，是极其恶劣的，需要团体自律机制的束缚、行政主管部门的处分以及社会舆情公论的制裁，但一般而言并不构成犯罪。只有当捏造报道在特定的自然人、法人以及非法人群体中造成严重损害时，才可以称之为犯罪性的误报或假消息。否则去年 8 月的西瓜染色故事、今年 3 月流传的香蕉致癌八卦新闻等，同样的主观恶意也构成了对纸包子的始作俑者提起公诉的理由。

同时，一旦刑事责任成立，民事责任也随之而来。只要认真追究法律责任，问题就很难仅限于訾北佳，事态的推移也很难到节目负责人的免职处分就戛然而止。

最高人民法院《关于审理名誉权案件若干问题的解释》（1998 年 9 月 15 日生效）显然把商誉归类到名誉权范畴里，并在第 5 条和第 9 条明文规定，如果报道失实，应当认定新闻单位构成侵权。即使仅考虑新闻单位的注意义务以及雇主民事责任的法理，北京电视台也该为“纸包子事件”承担损害赔偿的责任，司法救济的范围恐怕难免要从小贩卫某扩大到一同遭受损失的包子店铺摊位，有关方面是否做好了应诉的充分准备呢？

从 20 世纪 90 年代开始，中国的媒体已经逐步实行自负盈亏的企业化管理。据报道，目前共有 560 家广播电视局、1930 种报刊、75 万人的新闻从业人员（其中持有官方记者证的约 15 万，剩下的大都属于临时雇员），形成了规模庞大的信息市场，也出现了极其激烈的竞争。在这样的崭新格局下，如果没有明确的行为准则、充分的权利保障以及合理的管理制度，以纸包火的捏造报道事件难免还会出现。

无论如何，我们面对的问题已经被转换了——从假包子到假报道。这里其实存在着“假包子的假报道”这样对社会可信度给予双重冲击的悖论以及欲盖弥彰、欲究更甚的两难困境。但在越描越黑的同时，也存在一个把坏事变成好事的契机。即采取彻底整顿捏造和歪曲事实等不正之风的有力措施，实现新闻观念的革命，进一步改革那些不合理的宣传制度以及对大众传播媒介的僵硬管理方式。

在这个全面打假的意义上也可以说，有关部门最近发布通报称“真实是新闻的生命”，真正是一个划时代的伟大口号。剩下的课题是怎样才能在制度上切实杜绝假新闻。

纸包子案既然已经把媒体推至法律的聚光灯下，同时也暴露了有关规章制度比较匮乏、审判根据不太充分的现状。那么，我们就有必要顺势重提一个被延搁太久的议案：本着新闻真实的原则，尽早制定一部体现时代精神的新闻出版法。

载《财经》总第 192 期

能否死于安乐？

在中国，追究安乐死刑事责任的第一桩诉讼，于1986年案发陕西；关于承认安乐死的第一份人大代表建议书，于1992年出自广东。但随后的光阴从社会议论中汩汩流淌过去，并没有在制度层面上留下什么可以称道的沉淀物。

时至2007年3月9日，宁夏有一位绝症患者李燕在求告无门之余，不得不通过博客来公布自己的安乐死申请，并通过人大代表上达“两会”。她试图借助网络舆论的压力，打破立法机关在这个问题上的长期沉默。而此后有关李燕建议的激辩，能否如愿导致如孟子所表述的那样，“然后知生于忧患，而死于安乐也”，现在还很难说。

所谓“安乐死”，其含义和宗旨只是在患可忧、痛难堪的场合，让患者、痛者得以“善终”。但权力机关往往心怀戒惧的，是那种因贫穷、疲惫以及嫌弃而变相杀人的“恶用”，当然还包括由此产生的近亲之间的猜疑和憎恨。也许立法者的顾忌还包括对“赴死的病态”（借用S. A. 克尔凯郭尔的书名）、“利己的自杀”（E. 涂尔干的分类术语）、对厌世情绪蔓延的担心。

可见，面对这个问题，我们应该把观察的角度重新调整一下：与其强调安乐死的必要性和暗藏事实，毋宁更多地探讨怎样防止社会因承认安乐死而引起的各种流弊以及生命伦理滑坡的风险。假如能够通过制度、规范以及技术性措施保证有利无害、至少是利多而害少，那么拒绝安乐死的社会阻力势必减少。在这个意义上，首先要做的，当然是从严界定安乐死的概念内容。

概而论之，安乐死是指那些濒死的患者因不堪肉体痛苦而期望以较舒适、较尊严的方式告别人生的行为。在这里，最基本的构成因素可以举出三项：

一种是终期在即而无药可救，大致表现为以阳寿半年为限度而等待死神登门的

“末期症状”。也就是说，亡故本身已经迫在眉睫，安乐死只是缩短了痛苦和不安的过程而已。

另一种是每天遭受肉体剧痛的折磨而产生了“生不如死”的强烈念头，即存在可以客观判断、可以理解同情的“解脱欲望”。不过，主张去世尊严的人们则否定肉体痛苦是安乐死的前提条件的命题，更重视精神痛苦的解除以及辞世美学。

还有第三种，那就是本人的“自愿请求”，以体现生命的主体性决定，杜绝一切变相杀人的可能性。然而，倘若患者处于昏睡不醒或持续性植物状态，治疗被认为是无谓的和资源浪费，也可以由家属等进行意思推定。但后面这种非自愿的安乐死，其实最容易招致各种诟病，甚至让人联想起古代日本乡间的“老太婆遗弃”陋习和纳粹时代德国强迫执行的精减人口政策。为此，立法者设计了在患者神智清醒时就开始生效的生前留言等制度。但对预先制作的类似遗嘱的文书，与情境变更之后的当事人真实意思之间的关系如何妥当处理，还是殊难定论。

把上述几项基本要素的不同存在方式加以搭配组合，就可以得出安乐死的如下三种类型：

（1）间接安乐死。指有意无意地大量投放某种可以减轻或消除痛苦感觉的药剂，其结果，副作用或者药效本身导致死期提前，又称“医师援助的自杀”。美国俄勒冈州从 1997 年起通过立法，把这种在医师许可和支持的、以服药或按电钮来自我终结生命的方式制度化。在安乐死尚未得到合法承认的许多国家，医师或者看护者为了避免复杂的定性争论，往往采取只用镇定剂使患者丧失意识而渐进永眠的做法。

（2）消极安乐死。指停止生命维持装置的作用，或不积极进行延长寿命的抢救和治疗，因而导致死期提前。就社会政策的考量而言，终止过度的延寿治疗是有利于医疗资源配置的合理性、公平性的。基于超越性人生哲学的理念，也不妨把消极安乐死径直称作“尊严死亡”或者“自然死亡”。但是，几乎所有抢救措施都包含延寿治疗的成分，以什么为适度和过度的标准并不可一概而论。

（3）积极安乐死。指在一定条件下通过注射致死药物或其他“慈悲杀生”（Mercy Killing）方式自愿地、直接地、故意地缩短或立即终结寿命。在荷兰，以 1971 年发生的“波斯特事件”为契机，司法实务中开始接受积极安乐死的方式，通过判例逐步明确和洗炼了对刑事追诉进行抗辩的适当理由，对法律进行了事实先行的渐变系列修改。到 2001 年，荷兰通过立法，把安乐死完全排除在刑事犯罪的范围之外，使刑法规定与审判政策之间的悖离终于消失。大约在同一期间，比利时也制定了类似的刑法规定，只要案情能满足一些基本要件，对慈悲杀人的行为不再课以刑罚。

迄今为止，大多数国家还是对安乐死的合法化继续持审慎态度。例如澳大利亚的北部专区，在1995年制定世界上第一部承认援助自杀和积极安乐死的法律——《末期患者权利法》，但只在1996年7月1日到1997年3月25日期间施行了九个月，就被联邦议会废除了。日本存在若干关于安乐死的判决，均根据刑法规定的参与自杀罪、应邀杀人罪等条款对实施者做出了有罪认定，并以判决附带性讨论的方式提出了安乐死合法化的严格要件。

但是越来越多的国家也开始认识到，随着医疗设备、技术以及药物的发达，越来越多的公民在医院寿终正寝，本来是自然现象的死亡过程已日益受到人为干涉。在这样的背景下，亲属和有关部门如何处理末期症状，患者以何种方式迎接终期，在很大程度上是可以操作选择的。这就必然使安乐死问题带有很强的公共性色彩，与医疗保险、药费支付、社会保障、护理服务等一系列制度产生密不可分的关联。

显而易见，随着社会高龄化和个人税负的增加，这个问题将会变得日益重要和迫切，引起更加广泛的关心。窃以为，以这次的患者申请为契机，中国立法机关的确应该尽早设置一个专门的审议委员会，全面调查和研究安乐死合法化的各种提案，并把各国的学说和实践经验与中国的具体情况结合起来考虑和推敲一套比较稳妥的制度设计。

载《财经》总第182期

“打假”还是“护黑”？

1月10日，《中国贸易报》山西站聘用记者兰成长在大同市一家煤矿被不明身份的暴徒群殴致死。大同市政府有关部门反倒急于执行该市《打击假报假刊假记者专项行动通告》，宣称凡不持有新闻出版总署核发的新闻记者证而从事采访活动的人员均为“假记者”，他们的采访曝光行为是非法活动。有关部门还试图据此认定那位致死的新闻从业人员为“假记者”，乃至摆出一副首先要追究记者敲诈矿主的法律责任的姿态。

如此事态，简直让晚清作家“我佛山人”（吴趼人）的讽刺名篇《二十年目睹之怪现状》也相形见绌。

什么叫“假记者”？中国还没有制定新闻出版法，我们无从知道“真记者”的正式定义。倘若按照大同市政府的通告来划线，那么，各地许多报刊马上就要关门大吉。何况照现行的部门规章办事，新聘从业人员在头一年根本无法领取记者证，如果他们出外采访，依据山西大同市政府的通告，岂不是都属于“假记者”之列？

报道工作的性质决定了媒体必然是“铁打的营盘流水的兵”，在很多场合还不得不“撒豆成兵”，以便有足够的人手及时搜寻各种信息、话题、素材，甚至丑闻，并进行社会现象的调查和取证。这是国际普遍现象，也是新闻业的本质。像死者兰成长那样的记者或通讯员——称做“新闻线索采集员”也无妨。在新闻业肇始阶段，许多都是通过自由合同招聘来的临时“佣兵”（freelance），其原型是法国民间的“小道消息贩子”（nouvelliste）、英国的“简报写手”（Aveci）。倘若这样的人是“假记者”，那么，世界新闻史有一大部分就是这样的“假记者”写就的。而现代大众传媒业的进步，则在于建立了合理的产业化组织结构，确立了严格的技术分工和职业伦理，提高了新闻报道的品位和社会责任感。

就我国行政法规而言，自 2002 年 2 月 1 日起生效的新《出版管理条例》第 24 条明文规定，任何公民都可以在报刊等出版物上自由表达自己对国家事务、经济和文化事业、社会事务的见解和意愿，自由发表自己从事科学研究、文学艺术创作和其他文化活动的成果，并无特殊身份的限制。

2003 年 9 月 1 日开始施行的《出版物市场管理规定》还明确了这样的方针：报纸期刊实行产业化经营和市场自由竞争。由此可以合乎逻辑地推论：采访权并非特殊的权利，任何公民，即使没有统一核发记者证，也都有权利采用合法的方式去调查和收集素材。报社、杂志社亦有权采取自由合同方式招聘新闻从业人员。

1 月 17 日，国务院常务会议审议并原则通过了酝酿已久的《政府信息公开条例（草案）》，试图为公民的知情权提供切实的制度性保障。实际上，强调信息公开和知情权，就是要改革某些地方和部门那种把持大众传媒、进行言论控制的僵化管理方式。因为没有采访自由，没有报道自由，就不可能真正做到信息公开，也不可能实行有效的舆论监督。

至于说有人敲诈煤矿，就开展针对记者的“三打”专项行动，也属强词夺理。敲诈总是发生在阴暗角落，敲诈能够成立，意味着有把柄可抓而又不抓，知情人能够在曝光与掩蔽之间上下其手。既然已经发现以敲诈为营生手段的人与事，那么，按理，地方政府应采取的正确举措，就是由有关部门出面，查清黑煤矿及其与各界勾结的实际情况，追究违法生产的责任，让企业没有把柄被抓；或者顺势借力，干脆放手让各地记者自由报道，以至于让敲诈逐步失去意义。也就是说，消灭敲诈现象的最好办法，就是让阳光照进阴暗角落，通过报道自由，实现经营合法。

如果只打“假记者”，怎么能保证“真记者”或者其他什么“员外”、“衙内”之流就不去敲一竹杠呢？如果各色记者都被赶跑了、吓退了，政府还靠谁、怎么去及时发现违法行径？倘若政府宁可装聋作哑，根本就没有诚意去清查和力图纠正恶势力，那么，不知情的公众难免会猜疑和追问当地政府：你们是不是与矿业主有什么暗盘交易？那些不明身份的暴徒是不是也受到官商分利同盟的包庇甚至纵容？

回顾世界新闻史，许多新闻记者都热衷于丑闻和流言蜚语，因为读者有窥视隐私的嗜好。无论是非好坏，吸引眼球的独家报道往往会增加报刊销售量。与此相关，围绕消息的来源和公布，总是存在明争暗斗，这是大众传媒业发展过程中难免的现象和微瑕。但以报道作为要挟而牟利的，一般只是个别败类的偶尔出轨，在公开的出版市场难以成为常见的、普遍的趋势。如果大同市真的出现了所谓记者成群结伙以采访名义拉广告、搞经营、谋私益的现象，那么，症结就不可能在个人层面。

显而易见，新闻报道能够有偿化、变成交换的对象或者敲诈的手段，其根源在于信息发行的垄断性、单向性。“打击假记者”并不是根治弊病的好方法。

载《财经》总第 177 期

判决书“市场化”忧思

20 世纪 90 年代初，暴力抗法事件开始浮出水面；到 1996 年，数据显示，70% 以上的判决无人自觉执行；到 2001 年报道首起拍卖判决书的实例，这一系列问题凸显出这样的现实——“执行难”已成为 20 世纪末困扰中国司法界的最大难题。

尽管 1995 年有过“抓人促执”的短暂盲动，1999 年中央还授给法院“全民维护判决实效”的 11 号文件作为“尚方宝剑”，各地也八仙过海、各显神通，如浙江构建起执行联络员网络，福建推广“有奖执行”，湖南发布限制被执行人高消费的令状，并对违犯者张贴揭丑广告——但情形并没有根本性好转。

近年来，全国各类判决的平均执行率实际上大概只有 60%，受地方保护主义影响，需要跨地区司法协助的判决，平均执行率还不到 30%，可谓触目惊心。

在这样的背景下，在许多地方城市，不时可以听到兜售有效判决书的吆喝声。有的接受公司委托，公开进行拍卖；有的摆上地摊，私下折价行销；有的以面额半数收集判决书，真是怪象纷呈，不一而足。据说，还有法学研究者从债权转让自由的角度，为这类行为辩解，好像判决是与有价证券、期票、版权同样的无形资产。

真不知这种观点从何谈起，或许执行制度改革中导入的缓期回收债权证书（即在金钱给付判决中，当执行对象的财产不具备时，容许债务人缓期偿付，并授予债权人日后条件具备之际申请再执行的权利的有关书面凭据——编者注），构成了其立论的基础？

在此不得不坦率地指出，债权证书与判决书分属不同的层次，把两者混为一谈是错误的。从债权转让的角度来理解判决书的拍卖，实际上既没有必要，也没有可能。

所谓没有必要，是因为司法权被普遍界定为借助国家权力实现债权的最后手段。

一般而言，只要有权威的第三者明确认定权利的归属，债务就会被自觉履行；假如债务人拒绝履行，债权人可以要求国家强制执行。在权利认定和强制执行方面，行政部门当然也可以发挥一定的作用，但按照现代法治的原理，进行终局性判断的只有审判机关。

毋庸讳言，在有些国家（例如法国），由于行政权很强势，法院的判决未必就一定可以得到执行，为此，需要设计一套确保判决执行的制度。但这也只属于公法上的关系处理，与公民间的债权转让风马牛不相及。关于民间债权的判决，既然有法院的终局判断以及国家强制力作为担保，理应当即实现；如果连国家垄断的合法暴力机关也无法执行，那就表明穷尽一切合法手段也不可能追偿——总之，“债权转让”云云，只是无谓的概念游戏。

所谓没有可能，是因为个别案件中司法判断对权利义务的认定有具体的收受者，因而其实质内容与主体资格有关。在某种程度上也可以说，与身份有关。假如可以抹杀判决的这一特性，那么诉讼程序上首先确认原告或被告是否适格的程序也就没有什么用处了。

由此可见，判决书是法律确认并以国家强制力保障的，是特定的享有权利或利益的资格以及地位，是非经正当程序不能被剥夺和转移的稳固权原（entitlement）。正是在这个意义上，宣告判决就等于宣告法律。假如判决可以成为交易物品，那么，法律同样也可以成为交易物品。换句话说，拍卖判决意味着零售法律规范，判决的折价也就意味法律规范的贬值。即使仅就逻辑而言，这样的“债权转让”也是荒唐无稽的。

但是，本来没有可能性的事情已经屡见不鲜，本来没有必要性的学说甚至显得有些难以或缺。“权利”这个舶来的法律术语，似乎正在脱离依法正义的范畴而回归它的汉语本意：自由地权衡利益。

中国一直存续的权利观，始终没有确定规范的内核。所谓现代的个体权利，在社会意识层面也是以互惠性为前提的，是可以按照当事者的意愿和力量对比状况而不断进行交换、妥协、重组、改编的一束人际关系。在这样的情境里，产生“权原交易市场”的设想，或者说以规范构成物为商品的“法市”隐约成型，自然也就不足为奇。

尽管如此，还是需要指出一点，即拍卖判决书的前提只不过是“执行难”的问题。如果法院具有足够的权威，国家具有足够的强制力，围绕执行的各种制度安排具有足够的合理性，那么债权的实现就会有保障，叫卖判决、折价求偿的现象就根本无从说起。

因此，只要克服造成“执行难”的各种因素，判决交易的问题也就迎刃而解。而判决交易能够成立并且愈演愈烈的事实本身，则揭露了这样一种当下的世态：诉讼的胜诉方对国家机关保护其合法权利的能力已经失望，判决书的购买方相信被执行者有能力偿债，或者将来有望回收投资，甚至还或多或少有利可图。

由此可以推断，随着判决书接二连三地进入地摊集市，国家机关将不再被看做实现债权的最后手段，司法救济也将在不同程度上倚赖于私力救济，甚或干脆被还原为私力救济。在这样演化的延长线上，会不会出现一些过激的自由至上论者（例如鼓吹无政府资本主义自然权的David Friedman、提倡归结主义最小国家论的Robert Nozick、主张损害赔偿一元化惩罚体系的Randy Barnett）描绘的理想图景——让保险公司取代民事制裁，让保安公司取代刑事制裁呢？我的回答是——否。

在中国的现有条件下，更容易导致的结局与自由至上论者在乌托邦里的天真浪漫迥然不同。如果就近取譬，那个结局势必像2006年夏季削价商战中，上海市南京路上某家极其显赫的高档百货商场，居然也容许掮客出没不同楼层，堂而皇之介入购物券的收集、兑现，并与柜台营业员达成分红默契那样——暗盘交易和潜规则势必压倒任何正式的、普遍性的制度安排。

因而有理由担忧，拍卖判决书之类的趋势如果未被遏阻，甚至反被助长，就会为地痞、恶霸、黑帮逐步介入公共物品的供给和调剂，在判决标的及其执行的差额方面上下其手大开方便之门，其后果将不堪设想。

载《财经》总第166期

失守的底线

近来国内又产生了一起奇案：新疆乌鲁木齐铁路运输中级法院因涉嫌单位受贿，不久前遭到刑事公诉——法院居然也犯法?

不言而喻，这样的官司实在不好打。谁来判?现在的实际做法是普通法院审专门法院。但在中国法律体系下，原则上人民法院是作为整体而存在的，并没有承认各类法院、各个法官的独立地位。以这样的制度条件为背景，怎么判?能判得公平吗?再说，如果被判有罪挨罚了，以后这家有前科的法院还有资格去判断别人是否犯法吗?这些问题不想清楚，就根本无法把审理进行下去。

从被告直接负责人员的陈述可以发现：与拍卖公司签订佣金分成协议的决定者是法院党组，名义当事人是法官协会，收入款项的流向是单位小金库并被私人挪用。此类做法在其他一些法院也并不少见，甚至还在某种意义上得到怂恿、奖励。也就是说，与当今中国的审判主体始终不太明确一样，违法行为主体也是不太明确的。在这里，值得注意的是，党组的功能已经有一定程度的质变，它未能在法院里发挥领导核心作用、贯彻大政方针、维持人事纲纪，反而参与违法违规的营利活动中。

党组的决定——院长的行动——法官协会的名义，这样复杂的私下交易流水和精心选择的交易主体，说明犯罪嫌疑人已经考虑到了事情一旦败露如何全身而退的问题。因此他们才抛出这么个辩护理由，称起诉法院单位受贿是“被告不适格”，而法官协会只是民间性组织，未能满足受贿罪的构成要件。无需多说，这些辩解有一定的道理，应该是法院与主事之人在认真研讨现行法律的基础上做出的。或者说，他们之所以如此行事，恰恰是因为他们看到了现行法律的模糊或者不完善的地方，因此试图利用法律的不足来谋取私利。

但不要忘了，就算让作为人民团体或社会团体的法官协会出面大包大揽，可按照正式的概念定义，它也是属于使用行政编制、由国家财政拨款的准官方机构，与法院组织在成员身份上大致重叠；按照《刑法》第387条的规定，“人民团体”非法收受他人财物、为他人谋取利益且情节严重的，同样要以单位受贿罪论处。因此，关于被告不适格的抗辩，其实根本是不可能成立的。既然是这样，犯法的法院或者法官群体必须接受审判的事态也就无法改变。

更令人不可思议的是，案发之后被告们居然毫无罪感和耻感——不仅强调其他法院也有同样问题，暗示法不责众的道理，甚至还根据专业知识搬出司法豁免权（judicial immunity）来抗拒制裁。究竟什么叫司法豁免权？那可不是万岁爷特许免死罪一次或数次的铁券丹书。

在现代法学理论上，司法豁免权只适用于履行职务过程中的行为，目的是通过免除职务上的赔偿责任来防止任何外部因素妨碍审判独立和裁量判断。擅自用法律执行权来攫取私人性金钱利益，这属于万物商品化的阴影里的不正当交易行为，不仅与履行职务风马牛不相及，恰恰相反，是明目张胆的放弃职守、亵渎公器。之所以赋予法官“绝对性豁免权”（absolute immunity），不必像一般公务员的职务豁免那样受到对“是否善意”（good faith）进行评判的程序上的限制，是因为存在任免资格、上诉救济、解释共同体内部的互相制衡等制度化安全装置。当这些条件没有充分具备时，绝对的司法豁免权势必被滥用，也就势必应该剥夺。

既然现阶段中国的法官只享有行政公务员待遇，那么合乎逻辑的结论是，法官的职务豁免权当然也只能比照公务员处理，即惟有在属于善意，即按照常人的合理判断能力，认为没有侵犯合法权益时，才能不被追究责任。另外，鉴于单位受贿等组织性犯罪缺乏客观证据的特征，如果要说豁免权，那也应该只对提供不利于主犯的证言和证据的从犯给予免责的恩典。

现在剩下的一个重要问题是，到底由谁来判断法院有没有侵犯他人的合法权益？在一般的场合，只有法院才能做出认定权利的判断，并且对侵权与否的司法判断具有终局性。当法院自己也成为被告的咄咄怪事发生时，就会出现法院审判法院的窘境。

实际上，其他法院、上级法院甚至最高人民法院在判断审判机构单位犯罪时，都缺乏足够的权威性，甚至也很难完全逃脱干系（特别是我国法律规定了上级法院的监督权以及相应的责任）。为此，需要超越于普通法院之上的机构来裁断，需要启动民主监督程序。由于毕竟事涉具体诉讼，最好还是让能够直接反映主权者意志的司法性机构来审理此案。但迄今为止，中国尚未设立宪法法院，也不存在超然的法官弹劾审判庭。

假如乌铁中院单位犯罪查证属实，最后还有个怎么制裁的问题。对被告处以罚金？这意味着让国库支付罚金、让纳税人分担损失，也未免太不公平、太不合理了。只让直接负责人员接受刑事惩治？他们都是按照组织的逻辑行事，法院上下都利益均沾，能够心服吗？更重要的是既然对企业等要追究法人犯罪的责任，法院凭什么就可以逃避单位受贿罪条款的法律效力？受损的司法机关公信力又如何弥补？

就本案而言，如果国家下定决心要守住秩序合法性的底线，那就不得不解散被告单位，至少是关门整顿一段时间，彻底刷新人事、改革制度，否则不仅不足以消除恶劣影响，反倒引起信誉坠地的连锁反应。但正因为法院作弊创收之类的问题涉及面很宽，果断处罚个案，或许会暂时平息事端，但如果不及时改革制度，类似弊案还会呈现“野火烧不尽”之势，最终演变成整体性危机。

此外，我们也需要看到，法律本身总是不完善的，有时候难免存在模糊甚至缺乏确定的地方。法官有义务根据其职业伦理和对法治的承诺，根据正义原则妥当解释或补充法律漏洞。因此，法律的实际效果在很大程度上取决于法官对待法律的立场、态度和实践技术。

在美国等一些法治较为发达的国家，法官还被期待着守护宪法根本以防立法机关僭越的使命。从这个意义上说，法院就是社会正义的底线。但正如我们经常看到的，如果缺乏制度和道德的约束，这个底线就会从内部被突破。如果说，道德的养成需要一个较为漫长的过程，那么当下可以着手而为的，就是改革法院人事、财务体制，通过制度来夯实正义的底线。良好的制度不仅有助于减少弊案，也有助于法官道德的养成。

载《财经》总第 164 期

“汉芯一号”炼金术

中国目前的科技开发经费已占世界第三位，仅次于美国和日本；研究者人数则达到全球第二的规模。“林子大了，什么样的鸟都有”——这时产生几个败类、流传几件丑闻，倒也不足为奇。

但令人惊诧和忧虑的是，玷污学术殿堂的诈欺行径频繁发生，某些地方造假者成群结伙，在很长时期内，有关部门却似乎熟视无睹。更可怕的，还有分利同盟和结构性腐败造成的如此怪象：即使东窗事发，罪证都摆到桌面上了，制裁机制也还是无法启动，或者只能大事化小、敷衍了结。甚至还有高官或明或暗地包庇、纵容，居然幻化出一幅令人匪夷所思的奇景：仿佛违法乱纪的不是作案者，倒是那些揭露真相、纠正错误、维护正义的人们在“别有用心地炒作”。

三年前，“汉芯一号”在登场时，曾被当作首个自主创新的高功能数码信号处理器大吹大擂，赢得了满堂彩。不可否认，它的确在某种程度上承载着整个民族对产业结构升级和科技发展的迫切期望和激情。一如既往，各级主管部门以及大众传媒也大都采用树榜样、做宣传的“春秋笔法”，报喜不报忧。现在，一场彻头彻尾的骗局被揭穿，相应的梦想已破灭，斯文扫地，政府的公信力也受到损伤，于是大家都有点急于逃出窘境和危境。这倒也不难理解。然而，断不可取的却是简单忘记，拒绝从反复的挫折、失败以及耻辱中汲取教训。

冷静地审视业已过去的尴尬事实就可以发现，从1958年“大跃进”，到1977年“洋跃进”，再到伪造自主创新信号处理器的陈进，近半个世纪以来“浮夸风”从来就没有停息，甚至还与时俱进。这，决不仅仅是一个“心有余而力不足”的美丽误会。造成理性和诚信缺失的直接原因，主要在于非科学的决策方式以及形骸化的审核监控。

现在的情形正如陈进归纳的那样："只要领导和专家来现场考察，项目就成功了"——因为领导来了可以拍板定调，专家来了可以点缀粉饰。有了这个走过场的形式，就基本上可以免去论证和审议的程序，即使没有产品、没有销售额，即使上亿元的科研经费被大笔挥霍和转移，也往往无人追问。由此可见，学术堕落与制度残缺存在着明显的因果关系。

在最近20年间，国家知识产权局受理的专利申请件数以每年增长大约19%的速度猛增，然而历年国内申请总件数中，作为技术商品化形态的发明专利的比率却很低，只占到近15%，其余的大多数属于实用新型和外观设计。这样失衡的构成，凸显出自主技术研发能力的薄弱，表明产业发展倾向于追求短期效益、缺乏进行长期投资和风险投资的诱因，研究者也很难十年寒窗稳坐那个冷板凳。

另外，公司所有权与经营权之间关系没有充分合理化，不存在熊彼特（J. A. Schumpeter）所设想的那种作为创新主体的企业家阶层（民间主导的科研投资显然更注重效益），保护知识产权的制度尚未健全等，也都在不同程度上压抑着对科技开发进行大规模投资的意愿和效率。

鉴于专利申请和实施方面的畸形，根据中国今后经济发展的需要，近年来，政府开始加大资金投入，以推动企业和科研单位的集体性技术开发活动。其结果，从2001年起，专利申请中职务发明的件数开始超过非职务发明的件数。在2006年1月9日闭幕的全国科技大会上，又提出了建设"技术创造型国家"的基本方针。就在这个关头，"汉芯"系列丑闻浮出水面，令人扫兴，但也及时向社会敲响了一记警钟：要提高经济的技术集约度、实现自主创新，不仅要加大资金投入，还需要改进制度条件，特别是加强审核监控、清除腐败、提高资金运用实效。否则，即使技术开发经费对GDP的比值从不到1%增大到像德国（2.5%）、美国（2.7%），甚至日本（3.1%）那样的规模，还是难免通过各种漏洞流失掉，或者得不偿失，或者血本无归。

实际上，陈进的"炼金术"虽然成本低、盈利大，却并不高明。买来十块MOTO-freescale的56800芯片，雇用几个磨砂纸的民工，委托一家印字装潢的公司，剩下的就是申报项目、"以钱圈钱"的集体公关活动。既没有韩国"克隆之父"黄禹锡那样尖端的实验技术水准，也没有日本"金融资本主义骄子"堀江贵文那样在灰色地带操作法律制度的巧妙。陈进的所谓"自主创造"，无非报表资料等文书的创造而已。就这么个简单骗局，居然可以在上海交通大学标榜三年、红遍官产学各界、正式立项四十余次而不败露、获取资金上亿元，甚至还要进一步到国家军备部门去蒙混，真让人感到心寒齿冷。

如果不切实改变制度条件，随着社会结构的复杂化，浑水摸鱼的机会将更多，危害将更大，连锁反应的效果将更深远。如果这类从学界通往魔界的豁口继续存在并扩大，那么过不了多久，整个局面势必变得根本无从收拾。

为了避免失地陷城引起全盘崩溃，为了严正法纪、整顿民气，即使“挥泪斩马谡”，也应该在所不辞。何况从已经发表的事实情节来看，“汉芯”诈骗显然具有触犯刑律的重大嫌疑，的确有必要在司法程序上立案，一查到底，惩前毖后。但更重要的还不限于制裁个人，而应该更进一步，在坚持加大科研投资规模、继续鼓励自主创新、始终信任大多数科学技术研究者的同时，全面推进体制改革，拆卸那张不断孕育腐败的温床。

载《财经》总第160期

“南门立信”应有时

《史记·商君列传》载，商鞅“令既具，未布。恐民之不信已，乃立三丈之木于国都市南门，募民有能徙置北门者，予十金，民怪之，莫敢徙。复曰：‘能徙者，予五十金。’有一人能徙之，辄予五十金，以明不欺。卒下令”。商鞅以南门立信木的幽默方式，确立了先秦法治的威严。这段历史故事，两千三百多年来，一直为人们所津津乐道。在某种意义上，可不妨认为正是“南门立信”一举，奠定了秦国变革自强和统合天下等辉煌伟业之根基。

至20世纪末，中华民族再次面临变革自强和统合天下的大转型，几经跌宕挫折后，这十年来建设社会主义法治国家的口号渐次响彻云霄。但现实中我们看到的，也时有一而再、再而三的反例——或是有法不依的失信，或是朝令夕改的轻信。

福建省莆田市城厢区法院目前开庭审理了“黄维忠聚众扰乱社会秩序案”。据到看守所会见黄维忠的律师介绍，当事人从亲身经历得出感慨万千，归根结底却只冒出一句话：“被法律欺骗了。”黄维忠之所以发出如此感慨，盖因他本来是原告，他依法要求行政复议、提起诉讼、进行上访，都是想通过正当程序在体制内合理解决征地补偿的争议。这样的行为不仅应该得到法律上的承认，而且还应该受到国家机关的支持和鼓励。因为从法治的观点来看，正如德国法学家鲁道夫·耶林所言，“法即永无止境的行动，不仅是国家权力的行动，也是全体公民的行动”；“为权利而斗争正是权利者自己对自己的义务”。即使是在求告无门之后，黄维忠等转而申请游行示威，同样是一种与程序可兼容的权利斗争，所作所为不仅完全符合宪法和法律规定，也有助于维护现行制度和秩序。对此决不应该以“不予受理”的方式拒之于大门外，更不可以对坚持办理申请手续的维权者妄加逮捕。

令人惊诧不已的是：依法诉求的原告最终却被推到审判的被告席，如此行径，法治何以立信？这与我以前论述过的法律虚幌主义具有本质的不同。如果说，法律虚幌主义只是各个权力机关之间相互推诿，尚不敢对有关讼争进行裁决，此次对黄维忠案的处理方式，则是权力机关利用职权高调介入，宣告守法有罪。按照程序规则维权尚且有罪，法律反而成了引君入瓮的工具，当事人发出法律的欺骗之词，可谓痛切。

法律的欺骗，或许只是黄维忠的一时激愤之词。但即便抛开黄案，目前社会存在着普遍的对法律的信任危机，则是无可否认的事实。造成这种现象的原因并不复杂，不过是印证了先哲们反复强调的权力如果得不到限制，就会导致腐败的法治理论常识。权力的高度一体化，是司法不能独立的根本原因。而在这样的权力体制下，即使司法机关中有良知和职业道德的法官想秉公审判，不仅成本很高，结果也未必佳。这就使得某些长官意志在本来担负着制衡功能的司法机关畅行无阻，形成大面积的司法不公。

但真正令人揪心的是，当司法不公由消极不作为的法律虚幌主义，转化为积极有为的利用法律惩治异己时，法律所担保的正义及其所肩负的社会合理期待，就会消失殆尽，甚至可能会激发私力复仇，影响社会稳定。

让我们欣慰的是，在黄维忠被捕受审之前，即使由于各级行政机关的行政不作为及司法机关的司法不作为堵塞了受侵害人的救济途径，农民们依然希望在法律许可的框架内，为他们的权利而斗争。他们没有完全丧失对国家和法治的期待和信赖，相信只要立案和审理，就会做出“农民必胜”的公正决定。他们所期待的，无非“请求司法作为”，请求人大常委会“履行法律监督”，请求行政部门“依法征地、依法补偿、依法安置”。值得特别注意的还有农民希望批准的游行路线，即省人大——省政府——省高级法院。由此可见，即使边远乡村的农民，也开始认识到向三种基本权力表达意愿、施加压力的重要性。

如果说，当年商鞅“恐民之不信己”、“以明不欺”，显示了商鞅个人的谦诚和机智，时至今日，如果真要实践法治立国的理想，如何为法律南门立信，当是一个重要课题。只是时代移易，商鞅时代仅靠个人立信的策略，恐怕已不足以应对当今的问题。根本的治疗之道，当然还是制度改革。敏感的统治者从此次农民自我维权的行为中，应不难发现，即使在这些最传统、最质朴的人群中间，一种法治的民情也在茁壮生长。这种新的民情，为司法制度乃至整个权力体制的重构提供了土壤。当权者如果能对此巨变有深切的了解，就应该认真对待这些民情，并善加呵护，而不是压制，更不应该通过法律手段来打压他们。因为这种打压，不仅伤害了他们的权利，也毁灭了他们对法律的信心，从而危及对于法治建设极为基础和重要的民情。

毋庸讳言，制度变更相当复杂，我们不应期待毕其功于一役，而且，在这种牵涉广泛的变更过程中，政府的改革可以有反复、有进退，对此，成熟的公民应能理解。在这个过程中，最重要的还是人民对政府和法律的信任。但这种信任只靠法律文本宣示和宣传，恐怕建立不起来，而是要通过实践，尤其是对于影响重大的事件，能够冲破各种阻力，依法做出裁决，以此维系和巩固人们对法律和政府的信任。

从这个角度看，黄维忠案既是一个危机，也是一个契机。如果法院有足够的智慧和担当，如果有关官员能意识到本案的意义，各方齐心协力，通过对本案的公正裁判，显示司法的公正和维护法律尊严的决心，本案反而可以转化为当代南门立信的佳例。

载《财经》总第 156 期

"馒头血案"引发的法治困境

正当著名导演陈凯歌竭力推销自己花费3.5亿元、耗时3年的电影巨制《无极》的关头，一部戏仿和重组该片镜头的网络搞笑剧突然登场。它在信息高速公路上就像昆仑奴和鬼狼那样来回飞驰，到处引起爆笑与喝彩。这个短片的业余制作者胡戈也立即红遍虚拟世界。陈导演气急之下，指责胡戈"无耻"并宣布要起诉胡戈侵权。

通过这场"情仇无极"与"馒头血案"的对峙构图及其汹汹议论，我们强烈感受到，中国的社会结构以及经济和文化的基调正在发生某种深刻的质变。

首先需要指出，这一事件显示出传媒和娱乐产业正处在解构之中，有关组织、规范以及权利义务关系也在分离和重组。毫无疑问，影像复制、编辑技术的普及，打破了制片人、导演、剧本作家、男女明星等现有体制内权威的垄断地位。电影爱好者不再局限于给定剧情的咀嚼式消费，还可以尝试自我创作。其结果，影像音响领域的职业活动与业余活动之间的界限逐步淡化甚至消失，制作者与消费者之间面对面交流，亦无需其他中介环节。市场的制度条件因此也将完全改观——参入的资格要件、经营管理的各种装置都会变得可有可无，一切取决于自由竞争和交易规模，讨价还价的行情就成为评判高下的尺度。

也就是说，如果文化产业不能垄断操作技术，当然就不能继续垄断产品销路，因而也就不再享有对供求关系的调节权以及价格体系的支配权。不久前"超女"与大众投票互动的火爆场面已经预示，在这样的解构后，一种新型的公共空间、一种新型的筛选机制将有可能在彻底的市场化过程中成型和发展。从法学视角看，这预示着行为类型和游戏规则的更换，竞争的自由度和公平性将成为制度设计的轴心。

制作者与消费者的直接联系，势必导致沟通方式的改变。例如在电影时代，也就是到20世纪70年代末为止，是导演垄断了话语权和含义诠释权，所有的脚本剧情都是单一渠道的单向流传，观众基本上处于被动接受的地位。但在网络视频的时代，即20世纪90年代中期以后，制作者与消费者之间的相互关系和相互作用日益凸显出来。特别是在搞笑剧流行的今天，改编者可以按照自己的主观意志从多媒体空间获取素材并进行二次创作，可以独立发声并对信息和主张的内容进行不同的诠释。在这样双向沟通的背景下，传媒活动的主体多样化了，某一现象的含义和评价标准也多样化了，制作者的意图与消费者的理解甚至可能出现云泥之差——《无极》与“馒头”就是非常典型的实例。

网络搞笑剧的流行，是传媒、娱乐以及其他社会沟通机制双向化的必然结果。在某种意义上也可以说，其实胡戈代表了这一代新人类的总体形象，体现了一种专注于追求美感和快感的柔性自由主义。新人类不同于民法专家梁慧星所提倡的为权利而斗争的务实的刚性自由主义者。他们也不像摇滚乐前卫崔健那样从心底发出震撼性的野性呐喊并试图借此改变外部环境。他们是纤细的、温静的、内向的，甚至有一点玩世不恭；有时类似闭门慎思的田螺，但有时却宛若蜘蛛大侠，能以光纤和宽带织出任意伸缩的大网并自如地游走其间。他们借助IT技术在多媒体中嬉戏，把自己的才智、创意、幽默感以及自我表现的欲望和技艺都发挥得淋漓尽致。用一个社会学术语来概括，他们的存在方式迹近“游戏人”（homo ludens），追求一瞬间的自我表现机会和价值实现——在这里倒有点像《无极》里的那株象征性的杂交树，触目者只有杏花或樱花的落英缤纷。

对“游戏人”而言，自我认同的基础是可变的、碎片化的ID，与他者最亲密的关系是网恋，归属的集体是没有边界、实体以及地图的在线聊天室。他不希望别人正视自己，甚至对暴露在光天化日之下心存疑惧，而宁愿自己化作网络搞笑剧的各种声色光影或者其中的某一主角。因此，中国传统的血缘和地缘以及那浓密的人情在很大程度上已经变成历史博物馆里的陈列物。在数码化环境里逐步形成的社群关系，将主要表现为像圣诞节的手机短信或者BBS留言那样轻松的、清淡的形态。在这样的情境里，法律所赋予的确定性权利或者严肃的侵权之诉都未免显得太沉重、太离奇。

根据现行《著作权法》第46条第4款和第6款，胡戈对《无极》的改编未经电影著作权人的许可，也有歪曲、篡改的情节，的确存在侵权的嫌疑。但是，根据该法第22条第1款和第2款，既然搞笑剧以个人欣赏为目的，也有引用说明某一问题的旨趣，侵权的指控其实又颇难成立。如果进一步推敲该法第10条第12款规定的信息网络传播权以及与第3款、第4款规定的作品人格权，可以发现“馒头血案”导致《无极》的镜头不能保持同一性，因此还是存在侵权的问题。但如果再进一步推敲《著作权法》第14条涉及的汇编作品的著作权，考虑“馒头血案”已经形成独自的印象，不属于《无极》的派生作品，而具有二级著作物的特征，因此判定侵权还是论据不足。问题是搞笑剧戏仿和改编原作的限度何在、胡戈对陈凯歌的“恶搞”是否超出了许可范围，的确很难遽下断语。

波士顿大学法学院的温蒂·戈顿（Wendy Gordon）教授曾经专门讨论过为讽刺目的而引用著名电影的问题，认为当这个著名电影已经成为众所周知的客观事实的一部分时，类似网络搞笑剧那样的改作者对有关镜头的利用属于“对事实的利用”（factual use），可以免于侵权的追诉。如果从法律上对这样的作品进行严格限制，就会压制创造活动，甚至因有关的连锁反应导致言论自由原则的危机。

另外，现有的《著作权法》以及学说虽然还没有承认那些把数码空间存在的大量素材进行重组的作品也应获得制度性保障，但已有人主张其中投资很大并具有创意的，可以考虑给予与著作权相区别的合法地位并提供一定的保护措施。例如EU数据库指令提议把这些作品的合法利益作为“另类特色权”（sui generis right）加以保护。尽管如此，虽然网络搞笑剧“馒头血案”与电影《无极》未产生直接的利益竞争关系，但还是可能在一定程度上给原作带来这样或那样的损失，造成虚拟空间非法地带的延伸，如何判断的确非常微妙。

把视野扩大到社会结构的质变就会看到，《无极》对“馒头”的重要性不在于一个具有国际声誉的导演与一个网络红人之间的意气之争以及官司胜负，也不在于对《著作权法》如何解释的辩论，甚至还不限于大众文化对精英文化的挑战和解构。这场吸引举国上下无数眼球的纠纷其实提出了一个体制转型的根本问题：在信息技术时代，个人、企业、市场、国家之间的关系以及相应的制度条件将以何种方式重组？或者说，在电子网络化的中国，人际互动以及秩序将呈现什么特征，法治范式究竟应该怎样创新？

载《财经》总第154期

对峙中的言论与权力

最近一段时间，警察群殴新闻记者的事件在各地多次发生，令人感到愤慨和忧虑。不过，辩证地看问题，正是在这一连串丑陋现象的背后，我们可以发现某种历史性进步——这么说，并没有什么讽刺的意味。

实际上，在完全没有报道自由的时代，记者只能根据预定的统一口径进行宣传，这类肢体冲突自然无从发生，即使有类似事件，外界也根本无从知道。现在，民众毕竟可以在报纸、杂志以及新闻网站上读到消息并发表批评了，这也算得上一种意味深长的变化吧。此处最重要的，恰恰是警察与记者开始正面对峙的图式本身。

首先，它表明当今的媒体已经从权力机关的喉舌，逐渐转变为具有一定独立性的公共平台。新闻工作者也开始意识到新闻使命之所在，不再甘于“婢女”的地位，而要在新闻实践中发挥监督政府、制约权力的功能。在目前的社会话语空间里，虽然记者还根本不具备所谓“宪法上的第四权力”（英国政治家巴克在议会演说中的形容），但在制度重新编排的过程中，言论作为一种象征性权力开始登场，并发挥越来越大的作用。

尤其是在正式的话语与实际的行为发生悖反的场合，记者的现场写真往往会引起出乎预料的连锁反应，有时候威力之大，“胜过三千枝毛瑟枪”（拿破仑语）。近些年来，中国新闻媒体发展迅速，各种诉求渠道以及发声装置已经如此多样化，即使警察“施暴”也再不能收到“一锤定音”的效果了。

其次，那个对峙图式也表明新闻记者的触角正在深入社会的各个层面和边缘地带，包括那些最怕曝光、最为阴暗的角落。看到涉案警察以“报道不实”为由对记者大打出手的情节，难免要联想到《小雅·节南山》里早已有之的指责：“民言无嘉、憯莫惩嗟"，"不惩其心、覆怨其正"。诸如此类的蛮横，在客观上也就向天下昭告了最经不起舆论监督的、最恣意化的权力运作在哪里。与此同时，这也提醒广大群众都有责任进一步关注和支持记者作为良心代言人的各种努力，并切实保障他们的身家安全。

毫无疑问，为了维持秩序，负责治安和刑事侦查的警察是不可或缺的。而为了维持好的秩序，言论和报道的自由也同样是不可或缺的，甚至更加重要——因为弥尔顿在《论出版自由》这本书中早就说过，杀人只是杀死一个理性动物，压制言论自由则等于扼杀理性本身。

换句话说，从事罪行的歹徒只不过搅浑了局部的水流，而压制言论的警察则会污染水源、造成后患无穷。如果对警察打记者的行径放纵不管，势必导致万马齐喑的沉闷局面，社会将逐渐丧失理性思考的能力，人们也始终摆脱不了恐怖、丧失尊严以及暴力崇拜的梦魇。

所谓"好的秩序"，必须立足于理性以及相应的自我反思能力和纠错机制。正如人类杰出的科学家罗伯特·奥本海默曾经指出的那样："我们不相信哪一群人特别聪明能干，无需监督和批评就能把事情办好。我们知道，避免犯错误的惟一办法就是找出错误，而找出错误的惟一办法就是要有自由提出问题的权利。我们知道，隐瞒错误就是变节与腐化的根源。我们知道，隐藏着的错误终究是错误，并且会加深以致带来危害。"

在社会的日常生活中，记者的主要职能正是通过自由提出问题、信息以及意见的方式来找出错误。遗憾的是，那些群殴记者的警察们不知道这个道理。更可怕的是，使那些人有恃无恐的"保护伞"以及旧的制度框架的设计者和维护者似乎也不知道。

在中国，部分警察之所以敢于对记者动手动脚，归根结底，是因为在支配集体性选择的价值系列中，言论和报道自由的排序迄今为止并不具有优先性；只要看看自1992年所谓"新闻官司年"以来中国有那么多的名誉权诉讼，即使在涉及公共事务和公共人物的案件中，败诉者也大都是新闻媒体这道颇有特色的风景线；只要看看《行政诉讼法》第11条以及最高人民法院关于执行该法的解释第1条列举的各种诉由和案件受理范围，均把对言论自由的侵犯排除在外的规范构成，问题的所在就一清二楚了。

现行《宪法》第35条明文规定公民享有言论、出版的自由，第41条还保障公民对任何国家机关和国家工作人员提出批评和建议以及进行监督的权利。在1998年，中国政府签署了相关公约，承诺保障公民在政治方面的自由和参与机会等基本人权。目前，各种国家机关都纷纷强调舆论监督的重要性，并制定了各种制度性措施。

我们可以理解，在社会转型的过渡期，有的关头行动比言论更重要，意识形态的争吵可能贻误时机、降低效率。在渐进式改革中，过于超前的主张和过于膨胀的期待如果变成舆论的轴心，也容易造成欲速不达的后果。因此，新闻记者有必要加强职业责任感和自律精神。但无论如何，对言论和报道自由的任何日常化的限制，只会事与愿违。警察群殴记者的事件，让我们更深刻地体会到了新闻自由的意义和价值。

载《财经》总第146期

保护知识产权的攻守易形

1994年之夏，国务院做出“关于进一步加强知识产权保护工作的决定”。最近发表的《中国知识产权保护的新进展》白皮书，是对这11年来有关立法和执法成就的总结。在白皮书的概况介绍部分，有这样一段话颇值得注意：

> 中国一贯以负责任的态度积极推动知识产权保护工作，在坚持遵循知识产权国际保护规则的同时，按照国情确定相应的知识产权保护水平，努力平衡知识产权创造者、应用者与社会公众之间的利益关系，使知识产权的创造与应用形成良性循环。

反复玩味上述内容以及配套报道，我们可以捕捉到以下三个很重要的新动向或新信息：

首先，中国将一如既往信守国际承诺，努力使涉及专利、商标、版权等智慧财产的所有条款和制度都与世界贸易组织《与贸易有关的知识产权协议》（TRIPS协议）以及其他各种国际通行规则相协调，但是，执法的实际状况却不得不受到国情制约。

其次，知识产权固然是私权，反映私人性利益诉求，但同时又与国家整体利益息息相关，需要接受公共政策的调控，以实现知识产权创造者、应用者以及社会公众三者之间的利益均衡为宏观目标。

再次，使知识产权的创造与应用形成良性循环的表述，在某种程度上预示着产业发展战略的转换——从劳动集约型经营到技术集约型经营、从模仿到创新、从被动挨打到积极出击，重点在于加强知识产权的自主性。

毫无疑问，所谓执法与国情相适应，绝不是要固守传统习俗——被哈佛大学法学院教授威廉·阿尔佛（William P. Alford）风趣地表述为“偷书乃雅贼也”（To Steal a Book is an Elegant Offense）的那种缺乏知识产权意识的旧态，也不是要坚持行政解决为主的解纷方式。当然更不是暗示在行动中将对知识产权的书面规定或多或少打些折扣。

实际上，我国政府已经推行为期一年（2004 年 9 月—2005 年 8 月）的保护知识产权运动，在改善执法的社会条件方面收效非常显著。其中最有象征性的举措是在 2004 年底加大了对侵权行为进行刑事制裁的力度，紧接着在 2005 年初又关闭了颇受外国厂商非议的北京秀水市场。

在这样的背景下，白皮书的宗旨显然是要按照国际通行的规则，进一步加强对知识产权的书面上和行动上的保护。

既然遵循国际通例，那为什么还要强调国情？有必要指出，这里所说的国情，除了在制度改革方面采取现实主义的渐进态度，更重要的是指对知识产权的保护必须以现行法律体系的内在逻辑和功能连锁为前提，留意各国规定的不同之处以及相互协调的可能性。例如在认定专利方面，美国采取的是发明在先原则，而中国与欧洲、日本同样，采取的是申请在先原则；在认定商标方面，美国采取的是使用在先原则，而中国采取的是登记优先原则。

另外，不符合 TRIPS 协议的潜伏专利制度以及不符合《巴黎公约》优先权条款的判例法上的希尔默主义（Hilmer doctrine），导致许多外国企业在美国突然被控侵权而莫名其妙；但中国的情形却相反，采取了专利实施强制允诺制度、坚持以优先权来调节属地主义之间的冲突。这样截然相反的法理也涉及国情问题。

中国的国情还与发展中国家的特殊处境以及南北对立之中的专利强制执行有关。在当今世界，技术能力上的差距以及加强知识产权保护的举措所引起的专利产品的高价化，正在不断加大国家之间的贫富悬殊。尤其是在医药品流通方面，时不时还引起人道主义的困境。

为此，第四次多哈部长会议发表《关于 TRIPS 协议和公共卫生的宣言》，承认发展中国家有权不经过发达国家专利权所有者的许可而强制执行那些治疗艾滋、结核、疟疾等传染病的医药品的专利。虽然目前这样的例外措施只限制在国家紧急事态等非常狭窄的范围之内，但发展中国家还在继续要求对严重传染病以外的医药品也适用专利强制执行的原则。通过国家之间的法律斗争，也可以看到科学技术作为公共物品的属性导致知识产权保护上的一个基本悖论：保护不足会压抑技术发明，而保护过度则会妨碍技术普及。

在专利强制执行现象的延长线上，还存在着如何通过保护知识产权协调自由竞争与公平竞争之间关系的问题。日本东京大学法学院教授石黑一宪早就指出：对知识产权保护过度就会造成非关税壁垒，降低贸易的自由度；属地性的商标权导致对国际市场的瓜分，形成少数企业的支配性地位，进而有可能削弱反垄断法的效力。由此可见，白皮书提出“努力平衡知识产权创造者、应用者与社会公众之间的利益关系”的主张的确是有的放矢，知识产权作为一种私人性合法权益并不总该具有绝对性和排他性。

与市场竞争有关的另一个特殊问题关乎知识产权的国际性耗竭（exhaustion）。由于当今的中国特别是香港地区奉行自由贸易原则，所以始终赞同这样的制度安排：一旦经过知识产权所有者的同意在生产国对受到知识产权保护的商品进行合法销售，那么并行出口商就可以在第三国冲击和化解该国就同一商品已经认定的知识产权。对这种国际性权利耗竭，各国政府所持的立场各有不同，TRIPS 协议并没有做出硬性规定，把问题的解决付诸各加盟国的自由裁量。

综上所述就会发现，知识产权的另一侧面，即超越于私权之上的公共政策那个侧面自然而然地凸显出来了。同时，白皮书作为法制转折点的深远意义也显而易见。如果说中国政府以前的工作重点是制定和改善规范以及提高执行的效率，那么今后的最大课题就是确立自己的知识产权战略：在纯熟地运用国内外有关规定来维护各种合法权益的同时，扩大自主性知识产权，增进本国企业以及经济整体的竞争能力，使知识产权的创造与应用之间确实形成一个可持续的良性循环。这样的攻守易形，也正是国际社会保护知识产权的真谛所在。

载《财经》总第 132 期

掩耳盗铃可成真？

福建省延寿村农民的土地权益诉求，在地方政府和法院间几上几下地折腾了两年，毫无结果，当事人按照中国传统的法律思维方式以及习惯做法进京直诉，却在各个部门分别吃了程序性“闭门羹”，得到的只是一连串“不予受理”或者“转办”的形式答复。至此，除了信访，所有的法律程序通道都被堵塞了，两方对簿和听证问责的公开言路都被掩蔽了。大量的不动产利益难以得到保护暂且不说，本来理直气壮的法律主体，结果很可能在一定条件下变为无理取闹的上访者，面临社会稳定的逻辑以及长期打官司的成本等的巨大压力。

从法律上看，“不予受理”意味着仅进行形式上的审查就可以否定当事人的诉求，而不必启动程序进行实质审查。但通观该案的来龙去脉后不得不承认，仅凭形式性审查并不足以定案，因此驳回当事人申请的各种说法都无非托词而已。

首先要指出，福建省人民政府以内部批复不直接对外发生法律效力为由拒绝行政复议，在客观上违反了《中华人民共和国行政复议法》（以下简称《行政复议法》）第6条第4款。根据这个条款，对行政机关做出的关于确认土地所有权或者使用权的决定不服的公民、法人或者其他组织可以申请行政复议。至于重新审查的结果是维持原来的决定还是纠正有关行政举措，那是应该通过复议程序来决定的问题，决不能倒过来拒人于程序之外。

其次，当福建省人民政府无正当理由而不受理复议申请时，按照《行政复议法》第20条的旨趣，当事人有权要求其上级行政机关责令受理或直接受理；根据《行政诉讼法》第14条第2款的规定，当事人也有权针对上述不作为向中级人民法院提出行政诉讼，并可以在一定条件下向其上级法院提出申诉或起诉。无论从哪个角度来审视，当事人的诉求都是合情合理合法的，但相关部门闭门谢客却不合情理了。

当然，该案当事人不妨动员《民事诉讼法》第55条，就征地补偿问题提起集团诉讼，也不妨直接向莆田市中级人民法院提起以当地政府为被告的行政诉讼。但因为争议的焦点不是征地的合法性，而是补偿的合理性，有关方案又先后经过省市两级政府审批决定，所以行政诉讼的意义大于民事诉讼的意义；因为征地决定是以《福建省实施〈中华人民共和国土地管理法〉办法》第 33 条和《莆田市国土资源局国土资源税费征收标准表》为依据的，涉及“抽象行政行为”这个司法审查上的雷池，所以先根据《行政复议法》第 7 条第（2）项申请行政复议、再根据复议结果提起行政诉讼的做法更为稳妥。在这层意义上，即使从博弈策略的角度观察，似乎农民们知法守法的水准反倒略胜大小官员们一筹。

不言而喻，各级政府和法院也都自有一本难念的经，还不能简单地把问题的本质统统归结为“执法者不知法”或者“法自上而犯之”这句古训。

对地方政府而言，产业和城市的发展既是政绩，也可造福一方百姓，以牺牲局部利益换取整体的繁荣的功利主义话语似乎比权利话语更有魅力。对地方法院而言，人事和财务都依附于地方政府，虽说被宪法赋予了审判独立的尊贵地位，还是难免有些《红楼梦》里贾桂之流的心态。

既然当事人还在不断地申请行政复议或提起行政诉讼乃至赴京直诉，那就可以说，他们对法律程序以及中央权威仍然抱有期待。

但是，如到处等到的只是未具理由的“不予受理”，群众势必会动摇自己的信心，甚至产生这样的疑念：莫非有人真有通天的本事能够掩“程序”之耳、盗“权利”之铃？假设这样的疑念不能及时消除，秩序的合法性危机就难以回避了。显然，程序闭门羹免得了眼前的麻烦，却免不了将来的忧患。

如果当事人只剩下信访的独木桥，而信访机构在不堪重负之余，不能消除既有的“踢皮球”现象，甚至总是以“转办”代替“查办”，并因转办到当地有关机构而招致对信访人员的打击报复，那么所谓法治也就徒有其名了。

在起诉难信访也不易的盘陀路上，我们将看到一个幽灵、一个法律虚幌主义的幽灵四处徘徊。与法律虚无主义不同，虚幌主义倒很强调法律，看起来还颇有些法律万能的倾向。

但是，一旦法律的无能为力因为程序关门而变得更加显著，那么虚幌主义就会在一瞬间回归虚无主义的本相。

载《财经》总第 130 期

网络空间也需维权

最近发生的央视公众诉多普达“电视手机”案，对多普达新款535手机转播中央电视台节目究竟是否侵犯了央视公众在电信领域的专有使用权，舆论莫衷一是。产生歧义的原因在于这种新款手机在音像播送事业与无线通讯事业的交界处提供新的服务项目，造成了经营范围的融合以及权利边界的模糊。

根据有关报道，多普达公司主要抗辩理由如下：（1）新增加的视频功能并没有办理转播业务，只设置了一个央视的网址链接，实际上是一个对产品的定位和宣传，而非营利活动本身；（2）CCTV新闻、CCTV9的内容属于公众信息，作为国家新闻机构的中央电视台无权把运用公众资金制作的电视内容在电信领域的使用权出售给央视公众公司牟利，也无权通过任何方式限制人民观看。

分析此抗辩，首先要指出，即使多普达的广告说有据可查，那也属于一种“寄生广告”，既混淆了广告活动与产品销售业务，还对央视节目内容“免费搭车”，涉嫌违反《广告法》第25条。当然，把追加视频功能与广告活动等同起来是很牵强的。所以，这里的关键在于链接是否正当。

就链接而言，应该注意中央电视台网站的内容构成本身就属于著作权保护的对象，是不能随意使用的。即使在特定条件下容许链接电视台网站，照理那也仅限于该网站的首页，而不能直接键入节目内容。另外还应该注意，虽然链接不等于播放，也没有明显的营利性，但在判断是否侵犯电视节目著作权的方面，最关键的衡量尺度其实并不是营利或非营利，而是面向社会的公共使用或个人的私用。只要是公共使用，哪怕没有营利性，也还是构成侵权。

在本案，被告链接的是电视节目内容，这种链接是提供给所有购买新款手机的消费者公共使用的，因此侵犯了央视网站的著作权以及与电视节目著作权相关的发行权、广播权、信息网络传播权。

再来看央视对新闻等节目的处理权限。的确，《著作权法》第 5 条第 2 款把时事新闻排除在保护范围之外。但电视新闻节目包含以类似摄制电影的方法进行创作和制作的内容，不能一概归结为时事新闻。特别是《著作权法》第 44 条第 1 款已经明文规定电视台有权许可和禁止将其播放的电视节目进行转播，该条第 2 款还规定电视台等的权利保护期限为 50 年。

信息的确可以理解为一种公共物品，认为由央视提供的节目不应作为财产权来对待、更不能收费营利之类的意见并非毫无根据。但是，我们不能不留意到信息制作的成本远远高于信息传播的成本这一事实，在信息网络时代尤其如此。可想而知，如果不为信息制作者提供适当而充分的法律保护，那么信息就很容易被他人任意复制和传播，结果必然导致信息的制作缺乏必要的诱因而渐趋消沉。鉴于这些因素，对央视提供的电视节目进行著作权保护是完全必要的。

载《财经》总第 126 期

“护民官”的威信

——关于重构信访制度的初步考察

“信访”这一概念的本意是指人民群众通过信函或面谈等方式向各级党政机关和企事业单位提出批评、建议、申诉以及要求，属于人民对行使管理权的机构或个人进行民主监督的一种权利。而处理来信来访的作业则被理解为反映群众呼声，防止违法乱纪现象，提高各种职能活动效率的行政性工作。

总结半个世纪来信访的实践经验可以发现，各级各类信访机构的基本作用包括以下几个方面。第一，通过信访收集信息，及时了解和把握人民的情绪和主张，以便有效地进行国家机关与民间社会之间的沟通，尽量满足群众的正当要求。加强信息的上传下达有利于克服官僚主义和组织僵化，保证各级政府的回应性和弹性，也有利于集权化的统治贯彻到基层。第二，通过申诉程序对无所不在的行政权力进行群众监督，从而有效发现和纠正在决策以及执行过程中存在的问题和失误。第三，信访本身也是一种宣泄方式，可以避免民怨郁结、不满逐步累积成为爆炸性的破坏力量。把各种消极因素都因势利导到体制之内加以处理，能在一定程度上化解整体的合法性危机。

在国家信访局成立之后，信访工作的合理化、制度化程度大有提高，通过受理举报和申诉来监视行政权和司法权的运作的属性日趋明显。虽然各级信访局的主要职能与监察权无异，但出发点和立足点都落在民间诉求上，树立了“护民官”的形象，与监察部、审计部这类侧重于权力制衡和维护纲纪的机构还是具有本质上的不同。

与其他申诉和救济的方式相比较，信访制度的最大优点在于“便民”。最突出的表现是信访的成本非常低廉——只要贴张国内平信的邮票就可以完成立案程序，在形式、时效、辖区以及流向上均不预设限制（所谓分级负责、归口办理的原则只是针对信访机构的经办活动，并不限制当事人的立案）。也就是说，公民通过信访机构提出控告和申诉具有直截了当、不拘形式、无需付费的长处，因此，从不同信访窗口递进来的案件数量（信访人次）非常庞大，在某些时期（例如20世纪70年代末、20世纪80年代后期）、因某种事由（例如农村土地承包合同违约、城市拆迁的侵权行为）还会出现所谓“信访潮”汹涌澎湃的现象。

然而，信访剧增的事态反过来又极大地增加了对信访案件进行正式处理的制度成本。有关机构在不堪重负之余，逐渐采取敷衍了事的态度，从而导致信访制度的最大缺点——“踢皮球”。多层多样的信访渠道都畅通无阻状态还会诱发纠纷的回潮和缠讼行为以及对司法裁决或行政措施的事后性无效主张，进一步削弱审判结果的既判力，使一事不再理、尊重行政裁量权等原则名存实亡，并造成重复劳动、无效功以及社会治理在整体上的成本翻倍等问题。另外，信访部门由于缺乏充分的独立性、权威、资源以及实施手段，只好以“受理”代替“处理”，以“转办”代替“查办”，结果给人以信访白搭的印象，甚至因转办、交办到当地有关机构而招致对信访人员的打击报复的实例也屡见不鲜。这种无力和失策必然在不同程度上削弱信访的实权和威信。

尽管如此，信访的规模依然有增无减，这样的事态和心态很值得我们注意和考量。一般而言，在行政活动不断扩张的背景下，公民的权益很容易受到侵犯，特别期望获得制度上的救济；现有的信访制度虽然尚不完备，但却可以在不同程度上满足了这样的需求；因此，信访量与行政权的膨胀成正比是情理之中的事情。但是，当信访活动异常活跃时，特别是面对即使行政权逐步撤离市场社会、规制项目被大幅度削减信访仍然有增无减的局面，我们不得不进一步追究其他各种管理方式或者解决纠纷的手段是否已经失灵的问题。另外还有一种可能性，即个人为了最大限度地满足自己的主观愿望而不断与国家机关进行讨价还价，试图通过不同窗口的比较侥幸找到最称心的结果；当这样的心理与传统的正义观和现实的制度条件相吻合而成为普遍的行为倾向时，信访人次件数的飙升就很难阻挡。

无论如何，我们只有重新审视信访系统与外部环境之间的关系以及相应的制度条件，才能克服在维护公民权益方面的各种困难。为此需要拓展研究视野和设计思路。实际上，其他国家也存在与信访工作相类似的制度，例如土耳其设置“国王的最高裁判官”，丹麦以及美国部分州设立的“议会代理人”（Folketingets Ombudsmand，Public Counsel，Citizen’s Aids，etc.）、法国的“行政中介人”（Mediateur）、俄罗斯的“投函政治”、日本的“行政咨询”、新加坡的中央申诉局（Central Complaints Bureau）等等。其中最突出的则是起源于北欧、在世界范围内产生了示范效果的议会型“申诉专员”（Ombudsman）的职能活动。申诉专员制度因各国前提条件不同而呈现出不同的形态特征，但在基本原理上还是有些共性，值得我们借鉴。

首先，各国都纷纷以公共制度的方式加强对行政权的监督和限制，以保障公民个人的自由和权利不受侵害。为了实现这一目的，无论是议会型还是行政性抑或混合型、无论职能活动是采取独任制（例如大多数发达国家）还是采取合议制（例如奥地利），都必须提高公家申诉专员的地位，加强其独立性和权威。因此，申诉委员人数不多，或一人，或二至四人不等，均选任德高望重的人士，但配备大量的辅助职员。

其次，为了维护申诉委员的独立性，其身份受到与最高法院大法官同样的保障，在财政上也是完全单项开支，即使行使申诉委员任免权的机关也不能干涉申诉委员的具体工作。申诉委员享有非常强大的调查权，可以询问任何机关、查阅任何文件资料，而所有的政府部门以及公务员都必须提供协作，不得阻挠或袖手旁观。

还有必要指出的一点是虽然申诉委员不能直接纠正行政失误，不能撤销有关的决定或裁定，但他的劝告和建议的实效性都得到较充分的保证，其中最重要的约束力来自议会和公众传媒。当然，作为前提条件，议会必须具有足够的威信和实权。

不言而喻，中国的情形与欧美各国相比有许多差异，因此我们不能简单套用申诉委员的制度设计。但各国实践的经验以及具有普遍性的基本原理还是应该认真借鉴的。在现阶段，中国信访工作的重点基本上由各种窗口受理的一般性陈情转向制度化的政府自我监督和行政型申诉处理，但国家信访局以及下属机构还缺乏足够的独立性和足够的权威手段。为此，我觉得今后的发展方向似乎应该包括：

（1）进行组织重构。一方面整理国家信访局与人大监督功能、政府的监察部门、审计部门之间的权限关系，形成更合理、更协调的监督系统；另一方面加强与各部门、各单位的信访机构的联系和信息沟通。最好使国家信访局具有独立于行政机关的法律地位，即使不划归国家权力机关，也应该脱离与行政机关的从属关系。即使暂时不能完全独立于行政机关，也应该借助人大的监督功能或人民代表的监督权来抵抗行政机关的干涉。

（2）信访条例规定了直接处理的职责，这是对信访局权力实效的保证。但是，这种直接处理权与上级行政机关的权限、行政审判机关的权限之间的关系还有待明确。

其实信访局也不一定要自己直接处理，如果信访人对信访局的处理不服，反倒会削弱信访局的威信，而对这种不服的申诉和处理将造成反复申诉、叠床架屋的问题。要保证信访局的权力，也可以采取其他多样化的方法。即使要坚持赋予信访局直接处理的权能，那就必须保证信访局能发挥超越于所有行政机关的上级审或者最高复议机关的功能，与此相应必须大幅度扩充其权限。

（3）如果不诉诸直接处理而能够采取其他方式方法来保证信访局的权力和威信，那么不妨修改信访条例，或者制定信访法，或者在通过监督法之际增加如下几条内容：第一，明确信访局的调查权可以涉及任何行政机关以及司法机关，在调查过程中不受任何其他机关干预；第二，信访局的调查报告以及对有关涉案机关的劝告和意见应该采取文件以及新闻等方式公布，特别是应该借助公众传媒的力量；第三，信访局可以代上访者提起违宪审查的请求，即担任宪法诉讼的代理人。

（4）对于一些专业性问题（例如社会福利保障、金融证券、拆迁、摊派），可以在有关部门设立特别信访机构。另外，应该借助律师以及民间团体的力量来减少信访局在维权方面的制度成本。

（5）应该从代议机构监督和制衡行政权的高度，正式提出制定信访法的建议。可以考虑通过全国人大的监督权来补强国家信访局的独立性，但为了与现有的组织网络以及行政监察部门、审计部门协调工作，建制仍然保留在国务院。在国家信访局中导入“申诉专员”或“护民官”这样的职衔，授予少数资深干部，组成“申诉专员会议”或“护民官委员会”，其余工作人员属性不变。改局长为“首席申诉专员”或“首席护民官”，由国务院总理提名经全国人大和全国政协同意任命，任期为5年，可以连任2次（合计任期不超过15年）。各地方信访局也可以参照国家信访局的模式进行重组，但也可以与国家信访局同样成为“申诉专员”或“护民官”的受理申诉的事务机构。

以上想法还不成熟，仅供进一步讨论时参考而已。但无论如何，随着又一波信访潮的涌现以及民间维权运动的勃兴，信访制度的改革和完善已经被提上紧急议事日程，有必要通盘安排、重新设计。

2004年10月27日初稿，载《中国法律人》2004年12月

法理推敲“南都案”

自2003年7月下旬起，特别是2004年1月逮捕被告人以来，围绕《南方都市报》案，法律界以及公众舆论发生了非常激烈的争论。

根据我的观察，本案实际上涉及多个层面的问题。在这里，囿于文章的旨趣和篇幅，我仅就定罪量刑方面的法律专业性问题发表一点个人看法。

据报道，广州市中级人民法院在2004年6月7日做出终审判决，确认了一审的定罪，只是对量刑略有减轻，从有期徒刑12年改判为8年。我不得不指出，这仍属于重判。这项审判结果是很不公正、很不妥当的，应该予以纠正。

喻华峰遭到指控的主要罪名是贪污。按照《刑法》的规定，认定贪污罪需要满足三个基本条件：即行为人必须具有国家工作人员或者受国家机关等委托行使管理职能的身份，利用了职务上的便利，以非法手段占有国有财物。

但是，在本案中，有关资金的处分是以编委会名义根据既有权限做出的集体决定，要论罪也得算是“单位犯罪”，既不属于喻华峰个人的贪污行为，也不具备数人共犯贪污的隐密性和共同责任。

进一步推敲案情以及有关法律规定就会发现：在这里，其实无论是个人犯罪还是共同犯罪，或者从单位犯罪的观点来看，贪污罪也都是不能成立的。即使要公诉和定罪，也应该按照《刑法》第396条的规定以“私分国有资产罪”来指控有关人士。

1997年修改《刑法》的一项重要内容是增设“私分国有资产罪”，其目的正是要避免对“贪污罪”条款的滥用。但是，担任此案的两级法院审判人员似乎无视《刑法》第382条与第396条之间的区别以及立法机关的良苦用心。比较一下这两个条文就知道，根据“私分国有资产罪”的规定来指控喻华峰会更加切合案情和法意。如果照此重新立案审理，那么有可能被追究刑事责任的只是主管人以及其他有直接责任的人员；根据“数额较大”的标准来量刑，只能判处三年以下徒刑或者拘役以及并处或单处罚金。可见，是贪污罪还是私分罪，后果大不一样。

不过本案即使以“私分国有资产罪”来指控被告人，其实也同样是站不住脚的。认定私分罪需要一个前提条件——这就是作为分配对象的只限于国有资产。国有资产管理局在1993年颁布《国有资产产权界定和产权纠纷处理暂行办法》，以第2条对“国有资产”的概念给出了明确的定义。特别是该办法的第12条第3项直接规定已提取用于职工奖励、福利等分配给个人消费的基金不属于国有资产。本案被私分的只是提留奖金，显而易见，有关人员与“私分国有资产罪”也不沾边。至于被告人是否违反内部财务制度，要不要被追究行政上的责任，在道义上如何评价对广告收入的提成、调剂以及私分，这就不属于法院刑事审判庭有权管辖的范围了。

至于另一项指控，法院对行贿罪构成要件中的“不正当利益”的论证也缺乏充分的说服力。按照法解释学的技法，在本案中审判人员要对喻华峰定罪不得不采取逻辑推理的如下步骤：第一，收贿方是公务员并且利用了职务权限；第二，收贿方必须具有明确的贿赂认识；第三，行贿方为了实现不正当的利益；第四，行贿方不是单位而是个人。

然而，事实是南方日报报业集团社委会委员李民英在2001年12月退职担任调研员之后，已经失去利用职务权限的可能性。另外，由于李民英是《南方都市报》创办者，如果他把所得款项理解为办报成功之后对开拓者的贡献的酬谢，也并没有过于矫情的地方（至于这样做对不对是另一层面的问题）。在这个意义上，有关当事人是否具有明确的贿赂意识，显然是容许人们质疑的。可见第一步和第二步的论证并没有落实。

何况最高人民法院和最高人民检察院在1999年发布的关于查处行贿犯罪分子的通知中明确指出“谋取不正当利益”的范围以违反法律、法规和部门规章为限度划定，因此，担任本案的审判人员要证明被告人有行贿情节，还必须举出李民英行为违法的证据。

如果按照广州中级人民法院负责人接受记者访谈时所提供的情节，即争取李民英默许《南方都市报》每年预收款项记入当年广告收入，以提前领取奖金，这是否属于“两高”通知所说的违法行为还有待证实。仅就常识而言，提前领取奖金的行为即使不妥，也是无可厚非的。从已经披露的事实来看，这样权宜安排的初衷只是为了解决应收款项不能按时进账的技术性问题，并不能发现明显的被告人不正当利益。何况喻华峰接手广告部时面对的是亏损烂摊子，照理不必以行贿的方式来包揽难题。

退一步说，即使背后有暗盘交易能满足违法性要件，那么，为集体奖金所进行的私下交涉也应该属于单位行贿的范畴，不能简单地认定为喻华峰个人行贿。再退一步，即使法官形成了个人行贿的心证，那么仅凭过账手续的名义为根据就定罪量刑未免太草率了些吧。由此可见，法律推理的四个步骤都没有落到实处，行贿罪的指控也难以成立，除非给出更进一步的有说服力的论证。

鉴于以上分析，我同意许多法学者的主张，认为本案不足定罪，应该再审。在人民检察院没有提出抗诉的情况下，被告人有权提出申诉，启动审判监督程序。当然，新闻界也应该从这个案件中吸取教训，建立和健全报社的各种规章制度，提高记者和编辑人员的职业伦理水平，加强作为社会良心代言人的使命感以及自律精神。

载《财经》总第 113 期

直面法律摩擦

过去积累起来的深层矛盾以及各种“老大难”问题将相继呈现出来，举国上下不得不面对更多的纠纷、异议以及内部和外部的法律摩擦，也必然要下更大的工夫进行因势利导。

2003 年，中国的社会局势跌宕起伏、悲喜交加，颇有悬念和不确定性。但是，透过纷纭的表面现象，还是可以看到国家权力的合法化机制以及施政风格正发生着微妙的本质性变化，一种“亲近平民、限制威权”的新政格局渐次呈现出来，突破体制性障碍把改革向纵深推进的路线已经成为秩序重构的主轴。从法律的角度来观察这样的大趋势，我认为以下三件事很有象征意义，并为后续的制度改革提供了契机和条件。

首先，是 SARS 疫情的恶化令当局在 4 月中旬果断地采取了公开信息、引进行政问责制的举措，各地党政机关也都闻风而动、上行下效。后来问责制的原理又进一步向管理方式里渗透，出现了中国共产党总书记和政治局向中央委员会述职、政府部门长官向人民代表大会述职、法院就国家赔偿案件举行公开听证以及试行审判员弹劾程序、地方行政机构开始采取引咎辞职制度化的措施等方面的进步。另外，封锁消息而酿成灾祸的教训也大幅度提高了干部和群众的知情权意识，并推动了《政府信息公开条例》的起草作业。

其次，以孙志刚命案激起民愤的事件为背景，三位法学研究者根据《立法法》第 90 条第 2 款的规定，采取公民个人联名上书的方式在 2003 年 5 月 14 日提出了对《城市流浪乞讨人员收容遣送办法》进行合宪性审查的建议。虽然全国人大常务委员会法制工作委员会在受理申请后并没有启动正式的审查和撤销程序，但国务院积极回应民间呼声，自行废除了1982年颁布的那个收容遣送办法，并制定了新的救助管理法规。这一破一立，成功地塑造了学习型政府的清新形象。

再次，政府撤销了1195项行政许可的权限，并对82种许可项目的审批程序进行了修改，而全国人大常委会于2003年8月27日又通过《中华人民共和国行政许可法》，在大幅度压缩政府审批权限的同时，加强了对行政许可行为进行监督和追究责任的机制。这些立法性活动标志着中国正在发生“从全能政府到有限政府”、“从控制型政府到服务型政府”、“从事先审批的治理到事后调整的治理”的深刻转变。与此相应，司法部门、代议制以及非政府组织的功能都势必要逐步强化，以便为市场竞争和意思自治提供更充分的制度条件。

这些动向当然是应该肯定和促进的。但我们不能不看到，现行体制以及社会的内在矛盾以及深层次矛盾将会随之变得更明显、更尖锐，在强调法治的时代氛围中，有关的纠葛冲突往往表现为法律摩擦；不同的诉求和主张，都将在宪法和法律中寻找有利于自己立场的根据，并把这些规范作为盔甲、盾牌以及武器，在程序的竞技场上互相较量角逐。这样的可能性在最近发生的一系列重大事件和诉讼中可以略见端倪。

另外，作为25年经济改革的结果，社会结构已经多元化，出现了不同的利益集团，存在着强势群体与弱势群体的分隔裂变。由于租税和财政再分配方面还存在制度残缺，阶层之间、地区之间的机会不均和贫富差距日益扩大，公民个人收入分布的基尼系数已经超过警戒线。尽管建立和健全社会保障制度可以在相当程度上纾解不满，但贫富差距仍在加大，在这样的状况下，各集团的利益得以实现和保障的程度归根结底还是取决于参与决策的程度。为此，必须改革对政府预算、征税计划以及各种法案进行审议的方式，向不同集团提供互相沟通、调整利益、定分止争的公共场所、组织、程序、规则、技术手段，等等。仅从社会矛盾的制度化或者制度性妥协的角度来看，所谓利益磨合也表现为法律摩擦——既可以表现为不同法案、不同政策之间的竞争，也可以表现为公共论坛上的辩论和质询。在议会和法庭不能适当而有效地处理各种利益诉求时，法律摩擦可能更多地采取信访以及行政性调节的方式。

由此可见，如何处理越来越多、愈演愈烈的深层矛盾、利益对立以及相应的法律摩擦将会成为一个突出的问题，如果中国不能及时完备和改进有关的制度装置，就很可能出现解纷和整合的机制失灵从而导致大规模社会冲突的事态。有关当局将会按照中共十六届三中全会的精神，争取那些在社会阶层分化中地位下降的城市低薪阶层以及广大农户的支持，采取切实的措施来防止“权贵资本主义”体制的成型，并在改善敛财、理财以及财富再分配的过程中推动改革，通过不同的制度化渠道来逐渐宣泄社会内部长年积蓄起来的不满情绪和爆发力。

2004 年 9 月 15 日是人民代表大会制度建立 50 周年纪念日，也是中国共产党倡议召集各党派紧急国是会议、提出民主联合政府主张 60 周年纪念日，相关的庆祝活动变成了加强和改革代议制的新起点，并以此为契机，在总结 1954 年宪法颁布以来的历史经验和教训的基础上启动制定 21 世纪型宪法的筹备工作。至少不妨考虑通过改宪程序把全国人民代表大会和全国政治协商会议及其各级组织转化成“预算议会”——主要对财政再分配的预算、拨款以及各种津贴进行实质性审议的公开论坛，尽量让争辩的范围侧重于那些在不同利益群体之间进行公平分配的租税和财政事务，而暂时对其他政治性问题进行冷却处理，留待今后的适当时候去解决。这也意味着执政党将要在经济方面切实保障公平竞争（自由原理）、公平分配（平等原理），并以此为前提条件与人民重新签订一份在政治的局部领域实现非对抗化（社会协调原理）的、利益民主主义式（社会保障原理）的社会契约。

为了保障局部非政治化的制度安排，为了在法律摩擦当中维护规范体系的自洽性，也为了有效限制威权所造成的负面影响，需要尽早引进合宪性审查制度，以便监督和纠正“法规内容违宪”和“实施行为违宪”以及条文互相抵触、自相矛盾等有害现象。既然在 2003 年已经出现了公民建议对行政法规的合宪性进行审查的实例，有关法规的废止和重订不仅没有削弱政府的威望，反倒增强了其公信力，因此，按照酝酿已久的方案设置宪政委员会或者着手筹建宪法法院应该没有太大的困难，也不至于遭遇无从克服的障碍。

从亲近平民、关怀底层的视角来看，2004 年的法制建设还有一项重要的任务，这就是建构“社会安全网”，包括自然环境和能源的保全、城市建设的协调性、交通安全、农民增收、地方公用事业的推动、中小企业发展的促进、社会弱势群体保护、最低生活保障、突发灾害应急管理、金融风险预防、公共福利、教育、医疗、就业等各种制度安排以及有关规范的严格执行。例如修改义务教育法以加强对经济困难地区义务教育经费的专项转移支付、改革教师聘任方式、使农村义务教育收费手续透明化、解决进城务工的农民子女就学难问题、为贫困户的学生提供必要的优惠措施的人大代表议案已经受到有关机构的高度重视，有望较早审议通过。另外，修改劳动合同法和制定促进就业法的起草工作也已经提上议事日程。

以上说的都是国内法律摩擦以及各种解决方案，中国与其他国家和地区之间的法律摩擦今后也会进一步显现出来。在经济全球化的状态下，在加入世贸组织之后，中国对外贸易的巨额顺差、生产总值的持续增长、载人宇航的成功当然不会像“泥牛入海无消息”，相反，一定会造成复杂的国际影响，留下“雄牛闯进瓷器店”的印象，其直接后果往往就是面临接踵而来的谈判、制裁、起诉以及其他形式的法律摩擦。例如，来自境外的人民币升值压力表现为对外汇管理法规和政策的批评，贸易保护主义的措施会表现为依法制裁和反诉乃至缠讼，对知识产权的保护与自由竞争、不正当竞争以及反垄断之间也可能形成错综复杂的权利义务关系，外资的债权回收活动将在司法机构与商务部门以及企业之间引起连锁性互动，涉及法律的国际摩擦如此等等，不一而足。

在纷繁复杂的国际背景下，对各种纠纷的处理如果技术性处理失当，就有可能在国内引起某种情绪化反应，甚至在一定条件下导致民粹主义、民族主义、民主主义以及民生主义等不同诉求的共振，并使国内法律摩擦与国际法律摩擦之间产生出一个互相促进的循环圈。即使美国实质性 GDP 增长维持以往的走高趋势而不出现减速，即使世界性景气按照 W 字形回复的规律进入上升局面，中国的外汇政策和出口规模仍然会在 2004 年秋天成为国外竞选活动的一个争论焦点。鉴于这样的事态，有关机构正在进行未雨绸缪、以防万一的准备，其中一项非常重要的制度性举措就是为了避免国内外各种因素诱发金融危机，加紧起草银行业监督管理法、人民银行法、商业银行法及其他金融法规。

总而言之，2004 年是中国突破体制性障碍，建构良好的市场经济秩序，落实依法治国的基本方针，推动政治体制改革的“攻坚年”。由于在建国 55 年和改革开放 25 年期间积累起来的深层矛盾以及各种“老大难”问题今后将相继呈现出来，有待处理和化解，所以在这一年里，举国上下不得不面对更多的纠纷、异议以及内部和外部的法律摩擦，也必然要下更大的工夫进行因势利导，以避免社会冲突、国际冲突的激化，把不同的利益之争或者价值观之争都纳入公平而合理的制度化协调、整合的轨道。无论从哪个角度来看，这一年都将充满机遇和挑战，对期盼已久的“新政”能否真正确立也具有关键性的意义。

载《财经年刊·世界 2004》

第三部分

社会变迁中的罪与罚

作为隐喻的ATM犯罪

从法律学的视角来观察这桩众说纷纭的许霆案，应该承认，审判机构定罪量刑的判决不仅持之有据，而且潜藏很丰富的内涵，可以分别从不同层面进行推敲。

首先，可以指出的是，许霆2006年4月21日晚第一次提款后，发现自动取款机（ATM）功能失常，但其紧接着反复实施同一提款行为达170次之多，主观恶意非常明显和强烈，应该在量刑幅度内从重惩处。其次，其与郭安山一同反复操弄自动取款机，许霆实际上还成为教唆犯和共同犯罪的主犯，对他应该按照合计赃款的金额科罚。

因此，此案的重罚判决有足够的规范根据，剩下的问题只是从重惩处的程度是否妥当。

那么，能不能把银行的业务过失责任，作为减轻或抵消犯人罪责的缘由呢？回答是否定的。正如忘记关好门窗的户主的疏忽，无法使入室行窃的小偷免除罪责一样，银行电子系统的纰漏或ATM的故障，并不能当作抗辩理由。

当然，自动取款机的超额支付的问题稍微复杂些，似乎还可以解释为一种被害人的承认——以奇特的程序编码或者异常的反应机制，承认了取款人以自己的银行卡进行操作的正当性、有效性。但是，有一点绝对不能忽视，这就是作为免罪符的“被害人承认”，必须出自其真实的意志，否则无效。显而易见，利用银行卡提现款千元、扣存款一元的结果，并非被害人（银行或其他存户）的本意，所以，对犯罪的指控仍然是可以成立的。

说得更坦率些，银行应该对犯罪造成的损失承担什么样的责任，属于根本不同范畴的问题，与该案的定罪量刑并没有什么直接的、具有法律意义的关联。因而在具体案件的处理上，不断纠缠于银行的责任之类的争论，是无谓的。

既然条文和法理都已经昭然若揭，为何社会上对许霆案的判决还要异议迭起、莫衷一是？要正确而透彻地理解这种现象，除了法律学的视角，还需导入法社会学的分析方法，注意个人与整体、实践与结构之间的互动关系，并对现行规范体系持一种恰如其分的反思和批判态度。

不得不指出，与其他法治国家的相关规定相比较，我国现行《刑法》为侵犯财产罪规定的惩罚，包括很多容许无期徒刑乃至死刑的条款，难免畸重之讥。

广州市中级人民法院在审理许霆案后，以“数额特别巨大”盗窃罪为由，判处被告无期徒刑、剥夺政治权利终身并处没收个人全部财产，的确显得量刑太苛，但基本上符合《刑法》第196条、第264条以及第265条的立法旨意。

根据最高人民法院1996年第32号司法解释，个人利用信用证卡进行诈骗，“数额特别巨大”的，以50万元为起点。但按照1998年第三号联合司法解释，个人盗窃公私财物“数额特别巨大”，以三万元至十万元为起点进行计算。按照数罪并罚的尺度，应该采取数刑中的最高刑（按照盗窃罪的数额标准进行概念计算，十万元以上就可以处无期徒刑或者死刑并处没收财产），再加上从重科罚的原则，所以，裁量出了一个无期徒刑的判决。

现在既然广大公民认为这样的惩罚过于严酷，那就证明现行《刑法》以及司法解释的内容，与社会的正义感之间发生了游离，具有某些不合理之处，需要在立法论的层面进行斟酌或修改，或者借助解释技术加以调整。

还有一个重要的原因，是目前金融秩序颇混乱、大量的国有资产通过银行与证券市场的环道流失殆尽却无人过问，这就导致在经济犯罪的定罪量刑方面产生了严重的不公平感。

除此之外，通过围绕许霆案的定罪量刑争议很大的现象，特别是在对银行的指责声不绝于耳的背后，还可以发现公民社会对那些类似异常ATM的金融机构以及玩忽职守的国有资产管理者的不信和怨尤。显然，制度过失与行为过失之间的关系错综复杂，已经深刻地影响了守法观念的涵养，要改变这样的状态，仅靠对社会底层犯罪人施加严打重罚的制裁手段，是难以奏效的，甚至还可能事与愿违、不断诱发出反抗和骚动。

在这个意义上也可以说，许霆案里那台失调的“自动取款机”，正巧构成了一个很有代表性的法律隐喻，是目前中国社会系统中与“土地摇钱树”并列的经济犯罪病灶的一个非常鲜明的缩影。围绕广州中级人民法院对犯罪行为惩罚的轻重争论，实际上已经把结构非合理性以及机制设计方面的缺陷等问题摆到桌面上来了，留待我们去反复琢磨和深思。

载《财经》总第 202 期

生死博弈与刑法改革

从2007年1月1日起，死刑核准权彻底收归最高人民法院统一行使，有关当局特别强调这是贯彻“少杀、慎杀”原则的需要。但在2006年岁末，有些地方匆忙赶在时限之前确定死刑判决并立即执行，显得既不“少”也不“慎”，引起舆论界的错愕、质问以及指责。

以最大的善意进行推测，或许各省高级法院刑庭是要清算旧账，免得烫手山芋接二连三滚进新盘子里，让最高人民法院重掌生杀复核权的法官们措手不及。但即使这样的分忧假设可以成立，也在不经意之间揭露了一个问题：目前的死刑案件偏多，与《国际人权公约》关于严格限制死刑的原则有所违悖。

据中国社会科学院法学研究所在1996年提交的一份“关于合并和削减刑法死刑条款”的调查报告，当时可以适用死刑的罪名达74种。除《刑法》的四十多个死刑条款，20世纪80年代以来颁布的20多个单行刑事规定，其中有16个也设立了死刑条款，为世界之最。令人遗憾的是，1997年修改《刑法》之后，死刑条款还有三十多个，除军职罪外，可以适用死刑的罪名仍然达到27种，属于世界上保留死刑条款最多的《刑法》之一。

在这样的背景下，一声声“刀下留人”的呼喊，使各地刑场突然变成了年关的新闻焦点，引起空前广泛的关注。很多善良的公民和法律人在讨论：中国能不能也像全球过半数的那些国家一样，干脆废除死刑或者完全不执行死刑？不言而喻，这是个争议极大的问题。

中国从先秦时代开始，“杀人者死，伤人者刑”（语出《荀子·正论》）就成为社会共识，连鼓吹“兼爱”、“非攻”的墨翟也发表同样的主张，并因刘邦“约法三章”

的故事而家喻户晓。汉代以降，法律明文规定的死刑执行方式主要有大逆不道罪的“腰斩”和一般死罪的“弃市”这两种，都具有示众的属性。制度设计的原意显然着重于残忍场面对不法之徒的威慑力，但不得不承认，实际上往往事与愿违，反而煽动、激活了那种潜伏在人们内心深处的嗜血魔性。

上述恫吓犯罪的思路延伸到现代，则表现为举行公审大会和开放刑场观看，也表现为重大节日之前的宣判和执行，还表现为所谓以重典治乱世的“严打”型司法政策。这一切意味着治安主义司法观只能在死刑中寻找安全的最终屏障，根本无法避免控制论创始人维纳（Norbert Wiener）所指出的在威慑、报应、隔离以及改造等四种层面上的自相矛盾，同时也证明了同态复仇观念的根深蒂固。

不仅中国，在欧美各国，对于废除死刑的利弊其实也一直存在不同主张。众所周知，大哲学家康德（Immanuel Kant）以“人是目的，而不是手段”的经典命题，为人权理论做出了伟大贡献。但同样不能忽视的是，他却赞成维持死刑制度。透过这个典型的实例，可以看到价值判断的极端复杂性。正如雷德（Karl B. Leder）在《死刑——起源、历史以及牺牲者》（1980）一书中介绍的那样，直到20世纪60年代，虽然存在关于废除死刑的呼声，但英国和美国都以死刑适用范围较广、数量较大而著称。根据新近的报道，迄今，美国不仅还没有废除死刑，甚至最近反而有所强化，例如2005年执行件数与1995年相比成倍增加。

日本虽然保留死刑，但在适用方面一直非常慎重，然而近几年出于尊重被害者亲属感情以及国民道义观的考虑，关于加强惩罚力度的主张也略微抬头。

尽管在废除死刑方面暂时还难以取得一致意见，但无论如何，至少在以下两点上应该是没有异议的：

第一，当社会处于正常状态，各种有序化机制顺利运作时，死刑是既没有益处也没有必要的。反过来可以推论，如果国家权力只有在执行死刑之际才能找到自己的认同或者慰藉，那么必然存在异常因素，或者结构不成熟、不健全。进而还可以推论，废除死刑需要满足一定的前提条件，受制于历史发展的进程。

第二，鉴于生命不能死而复生的一次性以及无可估量的价值，在任何社会、任何阶段、任何场合，对于死刑的宣判和执行必须慎之又慎，加以严格的限制——既包括基于正当程序和证据规则等质量上的限制，也包括尽量少杀或不杀的数量上的限制。因而不仅要强调对死刑的核准，还有必要更进一步把视野拓展到司法权的集中和强化，以及刑法改革，争取大幅度削减适用极刑的行为种类规定，尤其是争取尽早废除财产犯的死罪条款。

在最高人民法院收回死刑核准权之后，统一死刑的判断标准并从严把握衡量尺度，已经具有客观可行性，误判以及滥杀的责任归属也就更明确、更集中了，预防措施也更容易见效。因此我认为，现阶段依法维权运动更重要、也更有效的基本目标，应该是防止冤案，削减死刑，推动刑法的进一步改革。这样围绕合法正义的生与死的博弈，不仅可以在具体案件的审理程序上反复找到稳固的支点，而且还可以在关于人权保障与刑事政策之间关系的立法论乃至宪法论等方面，找到充分的学理依据以及有力的制度化杠杆。其结果，也势必逐步强化最高法院与社会之间的相互作用，进一步扩大终极性审判机关的影响力和威信。

特别值得注意的是，伴随着死刑核准权的归位，最高法院已经大幅度增加了机构和编制。这样的规模扩张有利于改变现有的“庞大审判队伍、弱小最高法院”的格局，也有利于纠正国家权力结构的不平衡，使中央的立法权、行政权以及司法权逐步呈现鼎足而三的新格局。

载《财经》总第 176 期

作为象征的县长"灭门"案

又是一起喋血官场的恶性事件——2006年11月27日，贵州省兴仁县县长文建刚在兴义市家中惨遭砍杀，亲属老少四人以及家中一名保姆也同时罹难。事件发生后不到一周，负责侦察的公安部门就逮捕了犯罪嫌疑人曹辉，并根据其自供，初步做出劫财害命的定性判断，并宣告破案。

但围绕这桩丧尽仁义、意在灭门的血案，各种猜测和质疑余波荡漾，远未平息。

对作案者的动机，迄今为止主要出现了两种不同的分析意见——被害人亲友以及一些读者认为仇杀的可能性较大。因为文生前曾在事故问责的压力下，采取强硬措施整治违规小煤矿，给业主造成巨额损失，也断了很多人的财路和生路，早就接到过以死威胁的恐吓信。何况从现场勘验和传闻证据中，或多或少也能找出些许与既得利益集团报复联系起来的蛛丝马迹。

然而警方负责人发言的旨趣迥异，似乎基本上排除了买凶、泄私愤以及共同犯罪的假设，对遗属以及公众提出的各种明显的疑点却语焉不详，还没有做出有说服力的澄清。

现阶段，有关部门在新闻发布会以及采访谈话中提供的破案根据，只是嫌疑人的法庭外口供以及刑侦人员对现场的简单描述。按照现代刑事制度的基本原理，不能过分评价嫌疑人自我陈述的证明价值，而必须借助独立的、可靠的补充证据来加强其客观性、信用度，预防和纠正办案人员的心证误差。中国刑事诉讼法第46条也规定了"不轻信口供"、"只有被告人供述、没有其他证据的，不能认定被告人有罪和处以刑罚"的方针。

因此，相信检察院在审查起诉以及法院在审理公诉案件的过程中，会对公安机关移送的证据是否确实和充分等问题作进一步推敲，会对社会上的争议给出可信的解答。仅就贵州兴仁县长全家遇害一案的真相追究而言，我们不妨静待司法程序的最后结论。

这里更值得注意的是，目前这场耸人听闻的血案，再一次警示了围绕财产权的暴力失控的危机。在前述两种不同的观点中，无论哪种被证实，都可以推导出关于“公权力异化”的类似命题。

考虑第一种分析意见。假如文建刚的确死于报复性谋杀，而起因仅仅是他铁腕收拾违规小煤矿。那么，有关的罪行属于暴力抗法的范畴，是既得利益集团或者黑社会对整个国家秩序以及政府改革举措的挑战。对邪恶势力愈益嚣张、正气受到排挤压制的乱局，司法机关绝不能姑息养奸。

尽管如此，也不得不指出，仅凭严刑峻罚的举措未必能真正根除那种冒险家资本主义的癌症。

从新闻报道可以发现，文建刚整治小煤矿之弊，采取了雷厉风行的强制手段，例如组织执法大队突击检查、大量炸毁和封堵非法煤窑，等等。这样行使权力，即便其主观动机很端正，有益于中兴大业，但所作所为的任意性还是很强的，围绕业主投资的财产权关系的善后处理以及利益攸关者的生计，也基本上被忽视了。的确，国家当然具备也只有国家才能具备采取暴力手段的合法资格，但国家动用物理性强制手段，也必须受到法律规则的约束，并在具体事件中不断进行公正性、正当性的论证，以争取当事人的理解和诚服，否则就会激起强烈的反弹和复仇的冲动。

另外，即使存在不服、抵抗的动机，只要持有异议的人们有机会通过各种制度表达自己的诉求，或者通过选举和罢免的程序改变掌权者，或者各种不同利害关系能预先得到统筹兼顾以及事后的及时协调，那么，以暴制暴的现象就会大幅度减少乃至消失。令人遗憾的是，现实条件不允许文建刚运用多样化的弹性手段来妥善解决问题，他要收到立竿见影的效果，只好不断加大强制的力度。而对立阵营除了采取阴险的或过激的动作，也别无制衡良策。

在如此简单化的制度条件下，某位官员可以大权独揽、刚愎自用，同时也就不得不承担所有的风险责任。于是乎，越能干、越有政绩的，也越有可能激起众怒，而那些油滑的佞臣，则善于收买乡愿、推诿责任。

反过来说，假如犯罪嫌疑人曹辉的确是一个人作案，目的仅仅是谋财害命，关于事实的供述都属实。那么，到富裕的县长府上杀人越货，实际上就带有反社会暴力和情绪化阶级斗争的双重含义。所谓“反社会暴力”，指对他人财产和生命的侵害是对公共秩序的破坏，在任何社会都是法律所严防强压的，一旦付诸实施就必须接受制裁；所谓“情绪化阶级斗争”，指在法律没有兑现、分配正义没有落实的状况中，以命相搏、劫富济贫的群体行为方式——关于这种侧面，互联网上出现的那些仇富、恨官的尖锐留言就足以为证。

换到这个复眼化的视角来考察此县长灭门案，人们或许会估摸经商与从政之间切换的玄机，会留意到一个刑满释放人员居然数次自由进出官邸的蹊跷，会对地税局长与县长姐弟同时溅血华厦的惨状感到战栗不已。也许这一切都不是有凭有据的记述和推理，但是，选择在那样的地点、那样的时候进行的劫财杀人案，似乎只能把关心这桩血案的读者和视听者的思路，引往权钱交易可视化的方向。

当然，如果这样的布景也可以与报复性仇杀的脚本并行不悖，那么这桩惊天血案的背后，则必然藏有更加惊天的隐密。或许现场本身就是一处精心构思的陷阱，牵扯到重重黑幕。或许主谋不仅要以刀杀人，还要以理杀人，通过各种道具、符号以及那个作为赃物的手机，向社会传递某种意味深长的信息。

文建刚遇害案的起因是报复，还是劫财？死者究竟是难得的清官干才，还是奸猾贪渎的酷吏？棺已盖，案已破，但上述两大基本问题尚无定论，也许永远难以得出明确的、经得起反复推敲的判断。无论如何，面对目前暴力泛化的趋势，我们似乎还是有必要重温德国公法学巨匠耶利内克（Georg Jellinek）曾经提出的两个著名命题：曰“犯罪是社会的产物”，曰“法律是道德的底线”。

载《财经》总第174期

“私器公用”与“公器私化”

山西省公安厅在国庆前夕从美国引进警务飞机的消息，吸引了二十多家新闻媒体前往采访，也激起了一片扫兴的嘘声——因为购买这架贝尔 212 型直升飞机，得到了当地一个矿业主的赞助，并以他的私营公司称号来命名——纳税的匿名性，捐款的扬名性，这两者之间的不同很值得留意和玩味。人们由此产生的主要担心是：这样的馈赠，会不会导致“公器”逐渐蜕变成私人镖局？

的确，配备警务飞机有利于提高刑侦行为的机动性和破案效率。但在现阶段，拨给公安部门的经费有限，很难靠财政预算款项来改善装备。鉴于这样的困境，有人慷慨解囊，要汽车给汽车，要飞机给飞机，何乐而不为？或许这正是山西省公安厅有关人员的真实心态，也是拥护者们的基本逻辑。但笔者不得不指出，这样的做法和说法都是错误的。

按照现代法治国家的原理，借用制度派经济学家道格拉斯·诺斯的表述公式，“政府”可以被理解为一个通过向人民提供财产保护和司法救济而获得年收入的组织或者制度安排。也就是说，政府界定资源配置、赋予和执行所有相关的权利，作为这种服务的报偿，政府也就有资格向本国公民征收税赋。为了防止“免费搭车”现象，人民必须普遍履行纳税义务；为了避免勾结共谋，政府必须公开财政收支状况。

在这里，政府的强制力固然是形成、维持和实施财产权的重要条件，但同时也必须接受法律规则的制约，以防止它反过来践踏财产权；采取学者吴思的说法，也就是存在某种“保护和加害的组合”。而政府侵犯财产权的主要方式是通过课税等方法，把私有产权的一部分过渡到自己手里，或者转移给其他社会集团。

显而易见，税金的最基本用途是维护治安，认定和保护权利。因而国防、警察以及司法是政府向人民提供的最低限度服务。无论现代社会的复杂化导致国家职能增加多少项，这些方面的财政支出是必须落实的，否则就是失职。如果政府不能划拨充分的治安预算款项，纳税人就有权追问国库收入究竟用到什么地方去了。

政府当然也要量入为出、量力行事，何况在特定地区和特定阶段，警务飞机是否必要，应该装备的数量和质量如何等问题，也还有推敲的余地。这些都属于审议和决定财政预算的范畴。但无论如何，一个征税的政府没有必要也不应该让警察从罚款中，让法院从诉讼费中去提成留用。这样非正式、非常规的举措意味着有关机构变相征收特种税，也意味着执法部门的产业化，甚至还意味着政府在其位、食其禄，却没有充分谋其政——这个“政”，就是以税金的标准价格出售财产保护和司法救济，不容许对公共物品进行投机倒把。

那么，企业赞助总是可以接受、值得欢迎的吧？不错，我们应该鼓励社会的慈善行为。但是，赞助不同于“买名”的根本特征，在于要超越讨价还价的交换和互惠，更强调志愿、公益以及信誉。同样，捐赠不同于贿赂，是因为前者体现了独立、互助、非谀媚的高尚精神；另外还必须通过各种机制，使赞助者与接受赞助者之间的关系尽量间接化、匿名化。这里区别是与非的关键，在于分清公与私。

令人遗憾的是，尽管中国曾经开展过疾风暴雨式的“破私立公”运动，但在制度层面，真正的“大公无私”或者“天下为公”还是没有确立，即使公与私的剥离、分化也仍然很不充分；甚至国家权力本身也或多或少继续带有私的成分，表现为与民争利或者黑箱操作。购买警务飞机本来属于公务，但在山西这一个案里，却变质成一种极其私人化的行为。

既然这架“兴旺”警务直升飞机由富豪出钱购买、以私人商号命名，那么，在公安部门出现特殊利益集团的“院外活动”，还有什么可大惊小怪的吗？我们愿意相信山西省公安厅会铁面无私地执法，坚决打击私营企业主的经济犯罪，我们也愿意相信警察们不会欺负弱势群体。但是，当兴旺矿业有限责任公司劳动争议引发群体冲突时，遭遇矿难的工人及其亲属难道真的会相信乘机从天而降的警察们，都是公正秩序的化身吗？在“一年租用期”即将届满、续约所需的另一笔800万元尚未着落时，假设赞助者与晋城的交通警察同时要求出动警务飞机时，省公安厅的有关人士将会如何权衡利弊得失？

只要存在“阶级司法”的状况预设，那么所谓“保护和加害的组合”就很容易率性而为，甚至“加害”现象有可能畸形膨胀，俨然成为一种合法的超强力量。因此，利益格局永远是随着力量对比关系的改动而变易不居的，任何人都无法仅由于履行了纳税义务就获得充分的安全感。

在这样的背景下，撇开作为财产保护和司法救济的标准价格的税金体系，另行赎买公共物品就成为大势所趋或者识者所谋，而底层贫民只能靠卖力或者搏命来维护自己的生存权，很难指望充分的普遍性救济。从这个角度来看，兴旺矿业有限责任公司赞助公安部门或许也还有其无奈之处：既然交易安全无法得到制度化保障，各种敲诈勒索不胜其烦，那就不得不“狐假虎威”。

从20世纪初民间企业“花钱挂欧美国旗”，到21世纪初民间企业“花钱买警务飞机”，确实可以发现某种一以贯之的特征。既然政府没有以税金的标准价格出售财产保护和司法救济，那么私人为了防止或者减少不可预测的风险危害，增强经营活动的安全感，往往倾向于向掌握最有实效性的权力的那些个人或者机构赎买对自己的特殊化保护。假如财政审议程序不透明、预算分配方案不合理，那么这样的赎买就不仅为权力运作所必要，也具有相当的客观可行性，甚至还会显出些“双赢”、“两利”之道。

但是，这类赎买越盛行，“阶级司法”的症状就越严重，反过来又进一步加剧赎买活动。如此循环往复，恐怕会把国家公信力资源消耗殆尽。

载《财经》总第170期

电脑量刑的是与非

山东省推广淄博淄川区的经验、在当地各级法院中普遍实行电脑量刑，这件事成了近时国际社会的一则轰动性新闻。海外法律界人士以及公众传媒的主要反应：既对中国大胆创新的举措感到惊奇不已，同时也对用鼠标点击出来的自动化判决抱有相当程度的忧惧。

回顾关于人工智能的研究历史可以知道，西德司法部早在20世纪60年代末就成立了一个专门研究计算机在法律实务中的作用的设计组，并在1973年构建出被称作JURIS的数据库和社会法检索装置。美国鲁特哥兹大学到1977年已经成功开发世界上第一个计算机法律专家系统——根据LISP程序语言记述的处理公司并购税务问题的TAXMAN。就在当年，前苏联科学院法学研究所悄然启动自动化管理问题的研究项目。几年后，英国伦敦大学的帝国学院借助PROLOG程序语言的推理功能实现了国籍法实务的人机对话，大约与此同时，日本电子技术综合研究所也以KRP程序语言编制出包括实体法和诉讼法两种规则及其相互关系在内的专利法检索咨询软件。因此，时至今日，已经是机器人可以演奏乐器、驾驶轿车的21世纪初叶，倒也没有谁会把借助智能软件审理诉讼案件当作异想天开的梦呓。

但根据迄今为止的一般看法，即使有可能把司法的概念计算和基本判断都委诸电脑，那也是遥遥无期的未来之约；尤其是刑事诉讼，事关人命、自由、国家目标以及社会正义，与民商法相比较更需要保留基于人格修养的心证以及感化的余地，也更难于进行数码机械化的技术处理。现在，山东法院的举措却对这类成见提起了公然挑战——软件的开发从计算机自动科罚起步，并且直接应用于结案判决。在制度进化的过程中，特别是在建构法治秩序的初期阶段，突然爆发这样飞跃性的质变，理所当然会引起许多错愕。

站在中国法律传统文化的视点来看，可以发现律令制的根本特征在于绝对法定刑主义以及尽量压缩审判者裁量余地的机械化、细则化的条文构成。我在1993年发表长篇论文《法律程序的意义》时已经指出了这一点，并表达了如下批评性意见："各代刑律的定刑方式皆如出一辙，几乎排除了量刑的余地。可惜当时尚未发明电子计算机，否则自动量刑的专家系统软件或许早已被列祖列宗设计出来了。……为了防止和限制恣意，我国采取了比西方更严厉的措施。其动机或可理解，但其效果却很糟糕。因为我国在缩减恣意的同时也压抑了选择，而选择恰恰是（法律）程序的价值所在。"没想到十年之后，齐鲁大地就有后起之秀利用数码信息技术时代的发达工具和条件来填补那个古昔的遗憾——编制了自动量刑的软件，在要件和效果之间补充了一些选择对象。由此可见，在中国电脑量刑之所以很容易被接受，并且迅速得到普及，是以固有的思维方式为前提条件和催化剂的，倒也不足为奇。

另外还有大家都已经注意到的直接原因。即司法活动中存在的办案质量很参差、审理主体滥用裁量权、冤假错案层出不穷，甚至出现一案两结论的"阴阳判"等严重问题，极大地动摇了对人脑判断的信心，同时也就助长了对电脑量刑的客观性、中立性以及确定性的期待。于是法官和当事人都试图用科学之光来照亮那个容许自由裁量以及非正式操作的黑箱。实际上，从淄川区法院编撰的《常用百种罪名量刑规范化实施细则》的内容介绍里，我们可以发现孟德斯鸠式的类似自动售货机的法官标准像与根据条文规定自动得出刑期的传统思维方式之间的互乘效应。在这里，也不妨归纳出一条关于判决严格对应于法律、同案同制裁的司法镜像原则。

如果再深想一层，更重要的与其说是追求完全一致不走样的镜像效应，毋宁说是在通过自动化软件的程序编码所表现出来的对审判本质的理解方面的变化——有关机构正在试图用专业性共同语言（按照法律要件整理事实并进行严格论证）来取代日常性共同语言，尽量排除情绪化因子和暧昧涵意对推理的影响。正如已故的行政法专家龚祥瑞教授等人早在1983年就洞察到的那样，"应用计算机技术，通过对用自然语言形式表达的法律条文进行信息－逻辑加工，将会逐步产生一种新的法律语言，这必将提高法律条文的精确度，使之更加规范化、通用化"。实际上，山东法院推广电脑量刑的确产生了借助计算机语言形式来使法律语言更加规范化的意图和客观效果。淄川区法院院长王建东说过，当地农村、山区地带法官业务素质普遍较低，自由裁量权往往被滥用，在这样的条件下应用量刑软件来办案，“实质上还是用制度约束人”，使审判更加符合统一的专业化标准。在这样的意义上，有关努力是值得给予充分的评价的。

尽管如此，我们还是不得不指出：在现阶段对法律专家系统软件的设计和运用应该持一种慎之又慎的态度，尤其是在电脑量刑方面更不可急于求成，也没有必要完全排除法官的心证和裁量。要问理由何在，答曰：首先，任何法律专家系统软件都意味着做出一种纯粹的法律实证主义预设。计算机可以处理法律条文内容中的三段论推理以及关于“要件－效果”的条件式推理，但却无法适当表现那些决定有效规范在适用上的优劣顺序的元规则。也就是说，电脑量刑固然能在很大程度上排除在行使自由裁量权方面的主观任意性，但同时也会排除诸如自然法、人权保障、有教少诛重预防之类的思辨性要素，还倾向于排除利益考量等政策性调整机制。其次，电脑量刑所体现的规范化，势必忽视地方性知识、上下文脉络以及具体情境，而这些字里行间的“意义之网”对于法律判断是非常重要的。在一定程度上不妨认为，不可言说的默示知识就标示出了法律专家系统的疆界或者局限之所在。

再者，中国成文法历来都以简约相标榜，不乏多种解释的空间；各个概念的内涵和外延也尚未完全统一。例如仅义务条款，就有“应该”和“必须”等不同表述。具有中国特色的公平责任原则以及屡见不鲜的“合理的”、“可预期的”等术语，在法律推理中发挥着极其重要的作用，但有关事项在法律条文中并没有给出、实际上也不可能给出明确的定义。作为法律细则化结果的行政规范和地方规范极其庞杂，不同层面和部门的规定之间往往发生矛盾，使得整合化作业异常困难。凡此种种实像，都是不太适宜于计算机处理的。反过来，假如在这样的状态下就通过机器把法庭内外的对话和沟通加以格式化、固定化，很可能会阻碍法律解释学、推理技术、专业化教育以及审判者伦理人格的发展和提高，使司法流于一种检索和推测的简单智力游戏。假如这样的初级系统软件只被当作审判的辅助性工具，只在有限的范围内用于减轻检索负担以及避免疏漏，那倒也无可厚非。但一旦真要让法官们据此形成判决，就难免会遗患无穷。

还有必要指出的是，目前关于法律知识的数据库依然非常不完备。类似电脑量刑那样的软件，其核心是法律推理系统，而关于法律推理的研究成果的积累在中国还极其薄弱。在这样的状况下，假如采取的只是把有关条文形式化、再追加若干解释规则的朴素方式，那么作为逻辑程序而执行时就很容易出现知识本身不循环、只是逻辑程序空转之类的问题，也很难对否定性表现进行适当处理。假如语汇储量不够，法律知识的数据库与推理引擎相结合就很容易频繁发生没有意义的检索。假如存在复数的法律知识数据库，如何使它们互相联系兼容并对它们进行排除矛盾和冲突的整合以及有效的一贯化控制，也是颇棘手的重要课题，需要消耗大量的时间和精力才有望获得进展。何况法律在不断修改，知识数据库的更新以及解释规则的调整也需要不断进行，在网络结构中只要某一事项的重新定义出现失误，就有可能引起自动化处理的结果异常——这也将导致建构和维持法律专家系统的成本居高不下。

有人试图把美国的《联邦量刑指南》作为机械化审判的辩护理由，这是错误的。《联邦量刑指南》的性质更接近一种关于如何行使裁量权的权威性技术手册，一方面把法院内部过去存在的关于制裁幅度的非正式“行情”以及暧昧的判断指标在可能的范围内做出明文规定，另一方面还为司法的精密化和弹性化设立了很多政策性调整的尺度（例如优先救济被害人的原则，对企业犯罪进行制裁的加重或减轻的各种要件）。在中国，更类似的现象倒是最高法院关于确定量刑幅度和计算赔偿额的具体标准的司法解释以及一些法院最近试行的量刑指南规则，与电脑自动处理软件系统并没有什么太多的实质性联系。

总而言之，法律专家系统的研究、实验以及在有限范围内的辅助性使用是必要的，应该获得支持。但是如果缺乏严谨的科学态度，急于炒作和推广那么一点初步的、尚未成熟的作品，那就不仅会贻笑大方，也有可能败坏电子审判的声誉、葬送很有前景的软件开发计划，甚至在一定条件下还给司法制度的发展和改革造成某些重大损失或暗伤。既然电脑量刑的宗旨是精密化审判，那么专家系统软件本身首先就必须经得起精密的“审判”、法官也必须具备不犯误导鼠标之类人为错误的品格素养——这是一个无需计算机就可以推导出来的结论。

载《南都周刊》，2006年9月25日

司法与民意

山西省长治市中级人民法院对“小保姆杀人案”做出了死刑判决。此案在一定范围内引起轰动，网评如潮，民意对小保姆充满了同情和对死刑判决的抗议。

此案件之所以引发关注，在于被告小保姆樊建青在审判中声称，被害人之一的郭某曾对其性侵害，郭某之妻焦某发现后经常对其辱骂，才激发了她的杀人动机。可是，对于这个扑朔迷离的刑事案件，媒体的报道却是语焉不详；对于发案的原因，法院的判决也是寥寥数语，称“被告人小保姆樊建青，因生活琐事与主人发生矛盾，持械故意杀人”。

无论如何，根据2005年的新闻报道，这桩血案有着诸多复杂背景，应不能以“生活琐事”这样四个字来轻易了断。

在这个案件的审理过程中，是否存在妨碍长治法院做出从轻判决的压力，我们不得而知。仅从法院的判决词来看，似乎有几点理由可能在左右审判人员的心证和裁量：第一，法院认为，关于小保姆樊建青被男主人、原长治市人大常委会副主任郭某性侵害一说，没有充分证据，法院不予认定；第二，樊建青故意杀害无辜的焦某，罪不可恕，接着砍死郭某，存在两个杀意；第三，被告作案后伪造现场，受审期间虽然哭诉前因后果，但对自己的罪行没有表现出悔意，故不适宜从轻处罚。

然而，这些说词还有必要进一步推敲。需要指出的是，樊建青杀害郭某夫妇的主观动机是作为被害者的复仇，是以命搏运，两个杀意又都分别存在不同程度上的激情行凶因素。这些客观因素当然不能影响对樊建青的定罪，但法官还是应该在量刑之际予以充分的考虑。

为了准确界定樊建青罪行的恶性以及相应的量刑尺度，我们不妨再把2005年底由贵州省高级人民法院宣判的另一桩刑事重案作为参照，进行对比和分析：

在该案中，被告崔英杰、宋金宁对安顺市一名出身寒微的高中女生进行两次抢劫、两次轮奸，并以沉水和乱石捶砸两种方式残暴地杀死被害人，随后抛弃遗体于水库之中。该案的终审判决是，崔英杰因坦白认罪态度较好而被课以死刑缓期执行，宋金宁因作案时年龄未满 18 岁而被课以无期徒刑。据报道，在让崔英杰免死的判决公布后，被害人的母亲痛哭喊冤，当地社会的舆论也强烈反弹。

应该承认，办案法官在审理刑事案件中坚持少杀慎刑的政策，立意是很好的；司法独立原则的真谛也包括不为情绪化的民间舆论所动。但是，同时也不得不指出，本案被告崔英杰的主观恶性极大，无论是轮奸还是两番故意杀人，都属于犯罪情节严重的范畴；加上还有拦路抢劫、入户抢劫以及侮辱尸体、危害公共卫生等复合罪行，按照数罪并罚的原理，量刑之际只能在最高法定刑的尺度里从重课罚，并没有能够从轻发落的理由。

即使有必要根据认罪态度从轻或减轻处罚，也必须满足以下法律要件：首先，犯罪之后自动投案；其次，在被采取强制措施期间主动坦白尚未发露的另案罪行，或者有揭发其他犯罪的立功表现。很遗憾，从法院判决文本和新闻报道中，我们始终没有发现能够满足上述法律要件的事实。

恰恰相反，我们看到的却是另一幅图景。尽管《刑事诉讼法》对被害人及其亲属的法律地位和权利有颇为先进的明文规定，尽管中国司法的一个颇具特色的传统是以被害人为轴心反复演绎伸冤话语，但在这个抢劫、强奸、凶杀复合犯罪的刑事案件中，被害人的亲属基本上被冷落在一边，对审判的实质性进展不知就里。

联合国《被害人权利宣言》以及当代刑事诉讼理论所倡导的被害方的知情权、优先旁听权、陈述意见权以及为伸张正义而团结起来的团体组织权是否在中国得到了必要的程序性保障？怎样才能防止现行刑事诉讼法的被害者条款名存实亡或者因人而异？这是以法律为志业的人们在倾听那个被害者母亲的号啕悲声之余，不得不掂量和思考的课题。

如果像崔英杰这样作恶多端的罪犯，即使入室抢劫、反复轮奸、杀人抛尸都可以因逮捕后态度较好而幸免于一死，那么法院又有什么理由能够充分证明，对那个“因生活琐事”发生矛盾而生报复之心的小保姆施加极刑的判决是正当的呢？在还不能普遍废止死刑的现阶段，最值得以极刑制裁的究竟是肆意破坏社会规范秩序的歹徒，还是那些在走投无路的绝境中失去理智、以死相拼的弱者?

毫无疑问，审判机关必须严格依法办案，而不能奉民愤和舆论为判决的圭臬。然而从对以上两个案件的社会批评中，我们看到的其实根本不是那变易不居的民意与法律专业知识、审判技艺以及程序正义观之间的对峙。

有关判决的内容和说理论证上的缺陷表明，其实正是由于审判不精密、不统一，没有妥当地遵循程序规则和论证规则，致使有些专业技术性错误无法通过制度的渠道来避免或及时纠正，结果才出现了合法正义不得不靠民意的强烈表达来维护、兑现的事态。

在这个意义上不得不承认，法律人要扭转民意直接干预审判的局面，首先还是要使审判本身具有很高的学识水准，富于睿智，并经得起合法性检验。只有在这样的前提条件下，广大公民才会逐步把舆论监督的重点从提高音量转向培养眼力，以“肃静”而不“回避”的姿态，来仔细审视量刑尺度在个案中的运用以及相关的理由说明。

载《财经》总第152期

舆情的裂变与操纵

在上海，一青年刺杀六警察的刑诉尚未审结；在哈尔滨，却又发生了六警察殴毙一青年事件。通过这两起并无关联却都很有典烈意义的实例，可以看到某种令人忧虑的阴影在摇曳、在扩大，时而表现为国家暴力与反社会暴力的混淆和倒错，时而表现为群体抗争对个人犯罪的包容和吸收。

随着民愤与官愤之间的张力不断加强，民众对罪与罚进行价值判断的集体意识（关于是非好坏的共识）似乎已经开始淡漠，并逐步丧失对越轨行为的制约功能。在分离和改组的过程中，诉诸舆论以及操作传媒的各种动机正在发挥催化作用。从对死囚杨佳的同情，到对死者林松岭的态度变化多端，这个社会的集体意识渐次溃裂，确实是有迹可循的。

仅就围绕哈市警民乱斗案的舆情震荡分析，大致可以分为如下三个阶段来考察集体意识的流变。

10 月 12 日到 13 日，一篇“六警察将哈体育学院学生当街殴打致死”的网帖引起人声鼎沸，对涉案警察的谴责充斥了公众的言论空间。但是，在警方提供的现场监控录像公布后，特别是关于死者的亲属是巨贾或高官的各种来路不明却言之凿凿的传闻在网络流布后，舆情突然出现了逆转。于是乎，在 10 月 15 日到 16 日这两天时间里，反过来同情警察、侮辱死者及其亲属的字符如潮水般不断涌现，几乎淹没了对现场录像是否被剪辑的质疑。等到显赫的家庭背景之类传闻的真实性，被政府新闻发布会断然否定，10 月 19 日以后的社会心理再次向死者倾斜，要求严惩涉案警察的呼声又渐次高涨起来。

如此飘忽不定的评判，证实了情绪化舆论的不确定性和潜在危险性，也进一步证实了司法独立原则以及程序公正的重大意义。

回顾这两周时间里的一波三折，显而易见，影响民众的立场、态度以及沟通行为的因素主要是：势力的强弱消长，信息的多寡真伪。前者导致关于合法与非法的集体意识的裂变，后者诱发对舆论的操纵。

当然，群众同情的对象，从遇害的林松岭转到施暴的警察，接着再来一个颠倒，并非无缘无故。起决定作用的主要是对力量对比关系的估测。社会舆论的天平大都偏向弱势的一方，以保持均衡和公正，这是可以理解的。在“警察对大学生”的构图里，警察是强者，死者属于被欺负的弱者；但一旦误判死者的父亲是房地产公司老总、舅舅是政法高官，并给死者贴上“衙内”标签，就觉得他是死有余辜，一群参与斗殴的警察，反倒成为需要扶助的弱者或者为民解气的好汉了。对强与弱的看法如此简单而易变，就有些费解了。

在对警察或褒或贬的这些章句变幻里，似乎只存在一条不变的语法规则，即：当人与人在法律上的平等得不到保障时，犯罪就是反抗的最初形态，无论犯罪的主体和对象究竟是谁。围绕罪与罚的社会舆论，似乎只流行一种修辞手法，那就是格老秀斯在《战争与和平之法》里提到的，把人性与兽性交织起来的“复仇的快乐”，或者尼采的《道德谱系学》所指出的，因为不能复仇而酿成的“弱者的愤恨”。

令人感到欣慰的是，通过哈市警民乱斗事件的舆情震荡及其应对举措，也能发现事物的另一面，比如说某些变革的契机。首先，自 2008 年 5 月 1 日起施行的《信息公开条例》的正面效果已经开始显现，当地政府和公安部门都在努力及时把真相告诉民众，不仅召开了两次新闻发布会，还播放了现场监控录像的部分画面，并且让遇害人的亲属观看了完整的证据资料。应该承认，处理案件的透明度是大幅度提高了。尽管不乏对录像剪辑和选择性公布信息的疑问和批评，但从有关当局的系列动作上还是可以发现一种趋势在增强——对民意的关注以及受民意的影响。政府迫于社会舆论而公布信息，舆论因信息而改变，政府再公布信息以调整舆论的偏向，这个互动过程是以上通下达的信息反馈机制为基本特征的，可以在相当程度上直接反映民意的诉求。

然而，不得不承认，在这个大开大阖的信息反馈通道里，也存在各种障碍和人为操纵。最主要的表现，是当局对信息进行过滤和选择性公布，诱导舆论向预期目标发展。与此相呼应的则是群众习惯于“强者与弱者”、“坏人与好人”之类的简单化的标签思维，一提房产商就联想到暴发户，一提官宦亲属就联想到仗势欺人，很容易情绪化，也很容易接受外部影响。

现代法治秩序，在相当程度上可以理解为这样一种制度安排：用国家强制性暴力来制止社会中本来存在的复仇暴力，同时又必须使正式认可的强制本身受到规范的限制，不至于遭到滥用或者虚掷。孟子论政偏于仁，荀子论政偏于礼，都是主张通过放弃强制与复仇的对立项去克服阶级冲突。韩非提出“明主治吏不治民”的管理策略，其实也是为了和解。但是，在当今中国这样的转型社会里，要超越目前的强弱之争、寻求持久性的和解，最关键的一个步骤，是要摒弃权、术、势、忠、恕的旧思路以及操纵舆论的小聪明，在充分公开信息和自由讨论的前提条件下，重建社会的基本共识，树立某种容许不同价值并存的新体制，并根据革故鼎新的大智慧和一视同仁的公平标准，去审视各种暴力行为、恢复被破坏了的结构性均衡。归根结底一句话，当今中国需要的是制度和解，而不是诡道乡愿。

载《财经》总第 223 期

一个“法自上而犯之”的活标本

一桩命案，把两位前程似锦的高官与两位浪迹江湖的杀手并排钉到了历史的耻辱柱上。从刑事诉讼程序上看，这场悲剧尚未闭幕。但是，结局已经注定了，有憾恨，而无悬念。无论从人情的维度怎么解读作案动机的复杂性，并对加害者和被害者都或多或少分别寄予某些怜悯之意，现在根本都无济于事。该案主犯的所有罪行都证据确凿、情节清楚，就主观恶性而言制裁，被告的确是死有余辜的。

本案之所以在民间引起轰动，与该案作案手法之残忍、作案策划之缜密不无关系。杀妻碎尸，高价收买刺客行凶，伪造嫁祸于人的现场，身居要职的官员不顾上司和下属、导师和弟子的身份羁绊而合谋作案，政府机关内部关系的黑帮化，如此这般乖张暴戾的现象，老百姓们通常只能从影视中才能看到的情节，竟然活生生地发生在我们的周围，岂能不令人惊栗！

毋庸讳言，近年来买凶案不断见诸媒体，且有愈演愈烈之势，而吕德彬劣迹败露让世人突然看到了暴力黑市交易的级别高到什么程度！价码大到什么程度！为非作歹者的气焰嚣张到什么程度！

从一个法律人的角度检视此案，在那些毫无侠义可言的冷酷杀手的身后，我们可以发现一个若隐若现的恶性循环——暴吏与暴民的共生和互相促进。

仅就本案而言，在某种意义上也不妨认为真正令人毛骨悚然的其实倒还不是私下买凶，甚至也不是杀手行凶，而是位居要职、掌握了巨大国家权力、身负保护一方平安的公职人员，在策划和委托犯罪行径时所表现出来的那种推心置腹的死党关系，那股肆无忌惮的邪气和狂气。这些官员们未必不明白这些道理。但是，他们为什么敢于互相摘掉面具、撕去画皮，而不必忌讳授人以柄？他们又为什么不怕承担共犯谋杀重罪而被处以极刑的风险？

现代国家为了确保实施法律，大多通过宪法和法律的方式，成立了各种专门的权力机关，通过这些不同权力机关的分工制衡，保障法律的实施。我国的《宪法》对此也有明确的规定。政府官员根据《宪法》和法律，具有服从《宪法》和法律的义务，并可利用国家公共权力限制、取缔和处罚非法行为。在法律系统中，官员对于法律能否得到实施，身负重大责任。如果官员尤其是高级别的官员，视法律于不顾，则其对法律的伤害，远比小民犯罪要严重得多。本案呈现在我们面前的，正是一个“法自上而犯之”的活标本。如果这种趋势得不到有效遏制，自上而犯之的级别越高，参与的人越多，对法治的危害也就愈大。

在这里，值得复述一下新加坡前总理李光耀先生在他的回忆录中曾经披露过的有关见解。他指出：如果品质恶劣的高官的执政时间超过八年，他手下的公务员就会普遍腐化，再好的制度也难以运作。为了实现廉政，首先要使高官没有必要增加额外储蓄以防万一（高薪养廉），同时还必须制定周密的法律减少拉帮结派、贪污腐化的机会，并集中力量打击大人物犯罪行为（铁腕治吏）。

为了避免整个国家陷入这样的泥潭而不能自拔，不得不及时通过严惩为非作歹的高层官僚这样的霹雳手段来重振纲纪。首先需要做的，除了重新唤起对宋代那个刚正不阿、威震权贵、执法严明的河南开封府尹——包拯的集体记忆，归根结底还是要完善各种制度，尤其是对政府权力的监督机制，加大法律实施的力度。

载《财经》总第 144 期

王斌余的罪与罚

王斌余故意致四人死亡一人重伤，且手段残忍，按照现行法律规定和量刑尺度，本应绳之以极刑。但围绕对他的一审判决，社会上却议论纷纭。阅读有关报道不难发现，被告因为是在讨薪不成反受辱、求告无门更被逼的情况下冲冠一怒、以命相搏，才闯下大祸、犯下大罪的。

迄今为止，舆论界对这种特殊情节主要进行了两种解读：一种是从社会条件方面为被告开脱。认为如果不考虑本案的社会背景和事实就依照判决书行刑，势必造成不平之气郁结，甚至由此酿成对法制的信任危机。甚至还有些“左派朋友”采取阶级分析的观点，把被告的个人反抗作为英雄故事加以升华。当他们赞美暴力犯罪时，似乎忘记了恩格斯在《国民经济学大纲》中所揭示的辩证关系：犯罪既是工人阶级反抗的最初形态，同时也是一种人的堕落。何况无限追溯外部环境的因果关系链，也根本无助于具体案件的妥当处理，反倒会无谓地进一步激化社会矛盾。

还有一种解读，是把视野局限在实在法的要件事实以及狭隘的罪行归责问题。甚至有些拥护法条主义的朋友，从维护社会秩序和法律秩序的角度，认为无论该案的被告有多少委屈，所作所为的后果毕竟极其严重，不进行充分的法理论证就任意开恩赦罪也有可能反倒造成新的不公正，甚至会在无形中纵容不逞之徒、助长私人之间的暴力行径。有些人居然流露出同态复仇的意识，扬言杀人者必须偿命以儆效尤。可是，老子有句告诫值得在这里重提一下：“民不畏死，奈何以死惧之?”

显然，这桩棘手案件如何断，确实需要慎重斟酌。

在以暴制暴或者同归于尽之类的恐怖行径的阴影时隐时现之际，对于维持社会的稳定与祥和而言，全面的预防政策比威慑手段更重要、更有效。像王斌余这样的弱势群体，如不被逼到绝境，如能够及时获得制度上的救助，本来是不会步入犯罪歧途的。这桩刑案的卷宗告诉我们：被告为了领取自己的合法报酬，曾反复进行过交涉，找过行政部门，也曾经找过法院，但都无济于事。

我们不禁要追问，究竟有哪些原因导致各种法律制度渐次失去威严和效力？如公共机关不能有效地保障公民的合法权益，能否容许他们自力救济？当王斌余放下利刃，洗去手上的血污，然后投案自首时，不管是有意还是无意，实际上就把上述令人尴尬的难题摆在国家面前了。这也算是另类的以身试法吧。现在人们激烈争论的正是，在法治的前提之下，究竟应该给出一个什么样的解答，才能让“试法”了的被告及其同情者们都口服心服。

从法律解释学和审判技艺的角度来看，这桩看似简单却颇深奥的凶杀案，有必要进一步区分出几个不同层面的构成因素，逐一进行推敲。

首先值得注意的，我认为是案发原因中的自救行为。在王斌余向公权力求助之后，欠薪的包工头仍然以不作为的方式侵犯他的合法权益，迫使他不得不寻求自力救济。在中国现行法律体系中，这种自救虽然缺乏明确的依据，但在对侵权进行正当抵制的意义上却是无可非议的，依据法学理论的命题，自救行为在刑事上的违法性能被冲消：假如他并没有杀人，而仅仅是以非常规的手段（包括威胁和强行夺回）收取属于自己的债权的话，完全可以不论罪。

与自救行为相对应，还有必要指出的是：包工头的债务不履行与杀人事件之间存在“引起结果”类型的因果关系，而包工头在暴力发生之后没有出面制止或报警的故意不作为，则与杀人事件之间存在“提供机会”类型的因果关系。基于归责逻辑，有关机关不妨按照《刑法》第 233 条规定的过失致人死亡罪、第 235 条的过失致人重伤罪、第 246 条的侮辱诽谤罪等立案侦查并对包工头提起公诉。

其次，还应该在原因层面考察作为自救行为正当化条件的紧急状态及其程度。当然，赊账与讨薪本来并不具有紧急性，所以绝对不能因为拖欠工资就采取自救行为，更无法把欠债不还作为杀人正当化的理由。但是，本案的问题在于，即使在行政部门介入之后，包工头仍然拒不履行债务，还反过来把债权人强行赶出工棚，甚至连给五天生活费这样最低限度的可怜乞求也都被拒绝了。处于这样走投无路的困境，不得不承认王斌余采取自救行为的紧急性要件是具备的。特别是在包工头的指使下，在参与驱逐讨薪者的其他关系人开始对被告进行侮辱、威胁并动手殴打之后，那种紧急性实际上已经达到了对极有可能出现的群体暴力进行正当防卫的程度。这时自力救济的法理不再有效，作为推论的替代性根据的是正当防卫。

再次，还得进一步探讨被告的行为是否真正属于防卫过当，其行为在什么阶段从防卫过当变质成故意杀人的，或者被告是否一开始就有行凶图谋等问题，并权衡不同法益之间的比例和均势。从王斌余预料到自力救济的风险等事实来看，他内心始终存在对包工头以施暴方式赖账的戒惧。因此，当数人受包工头唆使而来势汹汹地聚拢在一起，并开始采取肢体语言时，王斌余做出自我防卫的条件反射性动作是顺理成章的。但是，不得不指出，就在拔出折叠刀的那一瞬间，他实际上分别犯有错觉防卫和防卫过当的双重错误。因为有的在场者只不过想把他劝走，还有的在场者更是无辜的工友家属。随后王斌余在失去理智的疯狂情绪支配下实施的杀人行为，则纯属刑事重罪，完全不能根据正当防卫以及错觉防卫的法理来免除他在法律上必须承担的责任。

尽管如此，这里不妨再把杀人行为的目的与手段加以区分。从死伤者不是包工头而是其他人的事实来看，被告的主观恶意基本上只表现为一时的手段性犯罪，与目的和计划的关联极其薄弱。因此，以激愤杀人来定义被告行为的精神状态还是适当的。但是，鉴于罪行的后果极其严重，实施过程的残暴性也对公序良俗构成深刻威胁，虽然有许多可以减轻处罚的情节，量刑调节的幅度仍须受到严格限制，以避免罪刑不相当的结局。

根据以上分析，作为一介法律研究者，窃以为对王斌余做出死刑立即执行的决定虽然不无根据，但确实失于冷酷；但如果改为死缓却又没有什么实质性意义，因为被告的主观恶性的程度以及悔过自新的可能性无需两年的考验期就可以判明。

经过再三考虑和权衡，个人私见似乎还是以判处无期徒刑较为妥当。主要理由如下：就刑罚功能而言，杀人偿命属于同态报复，作为一种赎罪仪式对遗属或许有些抚慰效果，但对那些陷于不满和绝望之中的潜在犯罪者却没有充分的威慑力量，甚至还有可能把社会中的不平之气凝聚成一个冤冤相报和重复犯罪的恶性循环。鉴于被告作案的背景和经过确有不少令人恻隐之处，终生监禁就足以发挥与死刑相类似的赎罪仪式效果，也更有助于通过改造罪犯的示范来感化那些处境类似的人们，使他们在法治秩序中看到希望，得到安慰，增强对正义的信念。何况这样的减轻惩罚举措与惩办包工头、对遗属的赔偿等相结合，能比较适当地达成法益均衡，也有利于促进各种制度的反思和改良以及社会和谐。

载《财经》总第142期

如何应对“经济恐怖主义”

根据公安部披露的统计数据，2004年全国正式立案的绑架事件达3863起，即平均约每周74起、每天11起。如果把没有报警和私了的案件也计算进来，数字应该更大。而在以同类犯罪猖獗闻名的意大利，平均每周发生1起。即使把领土范围和人口的因素考虑在内，意大利同样单位面积内发生的绑架案件数也只相当于中国的一半。

一般而言，绑架的目的是多样化的，或为营利，或为报复，或为政治。但最常见的还是诱拐或挟持人质以勒索赎金。这种犯罪的作案方式有一个特点，就是必须与被害者家属、保安公司以及公安机关周旋和讨价还价，因而往往具有组织化、智能化的性质。绑架人在目的不能得逞时往往“撕票”，得逞后携款潜逃时，为自身安全不惜杀害人质。这种以人质人身勒索巨额赎金的犯罪行为，可以理解为一种经济恐怖主义活动，对于社会危害巨大。

在现阶段的中国，这种犯罪还表现出以下特点：不仅富裕的企业家和知名人士及其亲属成为绑票的主要对象，而且被害方为了人质安全往往不愿报警，宁可私下解决，破财免灾。其结果，绑架可能演化成“假劫持、真勒索”的生财游戏，在反复的博弈中可能会形成黑白两界之间的默契和潜规则，甚至还可能出现不同集团围绕赎金而串谋分赃的暗盘交易事业化。

从犯罪学和刑事政策学的角度来看，对付绑票勒赎这样的行径，不得不以预防为重点。只有在计划和实施劫持的犯人切实感到作案的风险太高或得不偿失的条件下，发案率才会保持低迷状态。《刑法》第239条规定的绑架罪包括以成年人或者未成年人为对象、以勒索财物或者作为人质为目的等不同情形，课刑很严厉，自10年有期徒刑起直至处死刑，并处罚金或者没收财产。该法第240条至第242条还对以营利、猥亵、强制婚姻、移送国外为目的而拐卖、收买、非法拘禁妇女和儿童的犯罪和惩罚分别给予具体的规定。

但是，从预防犯罪、中止作案以及避免或减轻恶性结果的角度来看，似乎还有必要进行更细致的制度化作业，例如增加对组织性犯罪加刑和对释放人质减刑的调整规范、设置对预谋绑架行为的罚则以及对自首者减免惩治的具体标准，等等。为了防止恶意串通、打消逐利诱因，不妨考虑制定在一定条件下冻结绑架案件被害者亲属资产的法律。

就警务和吏治而言，则必须通过加强人员培训，更新装备等手段，加强公安部门的侦查和营救人质的能力，提高危机管理的组织化程度和效率。

如何对待绑架者索要赎金的要求，是该类案件中最敏感的事件之一。从法理上看，警察机关的职责是惩罚犯罪，维护公共治安，不应满足绑架者的要求，这样既可维护公权力的威严，也可以减少绑架目的得逞的侥幸。但是，一味强调对赎金采取不合作的态度，也不现实。因为事关性命，被绑架者家属往往愿意“破财消灾”。如警方一律反对，一旦导致人质伤亡，受害者家属势必对警方产生情绪性的激烈反应；有时从营救策略的角度考虑，也应答应绑架者的要求。

但是，此事不宜由警方承担，警方也不应鼓励被害人家属支付赎金。2004 年底在河南发生的绑架第一案留下的教训是警方绝对不应该鼓励支付赎金。是否与绑架者私下交易，应该由被害者家属自己来判断，考虑到经常存在不得不与绑匪讨价还价的情形，可从制度上考虑，形成民间的保安公司或赎金交涉人与国家的警察机关之间适当的分工关系：一个应急，一个善后；一个满足被害方的私人愿望，一个实现社会的公共意志，如此方可兼顾人质安全与社会正义。

此外，一些新的犯罪倾向，也应特别加以注意，并尽快建立相应的预防和应对制度。比如，由于绑匪一般都索要巨额赎金，而人质能否生还并不确定。例如在意大利的撒丁岛，最近 30 年间发生了 700 起针对富人的绑架案件，赎金总额高达 1 万亿里拉（大约相当于 5.3 亿多美元），其中有 80 个人质丧生。经济全球化以及国际恐怖组织的发展，还导致针对跨国公司和外国游客的绑架案件的增加。在这样的背景下，保险公司开设专门针对绑票的险种是不足为奇的。到 2005 年，我国也出现了人寿保险公司正式提供的赎金保险服务项目。可以预见，在不久的将来就有可能看到围绕释放人质问题进行讨价还价的现象，怎样防止被保险者泄密以及利益驱动的串通败德的问题也会被纳入议事日程。与此相应的法律问题也势必日趋复杂。

当然，要从根本上解决经济恐怖主义问题，更重要的是致力于改善社会结构以及资源配置。各国的经验表明，非法经营、贫富悬殊、有产阶层的骄奢跋扈、弱势群体缺乏维持生计的手段，均是促进绑架案件发生的主要诱因。特别值得注意的是，在目前中国有些地方，绑架已经日常化为某种“找贴”形态，甚至按照劫富济贫的侠义加以正当化。如果放任自流，很可能导致历史的倒退——社会将回到霍布斯所描述的那种“一切人对一切人的战争”状态。在这个意义上，确实有必要对绑票之类犯罪的客观条件进行深入的犯罪社会学分析。从社会正义的角度来看，国家应该考虑的不仅仅是为富人提供安全感，更重要的是首先要让穷人有活路和最低保障，然后逐步把经营合法和分配正义都一一落到实处。

总而言之，富人的安全与穷人的安全，其实只是一枚银币的正反两面而已。

载《财经》总第138期

晋京警察命案面面观

晋警与京警之间的冲突命案发生后，全国舆论哗然，但几乎听不到对枉死者的同情之声。不难看出，民众对死者的冷漠和批评，暗含了我们这个社会的一个重大危机，即身负维护公共安全的公权力，已经严重异化和失控。如果不能采取有力措施改善这一局面，公权力势必会失去其正当性基础，只能依凭暴力维护其统治。而整个社会也将会在丛林化和无序化的泥潭里沉沦下去。

然而，无论对警察的丑行如何不满甚至于憎恶，古今中外所有国家都不可能废除警察制度。通过公共权力机关维护社会秩序，乃是现代国家治理的必要手段。片面采取针对警方的霹雳手段，效果也未必好，反而可能进一步激化各种社会矛盾，以致无从收拾。因此，有必要在对触犯条规的警察严惩不贷的同时，冷静地分析涉及公安部门的各种不良现象的缘由、背景以及深层动机，探讨从根本上解决这类问题的制度化办法。在前述案件中，人们的目光都聚焦在警察与暴力之间的关系。这正是认识社会治安政策的本质所在，也可以当作缓和警民对抗、重振行政纲纪的基本线索。因此，就让我们首先来思考一下与警察密切相连的合法暴力和违法暴力的辩证法。

大家熟悉的童话卡通《黑猫警长》、儿歌《我在马路边捡到一分钱》、电影《今天我休息》，都在塑造这样的警察形象：亲切的、可以信任的、为公众服务的好好先生，与暴力似乎无缘。这种观念也符合法社会学的概念界定——警察属于行政服务性职业。借用麻省理工学院政治学教授迈克尔·利普斯基（Michael Lipsky）的表述，也就是在街道科层制中从事公共服务的人（the individual in street-level bureaucracy for public services）。但是，与其他服务业根本不同，警察的职业活动中包含深刻的内在矛盾，即服务者的任务是监控和制裁那些享受其服务的人们，以暴力为服务工具。这很容易导致敌意，却不容易赢得满意。暴力与敌意反过来又会给警察的自我想象和身份认同打上鲜明的烙印。实际上，警察在提供服务时还具有较高风险，甚至不乏丧命之虞，然而这似乎未必能缓和社区群众对他的畏惧、敌意以及批评。

众所周知，法律承认警察在提供服务时享有使用暴力的特权。实际上，现代国家所垄断的日常的合法性暴力工具主要掌握在警察手中。

为了维持秩序、惩办歹徒，警察采取强制手段被认为是必要的、正当的。在公安部门，特别是在法治观念较淡薄的地方，提高限期破案率和逮捕率、降低犯罪率是考勤的最重要的指标，而程序瑕疵、手段不正当以及拷问的弊端往往会被忽略。这正是所谓"好警察"的领导评语与群众的正义感之间发生抵牾的原因。

面临重大刑事案件，上级部门和基于民愤的社会舆论都要求尽早破案，罪犯迟迟不能捉拿，公安局就难免受到"无能"和"懈怠"的指责。这样的诱因、压力以及动机很容易在侦查和处理的过程中导致违法行使暴力。

可以说，围绕警察的作业存在着某种为了达到治安目的而结成的深藏不露的共犯关系。一旦滥用警察特权的越轨现象被默许、纵容以至达到司空见惯的程度，那么警察个人甚至整体的堕落就难以阻止了。

与这种事态相仿佛的是20世纪60年代殖民主义统治下的香港。出于冷战思维和管理大量移民、难民的需要，当时警察行使拘押权的范围非常广泛，流窜罪规定（loitering law）更助长了治安惩罚的任意性，致使警察机构中到处腐败蔓延。直到1973年，在市民运动的压力下，警察总长葛柏（Peter Godber）因贪污和勾结黑社会的罪名被追捕归案后，情况才显著好转。

从香港刷新警风的经验可以看到，按照法治精神限制警察特权是治本之道，其中最关键的制度举措是设立绝对独立而强势的廉政公署。另外，择优录取加高薪养廉的人事政策、通过自由报道实现广泛的舆论监督、在公安机关建立由外部委员组成的纲纪指导委员会、在廉政公署设置专门处理警察渎职问题的特别小组、改进司法程序、加强律师辩护权以及切实保障嫌疑人的各种权利等配套措施也发挥了不可或缺的重要作用。

除了对警察的监控机制，还有必要铲除酝酿腐败的温床和客观条件。

内地的现实表明，诱惑警察渎职的初始原因以及最大规模的陷阱，正是那些不存在被害人的犯罪或越轨行为，例如卖淫、赌博、同性恋、流浪乞讨等等。我国政府采取的治理方针基本上都是“严格禁止”，而不仅仅是“适当限制”，但公安部门其实并不能真正有效地禁止这类行为，这就很容易造成“严格禁止-法难责众-警察腐败-枉法弛禁-无法无天-警察更腐败-重刑峻罚-法难责众-警察再腐败”的恶性循环。

在这样的状况下，改过度的严格禁止为切实有效的适当限制，采取因势利导的方式，恐怕反倒能产生釜底抽薪的效果。

另外，要维护警察的职业自尊，消除行使国家暴力时的心理阴暗面，扭转公安部门的风气，就不得不充分重视强制的正当性、合法性。为此应该按照程序公正的原则对裁量权进行充分的限制，并且重新定义“好警察”的评价标准。

回顾20世纪50年代中国推行的“人民警察爱人民”运动，此举无疑有助于消除群众对警察的蔑视和戒惧。但是，改革开放所释放出来的社会活力，由于未被及时吸收和整合，在许多层面上也给社会带来了不稳定的因素。

化解之道除了要恢复和发扬“人民警察”深入群众、服务社区的优良传统，还需进行制度建设，在确保公权力有效进行治理的基础上，限制权力的异化。这样才能从根本上防治执法机关自身的违法和腐败，真正改善警民关系。

载《财经》总第134期

法辩“教授嫖娼案”

上海发生的教授嫖娼案以很怪诞的方式提出了一连串严肃问题：究竟应该如何对待法律与道德及其相互关系？在万物商品化之后，中国将进入一个统治者以身作则为中产阶级树立道德威严的“维多利亚时代”，还是退回往昔“存天理、灭私欲”的卫道士时代？换句话说，这个事件是从解构到建构的转折点，还是更全面的解构的开始，抑或是报复性的“对解构的解构”的信号？

从纯粹的法律实证主义角度来看，陆德明的行为违反了1986年颁布的《治安管理处罚条例》第30条，而这个条款因1991年颁布的《全国人民代表大会常务委员会关于严禁卖淫嫖娼的决定》第4条而具有法律效力。按照有关规定，凡是进行卖淫、嫖娼以及介绍或容留卖淫嫖娼的，均应处15日以下拘留、警告、责令具结悔过或者依照规定实行劳动教养，可以并处5000元以下罚款，构成犯罪的，依法追究刑事责任。比照这个规定，公安部门的处罚和复旦大学的处分还算是宽缓的。

不过，即使采取上面这种“在法言法”的立场，我们仍无法对当事人的申诉以及社会上的同情之声充耳不闻。首先必须注意的是陆德明自己强调他在茶馆邂逅对方，并不知道其是风尘女子。这种辩解虽略显牵强，仍然揭示了现行法规的一个基本缺陷，即对卖淫嫖娼概念本无精确定义。如果按照《治安管理处罚条例》第30条文本推理，本案并没有介绍或容留的第三者，也没有专供嫖宿的场所，似乎卖淫不能成立。如果按照公安部两个有关批复的说法，“卖淫嫖娼是指不特定的男女之间以金钱、财物为媒介发生不正当性关系”，则岂不是“包二奶”、“一夜情”、通奸、姘居甚至未婚同居都有可能被一网打尽？如果继续在构成要件暧昧不清的状况下严禁卖淫嫖娼，恐怕很快就会看到秦朝竹简里记载的那种公家介入私人伦理生活的执法情景：“某里士伍甲送来男子乙、女子丙，报告说‘乙、丙相奸，昨天白昼在某处被发现，将两人捕获并加木械，送到’。”（《云梦秦简·封诊式·奸》）

许多人同情陆德明，并非赞成他的不伦情欲，而是对执法的恣意化、畸轻畸重、官员公款嫖娼无人追问，以及少数警察与性产业经营者勾结起来敲诈勒索卖淫女和嫖客等现象感到愤怒。造成这类流弊的一个重要原因，是立法技术上的粗糙和失误。在多数国家，法律禁止的只是未经许可的私娼活动，惩罚对象仅为以营利为目的组织卖淫者，即皮条客、鸨婆以及卖淫团伙组织者，并不包括娼妓本人以及嫖客。嫖客只有在与未成年者进行性交易时才会受到惩罚。但在我国，娼妓、嫖客以及卖淫业主的行为性质未加区别，一同归入行政处罚乃至刑事处罚的范围内。在确定具体处罚方面也未区别对待，未体现“不同事物不同对待”的法律正义。

这种立法技术上的粗糙，与当时立法者企图通过国家权力纯化社会风气的指导思想不无关系。但从今天的角度看，相关规定显然侵入本应由伦理调整的日常生活，不仅导致国家权力膨胀，也会阻碍公民通过交往、反思和自我调节培育道德共识的机制，导致伦理资源耗散。此外，由于缺乏相应的监督机制，可能导致犯罪活动恶性循环，后患无穷。因此，应该修改有关法律和法规的条款，只把卖淫营利一方作为处罚对象。

在这个事件中，还存在一个法律技术上的问题，这就是：即使法律规定嫖娼行为应予处罚，公安机关在调查以及处罚的过程中，也有责任维护当事人的沉默权和隐私权，并使这种程序保障与报道自由的原则相协调。其中，对于主观恶性相对较轻的嫖娼行为，公安机关在依法处理之后，如无重大理由，原则上应保护当事人的隐私，不应通知其单位或主管机关，更不宜向新闻媒体透露。此外，一旦事件公开，由于陆德明在一定程度上属于公共人物，大众传媒对其更加关注不足为奇，只要这种舆论监督没有欺软怕硬的选择性，就必然会加强社会的报应机制、提高精神文明的水准。但如果舆论过于情绪化，完全无视对方的隐私和家庭名誉，那就很可能混淆法律与道德的界限，甚至会演化成新式“以理杀人”，反过来破坏现代社会的自治和自由的基础。因此，有必要从重构道德与法律关系的高度，冷静地考察舆论上沸沸扬扬的教授嫖娼案。

当前许多人对陆德明抱有同情之念，说明随着改革开放，社会上对于性的自由化、商品化的大众心理已经有所变化，社会规范与法律规范之间出现了比较明显的裂痕或隔阂。实际上，今天的中国与其他许多国家一样，普通公民虽然视卖淫嫖娼为不道德的现象，自己也不愿意身体力行，但对性产业的宽容度却有所增大。甚至有些人还公然主张部分地承认娼妓的合法性，以减少性犯罪、解决性比例失调、单身者（特别是民工）的生理欲求等问题，但必须加以严格限制、管理以及监督。当然，不同的社会完全可以维持其固有的道德标准，或者树立新的行为准则，并对性产业以及淫行采取不同的司法政策，但有一点应当明确：无论如何，对混淆道德与法律、在私德领域中广泛行使国家处罚权的做法则必须慎之又慎。

"善恶只因主体而成立。"（维特根斯坦语）其实，不具有主体性的人们无善恶可言，即使对他们进行赏罚也与道德无关。因此，在国家权力介入日常性伦理生活之际，应确保其不破坏社会自治的空间和公民的主体性，在"公法"的框架中给"私德"以恰当定位。如果处理不好，将来在重商主义隧道出口迎接我们的未必是"维多利亚式"的"高雅"，很可能只是那种肃清之后的死寂。

载《财经》总第120期

经济危机中的司法责任

如果把国家运行机制比喻为开车，那么，可以说立法机关是方向盘，行政机关就成为油门，而司法机关主要发挥制动器的功能。在高速公路上驾驶，要注意防止刹车失灵，避免翻车事故。而在爬陡坡之际，当然要加大油门，不必把脚踩到制动器上去。但是，假设陡坡上有很多障碍物，假设陡坡崎岖还带拐弯，那就必须在右脚提速的同时，还把左脚放在制动器上进行调节——这应该就是2008年底中央政法工作会议的基本逻辑。尽管如此，但对制动器怎么进行调节仍然还是个问题。

在面临金融风暴时，广东省检察院在2009年1月6日公布了积极为企业保驾护航的十条意见，明确规定在查办企业经营管理者和关键岗位工作人员的职务犯罪案件之际，检察机关要及时与主管部门或企业领导沟通，慎重选择办案时机，犯罪情节轻微的，酌情暂缓办理。从中可以看出，公诉人在如下三个地方有些豹变：

第一，对刑事案件的查办可以因人物因职位而异，迹近历史上的“官当”“八议”等司法陋习在新的条件下死灰复燃。

第二，在是否起诉的决定上要听取企业主管部门或企业经营者的意见，意味着检察机关自我削减独立性，为国家性权力和社会性权力干预司法打开了方便之门。虽然这只是特殊时期的特殊对策，但谁能保证不会产生覆水难收的长久效应？

第三，对犯罪行为的追究可以选择时机、斟酌轻重，实际上就是容许例外，容许超出定罪科刑的裁量幅度，让政策思维方式以及个别人的主观意志压倒法律规范。

在法治国家，在功能分化的现代社会，居然会出现这样规范自反、职能错位的事态，实在令人难以想像。倘若检察部门公开宣称要网开一面，认为非此不足以挽救大批中小企业、维护经济发展的势头，那就无异于告诉世人：在这里，企业的违法经营已经非常普遍，以致官方不得不冒天下之大不韪，为它们剥离那些应该粘贴的犯罪标签，任意放宽制裁的尺度。

这样做，看上去倒是很有点自由放任主义的色彩。问题是如此高高举起、轻轻落下的鞭策，究竟能不能收到缓和规制、刺激景气的效果？回答是否定的。因为市场经济的生命力来自信用关系，而无视规则的企业根本就无法确立和维持信用。面对一个缺乏信用的经济环境，本来就神经过敏的资本会倾向于逃遁，挑剔的消费者则有可能采取集体不买行动。所以，产业化、市场化应该以一套公平而透明的制度为前提条件，要求一视同仁地严格执行既定的法律。由此可见，把牺牲规则和信用的祭酒献给违法企业的对策，其实是在让企业和国家都饮鸩止渴。

更有甚者，还有些法院开始扮演起像律师那样提供法律服务的角色，对负债企业公然表示“亲善”，完全不顾债权人一方的感受和诉求，也没有把其他的利益攸关者纳入权衡的视野。例如，广西高级人民法院与工商业联合会磋商谈和，签署了《关于建立广西民营企业法律风险防范机制的意见》，其内容迥然不同于对企业制度合理化的司法建议。在这里，法院似乎要放弃作为第三者的超然立场，而变成非正式的具体协议的当事人。

然而，通过这些极其特殊的实例，我们也还是能发现一些带有普遍性的社会问题，值得进一步探讨。广西高级人民法院与企业界签署协议书这样的做法固然让人诟病，但提出风险防范之议还是颇有见地的。关于“法律风险”，可以有各种不同的概念界定，并相应作出不同的制度安排，例如以法律手段驾驭社会风险，或者把依法追究责任的可能性也看成风险，或者把法律决定本身视为市场活动面临的危险之物，或者导致对企业的社会责任以及合规性经营方式（compliance）的强调，等等。

经济危机引起了人们对“风险社会”的关注。实际上，现代化运动一直在鼓励或者迫使人们进行各种有风险性的选择，不断强化着行为的风险导向。这种趋势，被德国政府顾问赫马克汝普教授定义为产业经济世界与生态环境世界之间反复的相互作用和创生的“熊彼特动态”。在这种意义上也可以说，在产业经济急速发展的中国，与风险共舞已成为无从逃避的宿命。目前的这个巨大社会系统不仅是“风险广布”，而且还具有很强的“风险导向”。这就很容易引起风险管理上的悖论，造成公共决策上的一系列两难困境，使得区别合法与非法的界限无法划清。

众所周知，中国的 GDP 已经在 2007 年超过德国并连续两年据全球季军地位，同时也付出了环境污染的代价；中国的轿车销售量已经达到全球第二的规模，与此相伴随的是交通事故的急剧增加；但是，我们又不能为了环保而打击制造业、为了交通安全而取缔私车。基于同样的道理，在风险导向很强的社会里，我们也不可能为了防范风险就严厉处罚一切有违“注意义务”的行为（注意：不是指违法行为）。因为这样做会压抑包括风险投资在内的各种有益活动。也就是说，为了增加社会财富，不得不容忍一定程度的“剩余风险”，不能不对“以严刑峻罚防患于未然”的传统观念进行修正。有些侵权行为的过失责任，也可以通过保险制度和其他分散风险的技术由全体成员来分担，而不必启动刑事上或民事上的制裁机制。

换言之，为了减少社会的风险而过度扩大问责范围，不断追究离事故现场很远的企业管理人员的业务过失责任或者政府官员不作为责任，这样的司法政策在很多场合反倒会造成弊大于利的后果。以风险社会的到来为背景，如果刑事审判对“过失犯”（注意：不是指故意的经济犯罪行为）查办面太广、惩罚措施太重，就会酿成战战兢兢的紧张气氛，势必妨碍选择行为的自由。要避免这类弊端，应该引进刑法谦抑观念，尽量采取非刑事的制裁手段，尽量采取间接惩罚和弹性惩罚的方式。

在这个意义上，浙江省司法机关充分运用严格区分企业集资类案件中罪与非罪的界限，正确处理刑民交叉问题的法庭技术，慎重办理因资金链断裂引发的集资类刑事案件，不轻易动用刑罚，诸如此类的提法和做法都是比较稳妥的。

总之，禁止违法经营活动，绝不姑息经济犯罪，在上述前提下对犯罪与非罪、刑事与民事、单一化制裁与多样化制裁等进行合法的利益权衡和概念计算，这才是现阶段在经济刑法领域对“制动器”进行调节的题中应有之义。

载《财经》总第229期

第四部分

吹响新世纪的“法螺”

“铁腕”执政功与过

原江苏省副省长仇和调到云南省任职，其敢作敢为的风格，给当今中国的官场增添了生趣。

下车伊始，仇和就说：“我到昆明工作，人地两疏，和大家无亲无故；从未共事过，与大家无恨无怨；只身一人，无牵无挂；所以，工作必定能无恃无畏。”——这样个性鲜明的履新感言，充分展示了此人难能可贵的激情和干才。但不经意间，也掠过几丝若隐若现的虚无主义阴影。尤其是其治山疏水、改天换地的惯用手法，与全民招商的彻底市场化倾向紧密结合在一起，再次引起激烈争议。如何理解和评价所谓“仇和现象”，其实是个不容回避的政治问题。

倡导一种超常规的经济发展观，用威权和重典来提高施政效率，在相当程度上无视甚至封压反对意见——这就是仇和的基本思路。在2008年春节后在昆明经济动员大会上，仇和明确表示，要继续“倡导这样一种风气：先干不争论、先试不议论、先做不评论，允许在探索中有失误、不允许无所作为，在干中积累经验、在干中完善政策”。（见《人民日报》2008年2月19日第10版）从知行之辩的角度来看，这种立场可以理解为某种实践优先论。但从政治学的角度来看，不妨看作16世纪的博丹式绝对主权说的新翻版，表现出挣脱传统观念和抵抗势力的束缚的魄力。

但是，不理会异议的实践要持续下去，迟早还得证明自身的正当性——除了全心为公的德行，特别是需要用实践的结果来检验是否正确。从而其必然具有强烈的功绩指向，也希望不断赢得群众的响亮喝彩或者欢呼声作为动力。因此，强势的改革派领袖在行为方式上势必呈现如下特征：以迅雷不及掩耳的霹雳手段推行特定政策或新举措，以看得见、摸得着的成就来化解既得利益集团以及保守势力的抵制。达成目标之前则往往借助于舆论的声威，在把民间口碑作为盾牌，从外部施压去推动失灵的官僚机器的这一系列操作过程中，执政者当然要重视形象塑造，也多半会通过从严治吏、任贤亲民的各种方式争取社会各界的好感和支持。

其结果，"形象政治"和"舆论政治"的因素将被注入行政机构中，逐步造成有魅力的领袖人物不必依靠科层制组织而可以直接动员人民的超常规的态势。社会心理学的逻辑决定了这样不倚赖官僚集团的执政者一定会显得特别值得倚赖，于是，支配者的个人绝对权威就自然而然地树立起来。

这样一锤定音的状况，岂不是很像卡尔·施米特所描述的那种决断主义？的确，施米特的学说在本质上极其接近超常规的经济发展观，他认为主权者的决断不能从常规中推导出来，故尔构成"真正意义上的决断"。（卡尔·施米特《政治的概念》，刘宗坤等译，上海人民出版社，2004 年，第 5 页）

由此可以推想，在地方行政首长也能做出类似决断的场合，博丹、施米特们所定义的那种主权，实际上是被分割或者下放了。一个巨型金字塔结构被自上而下划分为许多小的金字塔结构，它们相互之间存在竞争与合作的互动关系——这正是"放权"式改革的本质所在。

当中央集权的整体结构还没有发生本质性改变时，要调动地方的积极性，要避免下级官员采取"等、看、靠"的明哲保身术，不得不容许一些能吏们享有较大的自由裁量幅度。这就是所谓试错范围，也构成可开拓的事业空间，或者制度变迁的回旋余地。实际上，倘若各地执政者都具有超越科层制的决策力和行动力，尽管存在失序的某些风险，但精减中间环节、缓和规制的构想或许也会变得比较容易落实，客观上有利于社会系统朝"分权"和民主化的方向转型以及跳跃式发展。

例如仇和发明的那个行政改革"三分法"，让公务员的三分之一轮岗招商、三分之一离职创业、三分之一继续管理，虽然颇有点唐突和滑稽，并难免出现若干种让人诟病的问题，但也的确给政府机构裁剪和疏散冗员提供了多样化出路。另外，执政者与群众的直接沟通也有可能为意见市场的发育以及行政透明度的提高，准备某些前提条件。

尽管如此，还是不得不指出，铁腕执政在带来令人刮目相看的绩效的同时，也会带来压迫和反抗的潜在危机，应该认真考虑曲突徙薪之策。显而易见，强行拆迁后建设高楼大道既然着眼于公众利益，就应该尊重公众意见，并对那些本来不属于公共事务范畴的个人价值偏好、独特的生活方式以及各类私产给予充分的尊重和保护。

以此为背景，现代的“分工”原理被扭曲成各行各业层层压指标的“包工”措施，公务员制度也不断受到一时一地的政局和舆论的冲击。更重要的是，在一呼百诺的氛围里，难以形成有效的事先预防失误和及时矫正偏颇的民主法治机制，也不可能阻止类似张居正人亡政息那样的历史悲剧反复上演。地方官员当中的等而下之者，还会变得只热衷于作秀演戏，最终造成某种形式的“剧场政治”——执政者们竞相通过堂皇的面子工程、一刹那的精彩表现以及脍炙人口的妙语去取悦上司、糊弄群众。

应该承认“仇和现象”确实还是很有些不同凡响，确实有扫荡衙门暮气之效。然而过去的成功却并不能担保将来的正确，引进工程更代替不了振兴产业。必须清醒地认识到，随着中国社会日益复杂化、流动化、国际化，仅靠领导拍脑袋的决策方式和政府刮风暴的管理手段，已经越来越不能应付裕如。尤其是在办事节奏加快、政治周期缩短的语境中，国家的中长期发展战略以及社会的根本利益很难得到充分的、周密的统筹兼顾，“一言堂”太容易铸成事与愿违的大错。

因而在进行重大决策之际，我们有充分的理由要求把专家论证会（服从科学规律）和公民听证会（尊重个人权利）作为仇和们大刀阔斧的行动的两道安全阀，以避免再次出现一失足成千古恨的结局。

载《财经》总第208期

法学理论创新与中国的软实力

——对法律与社会研究的重新定位

今天应邀到上海交通大学法学院讲演，非常高兴。首先向郑成良院长以及有关的学术界同仁表示由衷的谢意。

大家都知道，上海交大的前身南洋公学在1896年成立时，标榜的宗旨是培养“专攻政治家之学”的新型管理人才，满足外交、产业、宪政以及社会文化事业的现代化需要。我们的老校长蔡元培先生曾经在这里开办特班，从1901年开始培养法制现代化所需要的人才。虽然后来大学的建制几经变迁，主要以工科蜚声海内外，但到21世纪初，已经回归盛宣怀们建校时的初衷，完成了综合性大学的布局，并且正在向世界一流大学的宏伟目标迈进。创办不久的法学院也开始奋起直追，形势颇有可观之处。

我到这里来当然不是做旁观者，还希望自己能有所贡献。首先就法学理论的研究与教育问题谈些初步看法，与各位交流和磋商。如果有不妥之处，欢迎批评指正。

一、引言：中国法学理论界的郁闷和彷徨

不得不承认，在有关部门强调职业法律人的培养、法律院系的在校学生普遍关注司法考试的背景下，当前的中国法学理论显得有些郁闷。

尽管2005年以来围绕“向何处去”的设问，曾经展开过一场颇热闹的讨论。然而时过境迁，不仅所谓法学的理想图景依然在虚无飘缈之中，连发展的主流方向也还没有确定，至少是还没有形成必要的基本共识。在大学教育体系中，受实用主义和功利

主义思潮的冲击，法学理论本身的定位正在发生变化，有些动摇。在司法考试热不断升温之际，学术研究者却感到某种“荷戟独彷徊”的苍凉正在袭来。毋庸讳言，中国法学理论界正濒临着严重的衰退危机。

一旦强调职业化和法庭技艺，是否就必然导致法学理论的重要性下降呢？回答是否定的。实际上，通常被视为职业化教育模范的美国法学院虽然一直具有特别强的实务指向，但是，自从1870年兰德尔（C. C. Langdell）导入案例教学法之后，法律职业教育的重点从业务训练转移到原理传授，为纯学术性研究保留了巨大空间，同时也保留了高度评价理论创新的长远视点。也就是说，在美国法学教育模式下的实用主义，并没有囿于日常业务上的短期行为，而是从百年大计的角度认识法学理论的作用，非常重视制度建设的理论基础，并通过严谨的法学理论体系来确保法律实务界的各种活动经得起正当性论证的检验。

何况采取成文法体系的国家，尤其是处在大规模编纂法典时期的非西方的发展中国家，更需要发现制度内在的各种原理及其相互关系作为立法的依据，更需要借鉴世界各国的法学思想和制度设计方案，也更需要通过推动纯学术性研究来实现观念创新，因而或多或少总会形成法学理论的相对于实务的优势。明治维新以后的日本就是一个很好的实例。正如比较法学家北川善太郎教授所描述的那样，是大规模的“学说继受”以及在此基础上的选择和创造性发展决定了“法典继受”的结局。

站在这样的立场来看，现阶段的中国正面对体制转型的时代任务，不能缺乏高屋建瓴的气度，而应该创立某种把21世纪的中国与亚洲复兴乃至500年世界文明变迁都纳入射程之内的宏观分析框架，同时也很有必要在比较权衡不同思路的基础上描绘和改进法律秩序的蓝图以及具体的制度设计方案。如果上述判断不错，那么法学理论本来应该在立法和司法的实践发挥指导性作用，受到实务界和社会的充分重视。

但令人感到遗憾的是，我们的法学理论研究现状与上述期待相去甚远。我们的学术成果更像一种印象派艺术。无论是法哲学、法社会学还是法解释学都还没有发展出成熟的学问体系、多样化的流派以及富于洞察力和说服力的科学创见，更没有充分渗透到立法政策和判决理由之中，理论研究者的角色基本上还是限定在大学的课堂里。做学问的书生们在实务界的境况有时颇像唐代伟大诗人杜甫所描写的那样：“残杯与冷炙，到处潜悲辛。”（《奉赠韦左丞丈》）为什么会出现这样的状况？除了法律实务界的认识欠缺外，我们还应该对法学理论研究的方法和内容进行认真的自我反思。

在相当程度上也不妨认为，正因为课堂法学与法律实践基本上是脱节的，正因为理论没有实现真正意义上的推陈出新，所以中国的立法和司法的实务活动中的正当化论证显得很不充分，甚至会出现明显的漏洞和矛盾，造成像许霆案判决那样从无期徒刑到5年有期徒刑的大幅度摇摆现象，造成自由裁量权与舆论压力直接对峙的局面。在这样的状况里，现行法律制度始终无法树立令人信服的权威，规范的实效只能过度地依赖强制力。结果是进一步加深了法学理论无济于事的观念，并迫使法学理论也不得不跟着强制性权力的指挥棒来翩跹起舞。

由此可见，让中国法学理论界感到郁闷和彷徨的最主要原因是：国家机关在行使权力时往往忽视法理上的正当性论证，而这往往很容易引起法理的正当性危机，又迫使法学理论不得不硬着头皮在按照既定方针去勉强地应对和进行善后处理。

鉴于上述各种问题，我们还不妨进一步做出判断：如何真正预防和克服法律秩序的正当性危机，这就是中国法学理论的时代使命，也是中国法学理论自身通过百家争鸣来回避衰退、迈向繁荣的一个重要的转折点。

二、全球化时代的软实力竞争与法学理论

在主权成为传统文化的坚固屏障的时代，法律秩序的正当性危机即使发生，它的波及范围也仅限于内政。但是，到21世纪初中国加入WTO接受全球化洗礼之后，法律秩序的好坏成为国际竞争的焦点之一，直接影响到综合国力的评估结果。综合国力包括硬实力和软实力这两个方面，后者与法学理论有着更直接的关系。在一定意义上也可以说，法律秩序正当性的危机就是软实力匮乏的危机。

众所周知，“软实力”概念是由哈佛大学肯尼迪政府学院的约瑟夫·奈（Joseph S. Nye，Jr.）教授在1990年首先提出，并在2004年出版的专著中加以洗练和铺陈，形成体系化的学说。软实力主要表现为国际政治中某个国家展现的不同层面的文化和政治上的魅力、信息正确所带来的声誉以及普遍性价值观的影响。类似的想法还可以在安东尼奥·葛兰西（Antonio Gramsci）以国内政治为主要对象提出的“文化主导权”（cultural hegemony）学说中找到。上古中国孟子提倡的王道论，指陈霸者黩武的局限性，强调以德服人的意义，并兼顾国际政治和国内政治这两个方面，与软实力和文化

主导权的思想也有些灵犀相通之处。

在改革开放时代，即 1978—2008 年这 30 年期间，中国硬实力的增长是很快的。据 2007 年的统计数据，中国出口总额已经仅次于美国和德国，而国内生产总值也接近世界第三位；轿车销售量在最近 5 年增长 3 倍，成为世界第二大轿车市场；外汇储备在最近两年倍增，已经超过 1.5 万亿美元，居世界第一位。尽管存在能源和环境这两大瓶颈，也存在可能发生金融危机的担忧，但中国经济增长势头依然很强劲，并且可望再持续一段时期。载人宇宙飞船和月球探测器的成功发射还显示中国在某些领域的科学技术水准已经取得世界领先地位。另外，最近 5 年财政收入年均增长 22%，国防开支年均增长大 16%，政府在国内外实现政策目标的实效有了明显的提高。总之，在经济、科技以及军事等主要方面，中国的硬实力迅速增强，已经让世界刮目相看。

但是，目前中国在信息流通、思想创新、各种文化的吸引力以及意识形态的普遍性影响方面，仍然存在这样或那样的缺陷，进步比较缓慢，与硬实力的上述辉煌成就相比显得很不相称。尽管最近几年中国的海外形象有些改善，甚至国际社会还出现了对“儒学复兴”以及“北京共识”的关注和赞扬之声，在国内强调民生与和谐也赢得群众支持。但从整体上看，客观地说，中国的软实力依然还比较薄弱。尤其是在制度竞争中落后太远，尚未取得娴熟运用国际通行的现有游戏规则获胜的明显优势，也还没有展示某种真正得到公民广泛认同并具有国际感召力的秩序范式。

软实力的外延和内涵都很广泛，我们需要聚焦到法学理论上，集中讨论某些最关键的规范因素。虽然约瑟夫·奈教授认为软实力是不可管理和控制的，但他同时也承认国家政策本身对软实力的消长能产生相当程度的甚至是直接的影响。因此，有必要从法学的角度，特别是从法律与政治、法律与社会的角度来观察、思考以及解决软实力问题。在把软实力概念引进法学理论研究领域之际，无论如何都有一个关键词不容回避，这就是“权威”（authority），即令人信服、尊重以及自觉遵从的威望、声誉、地位或者力量。

权威以自发、感召以及正确为特征，不等同于带有政治强制性的权力（power），不妨理解为一种软实力。只有被认为具备充分正当性的权力才称得上具备权威。因此，权威与正当性论证之间存在着密切的关联。由此可以推断，以限制权力、实现正义为目标的法治秩序的基础或者本质存在于权威之中。在这个意义上，牛津大学法哲学讲座的约瑟夫·拉兹（Joseph Raz）教授提出“作为权威的法律”（Law as Authority）的观点，是很中肯的。有充分权威的法律不必借助赤裸裸的强制手段去取得实效，因而可以构成软实力的重要组成部分。

三、以拉兹命题为线索探讨中国制度设计的得失

既然权威与软实力之间存在密切的关联，那么我们有必要深入考察一下拉兹关于法律的权威性的主张，并且借助他提供的分析框架来讨论中国法律的权威性问题。

拉兹继承了英国分析实证主义法学传统，与此同时，他还把视角扩展到政治哲学领域。这样兼顾政法两方面的可操作性的理论体系适合作为我们探索中国法学走向的出发点和参照物。根据拉兹的分析（详见深田三德编译《作为权威的法——法理学论集》，劲草书房，1994 年），人们之所以自觉或不自觉地服从权威，是因为具有权威的主体具备一些必不可少的条件，其中有三项最重要。

第一，按照权威的指示采取行动并不是因为权威发出命令，而是因为另外存在应该采取这种行动的理由。服从命令的行为是一回事，应该这样行为是另一回事，这两个不同层面的理由之间存在互相依赖的关系。也就是说，权威的约束力依赖于被约束者认为妥当的其他理由，依赖于正当化论证。作为权威的软实力的这种属性，用拉兹的术语来表达，就是“依赖命题”（dependence thesis）。

但是，如果所有的命令在付诸执行之际都要不断进行正当化论证，都要反复给个说法，都要征得被约束者的理解和同意，就势必出现争执不下、自以为是的局面，权威也就变得没有意义了。因此，第二个条件就是，人们不应该都按照自己认为妥当的理由采取行动，而应该服从权威。采取如此自觉遵循的态度倒不是出于道德的召唤，而是出于理性的权衡。因为只有这样才有可能更好地按照被约束者认为妥当的理由去行动，才有可能真正实现那个妥当的理由，这就是权威通常具有正当性的根据。拉兹的这一主张被概括为“通常正当化命题”（normal justification thesis）。

换个角度来看，权威要求或命令某种行为的事实本身就构成行为的理由，这个理由可以取代其他理由，使得其他与行为相关的各种理由都不必再一一提出和论证。于是拉兹就此向我们提示了“先取理由命题”（preemptive reason thesis），构成服从权威的第三个条件。这个条件有些把权威绝对化的意味，未必总是能得到大多数人的赞同，

也不无继续推敲的余地，还在一定程度上与第二命题交叉重叠。

所以我们不妨把权威确立的条件限定在最容易达成共识的前两项上，即依赖命题和通常正当化命题。站在这样的立场来观察中国法律秩序的基本原理，可以发现传统的制度设计是符合“依赖命题”的。例如孔子提出的“有耻且格”原则以及更早出现的“德主刑辅”构思，在强调政统之外的道统、法律秩序之上的道德秩序的方面，显示出很强的正当性期待，使得服从行为的理由与选择行为的理由形成了互相依赖的关系。

但是，这种把道德当成行为理由的依赖状态，表现为修身、齐家、治国、平天下的连续流体，其中个人的价值判断与整体的价值判断、道德伦理与法律规范是难以区别的，以公私不分为特征。在这里，不存在按照个人良心进行自由选择的独立空间以及由此产生的价值差异性。权威只是作为共有价值的体现者或者道德模范而存在，因而很难与价值多元化以及非道德领域的公共事务并行不悖。可以说，在“依赖命题”的意义上，中国的正当化理由是与道德或者特定的价值观密不可分的，不利于超越不同价值观的藩篱而推广和普及。

儒家思想中的“和而不同”原则固然有包容差异的倾向，值得高度评价和宣扬。但这里的和谐基本上建立在寻求互让、妥协、平衡的动态上，“和谐”与否的判断标准难以给出明确的定义，也很难在不同价值观之间达成共识。例如对名誉毁损的侵权行为的态度，德国人倾向于决斗，美国人倾向于请求赔偿，中国人倾向于公开道歉乃至以德报怨，还有韩信能忍胯下之辱的历史美谈。不同是确实的，但哪种方式更有利于和谐却未必能够给出明快的结论。因此，侧重因地随时而可变的情理的那种“和而不同”原则本身，还是不足以为价值观多元化的社会（包括国内社会和国际社会）提供确定的、稳固的、客观的、制度化的共存框架。

就具体纠纷的解决而言，为了实现“和而不同”的理想境界，中国传统的制度设计思路是加强道德议论，把道德话语引进法律推理的过程中，尽量让法律决定在当事人理解和承认的基础上做出，容许败诉方事后翻悔和提出判决无效的主张，强调通过和解或调解解决纠纷，等等。其本质是用流动的、特殊的“情境伦理”来修正整体的价值判断，造成人们按照自以为妥当的或满意的理由采取任意行为的状态，也造成无视权威的守法困境（例如许霆案件的宏观层面和微观层面都可以看到这样的困境）。

社会学研究的成果证明：满足与价值虽然有重叠之处，但在本质上是完全不同的。

当事人满足了，并不等于实现了妥当价值。反过来，获得的价值很高，也未必就能让人满足（许霆的辩护律师让委托人知道满足，虽然在权利法理的层面存在问题，但这句大实话揭示了价值与满足未必对应，甚至有可能成反比的关系）。这就势必导致所谓“通常正当化命题”的削弱甚至消失。为了克服这样一人一是非的混乱，回避无法做出决定的困境，国家不得不经常动用强制性权力。结果只能是让权力去压倒权威，让硬实力取代软实力。

以温柔愿望开始、以强硬手段告终——这就是在中国常见的软实力悖论。要避免硬实力迷思等事态的发生，就一味强调让每个人按照自己的正义感觉进行判断和行为，这在情感上和经验上都是可以理解的。但是，真要推行这样的主张，就很容易再次出现一盘散沙的结局，恐怕最终难免招致“以其昏昏，使人昭昭”之讥。

为什么这么说？因为中国的传统法律秩序中本来就存在一种方法论上的个人主义，即具体的规范性判断以个人的主观满足度或者感觉为标准，互惠性的社会交换以及暂行的情境伦理成为社会结构的基础。在这样的前提条件下，加上既没有像西欧那样的普遍性教会组织提供凝聚力，又没有像日本那样的集体主义总体性画地为牢，因此只有基于儒家思想的共同信念而形成的浓密的人际关系、道德人格的评价尺度以及非常强势的国家权力才能维护社会结构的平衡和稳定。倘若这些制约因素一旦发生变化，中国式的方法论上个人主义将无法合成一个公共领域。反过来说，在这样的状态里，往往容易出现越强调个人自由，反倒越不能改变公共事务的管理方式的悖论。理由很简单，在公私不分、私德本位的社会背景下，个人自由的放任必然导致分节性结构的分崩离析，诱发公共性危机，并为行使强制性权力的决断提供依据。

鉴于这样独特的国情，我认为对中国社会体制转型而言更适当的思维方式是：在结合“先取理由命题”与“通常正当化命题”的基础上，进一步发展拉兹的权威学说，强调严格的法治精神对防止权力膨胀或个体游散的决定性意义。换言之，在价值观和利益诉求多元化的状态下，存在着复数的选项，很难就是非得失迅速达成共识。这时，为了协调不同因素之间的关系和解决矛盾，首先决定其中一个选项作为标准，让大多数人遵循这种决定或规则，比反复讨论究竟哪一种决定或规则是正确的将显得更加重要。

四、宪政的基本原理与正义的判断标准

实际上，这样的主张不仅是针对中国的特殊国情，也还可以在更普遍的意义上进行论证。在考虑彻底化的个人自由和通过讨价还价形成秩序的时候，有两个问题是无从回避的。一个问题是行动规则的本质应该如何把握？另一个问题是人与人之间沟通的过程以什么为构成单位？这两个问题的回答，都不得不超越单纯个人自由的范畴，需要在博弈理论之类的行为科学里另外增加些其他层面的因素（包括文化遗传基因以及外在的制度条件），势必把互动关系的共同基础也纳入视野之中。

例如诺姆·乔姆斯基（Noam Chomsky）所说的普遍性语法结构（syntactic structure），就是一种共有基础。这个概念意味着人们的心灵存在与生俱来的结构，导致对事物的认识存在共识以及无法克服的局限性。在这样的理论前提下再来考虑个人之间的平等的自由以及基于自由的社会秩序生成，那么就不难理解，要回避不同价值的冲突，必须在导入公共领域的概念——在决定公共事务时严格遵循法治原则和民主程序，但剩下的非公共事务完全付诸个人的自由选择，并且允许不同价值观和平共处。这正是宪政的基本原理。东京大学法学院的长谷部恭男教授一直强调，现代立宪主义的真髓不外乎国家只管公共事务，尽量为私人的价值取向以及各种不同的宗教或意识形态保留适当的自由空间。这样的见解很精辟。

在这里，最首要的问题是如何决定私人信仰和价值观之外的公共事务。当不同主张相持不下时，应该采取合理的程序先选定其中一种主张的标准作为行动规则，然后再进行协调处理。例如中国先推行市场化路线以提高效率，然后再通过累进课税制、消费税、消除歧视的优待政策、社会安全保障网等实现分配正义和平等原理，就是很好的实例。博弈理论在分析达成均衡（特别是复数最佳选择）的方式时提示的信念（Belief/Knowledge）与学习（Learning）的概念框架，表达的也是同样的道理。在这个意义上，法治应该先行，哪怕制度上还有不完备的地方。缺陷是可以在实践中弥补、纠正的。可以肯定地说，某种形态的法治是民主的前提，又反过来通过民主而改善。

对这种守法先行的主张，大概会有人提出反驳，并追问如果现行法律制度不符合正义怎么办。什么是正义？什么是合乎正义的法律？这样的问题其实很难简单地说明，即使提出答案，也会让人们感到玄虚。但是，对非正义的现象人们比较容易做出判断。一般人对实现正义不太积极，但对自己受到不公正的待遇却会非常敏感，常有抗议的动机。由此可以做出两点推论：

第一，要切实解决正义不正义的问题，必须容许人们有权抗议。抗议的日常化形态是言论自由、表达自由。抗议的非日常化形态是抵抗权，借用毛泽东的一句名言，就是“造反有理”。或者从法学角度略微修正一下，改成“有理造反”。为了防止抵抗权引起社会混乱甚至反复的动荡，那就必须促使政府及时纠正错误，因而必须加强答责制度，推动民主化改革以便通过制度化方式协调不同的利益诉求和思想主张。

第二，在既得利益受到侵害时比较容易产生不正义的感觉并引起抗议，所以把某种利益确定为权利的法律制度就构成矫正机制的前提条件。不言而喻，只有拥有权利并认识到这一点的人才会在遭遇侵权行为时提出抗议或诉讼。因此，先有法制，尔后才能出现合乎正义的法制。换言之，抗议要有的放矢，因而这个“的”当然不可能是事先完善的。现行法律制度尽管有些残缺不全，但不妨当作通往正义的出发点。

五、个人自由还原论是中国法学的一个美丽误区

拉兹所说的“先取理由命题”的范畴，从法哲学的观点来看，将导致一个涉及个人与国家之间关系的重要假设，即：个人的自主选择本身一般不能成为各个具体行为的自由的基础。行为自由的基础应该超越于单纯的个人选择自由。提倡法律程序论，也是出于同样的考虑。

可想而知，一个只对某个主体或者某个特殊语境具有妥当性的行为理由，未必能对其他主体或其他特殊语境具有同样的意义，也未必能成为社会整体的共同价值根据。何况仅靠个人之间的讨价还价和互惠性合约也未必能形成好的自主性秩序，因为力量对比关系和社会性权力会扭曲当事人的意志，基于私欲的结托也有可能牺牲他者和集体。真正能够广泛地承认和保障个人的具体行为自由的具有普遍性的自由，必须以能够通过普遍性的立法来广泛地制约各种具体行为自由为前提。概括成一个简单的公式，就是自由需要非自由的基础。否则，所谓软实力也就根本无从谈起，一切将取决于偶然的或者短暂的妥协。

我认为，现阶段中国法学理论面临的一个最大课题就是探讨和确定这种能保障自由的非自由条件，这样才能真正预防和克服法律秩序的正当性危机。实际上，片面强调每个人的具体行为自由或意志自由，是在回避政治问题以及法学理论的公共责任。其结果还很可能适得其反，招来更绝对的、更难以消除的不自由。法学理论应该特别关注的并不是对个人具体行为自由的直接保障，也不应该把通过私人之间讨价还价实现的那种具体的契约秩序绝对化，而应该在承认政府有权强制的前提下，通过正当化的原理、概念以及方法来划定合法强制的理由和边界。

这意味着法学理论应该更进一步重视和研究政府究竟是如何提供公共物品的问题。只有这样才能真正向社会提供某种言之成理、行之有效的理想图景，才能对持有不同价值观的人们产生说服力或者感召力。

六、应该把权利和程序视为公共物品

关于社会行为的囚徒困境论也已经证明，利害攸关的个人分别独立判断和采取利益最大化的合理行为，并不能导致对各方或者整体都是利益最大化的合理选择。要跳出这样的困境，必须加强当事人之间的沟通和协调。但是，当利害攸关者人数太多时，沟通和协调都将变得非常困难，当事人的谈判成本也不断增大，仅规定个人权利并促进维权的交涉未必能有效地解决问题。例如环境权就有可能因为谈判成本而变得形同虚设。因此，在谈判成本太大的场合，不得不通过政府提供公共物品的方式来解决问题。这恰恰是片面强调个人的自主谈判以及具体的互惠性合约的学说的一个重大盲点。

不得不指出，彻底的市场化，或者按照市场原理主义的标准进行全面的结构改造，并不一定能在所有方面都降低成本、提高效率，有时甚至还会付出牺牲平等和正义的惨重代价。如果没有体现这些超越性价值的法律制度作为保障，市场机制本身就会遭到扭曲，更何谈由市场代替政府来提供公共物品。因此，如果法学理论也奉行市场至上、自由至上的主张，势必滑落到法律无用的陷阱里不能自拔。法学理论的立足点应该是围绕个人权利和平等自由的公共性。

把权利、程序以及正义理解为公共物品，就意味着这些规范构成物不能通过非正式的讨价还价随意进行私下处理，相反，个人有充分的根据向政府提出诉求，而政府则有义务为之提供制度化的保障。与此同时，政府也可以通过民主决策的方式迫使特殊的个体利益向普遍的整体公共利益让步，避免某个或者某些利益集团的跋扈。公共物品的观点意识到市场本身的局限性，所以不回避对国家性权力和社会性权力的承认。但这决不是像很多人误解尼克拉斯·卢曼（Niklas Luhmann）理论时批评的那样——只注重社会系统而轻视作为主体的个人及其行为自由。这样的指责是不能接受的。实际上，只有在政府提供公共物品的前提下，才能追求税务和财政的制度合理化、分配正义以及国家机关的公平立场；只有在适当确立公共性制度条件、防止政府向个人转嫁责任之后才能更切实地保障个人自由。显然，在这里我们更应该强调的是系统与主体、法律秩序与个人自由之间的互动过程以及相应的机制设计。这也正是法律程序论的本意。

七、公共秩序的调整问题与法社会学

不言而喻，强调法律的公共物品视角，并不等于主张一种独立于个人之间互动过程之外的客观的、甚至先验的正当性标准。否则就很容易导致特定价值观的垄断状态，或者真的犯下那种只见系统不见主体的错误。我正是基于这样的考虑，才特别指出个人自由与法律秩序之间互动过程的重要性。与此相应的机制设计就是把民主政治与程序正义结合起来。这种机制设计的前提是利益和价值观的多元化，而它的目标是尽量排除对决策的垄断，以便公平地协调不同诉求和意见，整合各种差异。也只有通过这样的机制设计实现利益和价值观的兼容并包，某一国家的公共物品才有可能转换成国际社会的公共物品，才有可能真正构成这个国家的软实力。

从拉兹的法哲学理论的角度来看，这就是所谓“调整问题”（coordination problem）。从政治学的角度来看，这就是让不同利益都能派出代表或者直接参与决策或者民主协商的问题。总之属于多数人之间为了多数人都关心的公共事务进行相互作用的状态有序化的范畴。在这里最重要的构成因素是多数人的行动规则以及各种各样的交涉过程，是一切社会科学都必须面对和研究的客观对象。一般而言，法律规范本身不适合进行社会科学研究，也无法验证其真理性。因此，法律学不是社会科学的一个门类。但根据法律的调整以及对法律的调整却是的。因此，当我们试图把握和解决法律上的“调整问题”时，社会科学、尤其是社会学的方法就有了充分的用武之地。按照法律规则调整不同的社会关系离不开法社会学的说明。

显而易见，法哲学和法解释学主要研究的是价值观和行动规则本身，而法社会学主要研究的是秩序的现象、经验以及规范体系的运作机制和功能。前者侧重应用法律的睿智和技艺，后者侧重理解法律的各种来龙去脉。前者为法律职业提供内部的评价尺度，后者则提供外部的评价尺度。法律体系必须保持独立的、自洽的姿态，但却不可能脱离社会完全自成一体。在很多情况下，法律的某些部分是镶嵌在社会之中的，并留下相关的社会印记。因此，为了更妥当地适用法律，确保具体规范的实际效力，使判决收到更好的社会效果，就有必要关注法律与社会之间的关系，在一定的社会背景下考察制度的运作。尤其是在现有的法律规定不足以回应现实需求、应该发展和创新的场合，法社会学的重要性就会更进一步凸显出来。

八、从法社会学的视角考察软实力

与软实力相关的守法，主要体现为对规范的承认、拥护、遵从以及自觉维护，哪怕其具体内容和导致的结果并不符合行为人自身的利益或意见。但要达到这样不必动员或依赖强制手段就可以制约行为的程度，必须让行为人承认制度以及秩序整体的正当性和权威。凡是拥有较强软实力的体制，都会得到公民的信赖和支持，并在一定条件得到其他国家的理解、尊重乃至仿效。不难想象，在这里，人们对体制的公平性的体验非常重要。在反复观察和经历不公正现象并形成根深蒂固的抵触情绪的场合，正当性和权威就会分崩离析。

因此，法律制度的软实力是可以通过社会科学的经验性研究来确认和分析的。例如通过心理学实验比较不同程序设计符合正义的程度，或者通过问卷调查了解人们对规范的态度和评价，或者通过不同方法测试人们对刑罚或赔偿金额的适当性的感觉，考察法律制度在社会中的实际功能。在司法很重视舆论反应的中国，这样的调查研究对实务界是有用的，也会产生明显的影响。另外，对习惯法的收集、整理、归纳、体系化以及理论加工也是法社会学的重要任务，对立法和司法实务以及与亚洲新秩序或者法学新范式相关的制度设计都具有现实意义。

在强调职业训练的法学院，最重要的教育内容当然是法律条文以及相应的制度。但是，法律解释学的各种概念、命题、原理以及推理方式过于抽象化，往往与日常生活以及公民的正义感产生隔膜，甚至会在某些方面出现相背离的事态。这就需要通过研究法律与社会之间关系的经验性学科加以弥补。因此，广义上的法解释学与法社会学可以看作法学院教育的双轮。法解释学在这里的外延很宽，包括各部门法的规范分析、不同国家或地区的法律体系的比较、法律思想上的基本原理的探讨、制度变迁的历史以及学说谱系的考察等等。同样，法社会学也不限于经验性研究、习惯法调查以及归纳性的理论范式创新，还包括法与经济学、法心理学、信息网络社会的法律现象以及维权运动等。这两大基本学科的结合点是临床教育或者诊所教育。在这样的安排下，法学院的实务训练以及整个法学理论将更注重规范与事实、制度与文化之间关系的协调性，使法律的制定和运用更能回应社会的需求。只有这样，法律体系以及法学理论才能逐步树立权威、提高信誉，国家秩序才能摆脱软实力匮乏的困境。

九、也在法社会学视野里的非政府的公共性

正如前面已经指出的那样，法学理论应该更进一步重视和研究政府究竟是如何提供公共物品的问题，只有这样才能真正向社会提供某种言之成理、行之有效的理想图景，才能对持有不同价值观的人们产生说服力或者感召力。但是，从法社会学的角度来看，公共性的界定不应该、也不可能仅仅是政府的专权事项，甚至不应该让政府占据优先地位。在要求政府对公共物品负责时，其实已经包含了个人或者民间群体与政府之间的互动关系。因此，公共物品是指一切个人或团体共同关心的对象、共同享有的法益。公共性的内容不能为政府垄断，而必须向社会公开。

基于以上认识，作为公共物品的权利、程序以及其他规范构成物必须是开放性的，只有这样才能适应价值观多元化和跨越国界的社会现实。正如齐美尔（Georg Simmel）在专著《社会学》考察“社会圈的交错”时指出的那样，当不同属性的人格以不同方式自由结合在一起并且协调相互的活动，从而形成以客观的形式和组织构成的多种多样的社会圈时，公共性才能充分发达。在这里，个人通过自由选择形成适当的共同体秩序，反过来这种共同体秩序以及各种非政府组织或非营利组织又能更好地实现个人

的自由选择，避免原子化状态造成的个人无力感以及秩序瓦解。显而易见，法社会学更倾向于把社会系统和法律制度看成通过个人之间互动的沟通行为而形成的话语建筑物，并认为只有这样的法律与社会才能发扬公共精神，才具有充分的软实力。

十、结论：在法律与社会的互动中进行理论创新

在考虑中国软实力问题时，还有必要回顾自17世纪开始的西方与中国之间的若即若离的思想对话。实际上，从伏尔泰和莱布尼茨对中国哲学和政治的赞美，到孟德斯鸠和韦伯对中国官僚制度和法律的批判，都为我们理解和反思自己的文化传统提供了重要的参照物或线索，闪烁着跨越时空的智慧之光，是进行理论创新的极其可贵的资源和素材。虽然这场对话中断过很多次，也中断了很久，但在今天已经具备了重新启动和深化的条件。一般而言，只有对立物的遭遇和碰撞才能激发出新思想的火花，只有思维方式的变化才能引起制度的改革和发展。因而我们应该更积极地促进中西方之间全面的、深入的对话。

这里特别值得一提的是德国早期启蒙运动的领袖克里斯奇安·沃尔夫（Christian Wolff）在1721年作的关于中国实践哲学的讲演。正是这次触犯宗教界的讲演导致他以卸任校长之身被驱逐出哈雷大学的悲剧，也促使他毅然把讲演的内容进行整理加工后在1726年出版发行。根据日本学者五来欣造、堀池信夫以及我的朋友东北大学哲学系的石川文康教授的考据和分析，沃尔夫对中国秩序的理解有两大支柱，即宇宙和谐论与充足理由律，特别强调古代中国人把充足理由律的逻辑思维适用于道德的特征。

基于对异域的开放心态展开的这种论述虽然或多或少也含有某些自我心理投射的成分，有时只不过是夫子自道、借题发挥而已。但沃尔夫以及与他同时代的欧洲学人们基于中国趣味进行的研究的确揭示了一个很重要的观点：中国文明与西方现代文明的最重要的衔接部位在实践哲学，而当代法学理论正在关注一个焦点正是主体之间互动关系里的实践理性——例如约瑟夫·拉兹的第二本专著《实践理性与规范》以及于尔根·哈贝马斯（Jürgen Habermas）的巨著《在事实与规范之间——关于法律和民主法治国的商谈理论》可以作为代表性标志。

如果我们也能采取像莱布尼茨、沃尔夫那样的开放心态，抱着强烈的好奇心和诚

意去深入探索和把握异域的思想、文化以及和制度设计，同时借助他者这面镜子反照自己、重新发现自己的价值以及可以普遍化的秩序原理，并且把盖然性的制度逻辑发展成确实性的制度逻辑，那么在不久的将来中国的法学理论就一定会别开生面，逐步确立起某种与21世纪的亚洲和世界格局相适应的社会机制以及法律范式。作为这种话语建筑物的国家体制也将会展现出可以超越疆界的普遍性魅力和感化功能。只有到那时，我们才能充满自信地面对世界，高声宣告中国已经实现和平崛起。

正是为了实现这样一个梦想，中国维新运动的先驱们在1895年到1898年的三年多的时间里接连设立了北洋西学堂、南洋公学以及京师大学堂三所新式教育机关，从此举国上下掀起了现代化的风潮。也正是为了实现这样一个梦想，在百余来年之后的今天，我们聚集在这里共同探讨中国法学继往开来的可能性以及法治在国家发展中的作用。

为了实现上述梦想，显然，一所大学的法学院不仅是职业训练的基地，还应该成为理论创新的摇篮。中国进行法学理论创新的前提条件是：既要大量引进外国现代法治的各种先进学说，也要深入考察本国的社会实践经验，并促进调查、思考与意见之间的不断反馈。由此可见我们需要有一个在各种反馈和互动中创造新的法学理论的平台，需要设立一个中国与亚洲乃至世界各国研究者之间就未来的规则和秩序进行对话的论坛。但愿上海交通大学法学院能够承担起这样的时代使命。

谢谢各位！

以法治指数为鉴

中国长期实施经济计划制度，近年来又按照社会系统工程的思路在各领域推行目标管理模式，例如检查审判质量的一系列标准。因此人们对拟订指标的作业并不陌生。但是，要在全球范围内确定关于“法治”（Rule of Law）的具体指数，并在2008年“世界正义工程”（The World Justice Project，简称WJP）的全球会议上正式颁布，作为进行国际比较和评价的尺度，还属于前所未有的创举，很值得关注。

从1997年9月12日起，“建设社会主义法治国家”已经成为中国共产党执政的基本方针。根据此设想，目标是在2010年以前形成有特色的法律体系，并落实依法行政的原则。即将召开的十七大，也将继续坚持法治方略，加大制度改革的力度。因此，对于世界法治指数的标准如何确立、包括什么内容、怎样产生效力等一系列问题，中国不应只作“壁上观”。

建立一套法治指数的主要意义，不妨概括为以下几个方面：（1）对不同社会体制和文化进行比较分析，（2）为改造权力结构提供更清晰的蓝图，以及（3）使法治建设的具体举措和绩效的评价趋于统一化。

第一个方面的经典范例，首推德国社会学家韦伯（Max Weber）。他在考察西欧现代文明的特征之际列举了大量事项，例如具有普遍真理性的科学、罗马法以及严密的法律学概念和思考方式、高度洗练的和声音乐、体系化的学术和专业知识、作为现代国家以及国民经济支柱的技术官僚、定期选举议员的国会，等等。

在韦伯的理论框架里，仅就国家秩序而言，最本质的特征包括法治秩序、科层制、领土内的强制管辖权以及对正当暴力的垄断。其中法治秩序的主要指标是科层制行政活动的持续性、客观性、权责分明、等级化监控、严格区别公与私的关系、禁止官职的买卖和继承、公务员人格独立、专业化，等等。

关于设定改革目标的第二个方面意义，在1962年至1972年期间的“法与现代化”或“法与发展运动”中得到充分的反映。例如美国法学家葛兰特（Marc Galanter）在他的著名论文《法的现代化》一文中，提出了三大范畴十一个项目作为确定改革方向的指标。

特鲁贝克（David M. Trubek）则强调了在混合经济体制下对管理经济的法律与涉及经济的法律加以区别的重要性，把意图的明确性和规定的特殊性作为主要的判断标准。到20世纪90年代，“新的法与发展运动”则把重点转向全球化市场的要求和人权观念，开始摸索新的法治指数标准。

第二次世界大战以后曾经引领法学理论潮流的富勒（Lon L. Fuller），在吸取纳粹政权下法治失败的教训之余，提出了法治正当性的根据为法制的内在道德或者“程序性自然法”的命题。在《法律的道德性》这本代表作中，富勒提出了法制内在道德的如下八项指标，作为检验和改进规范秩序的圭臬，即：一般性、公布和公开、尽量不溯及既往、明晰、没有自相矛盾、现实可行、稳定、国家权力依法行事。在他看来，法制的实质目的是把公民的行为置于规则的支配之下，为此必须满足内在道德的各种基本条件，因而也就应该承认甚至促进目的与上述指标之间的互动。

第三个方面的具体内容虽然很难与制度比较研究以及改革目标模式截然分开，但是，在全球化的背景下，面对以WTO贸易体制和通讯网络为客观基础的世界法治秩序构想，促进规范和标准的统一化确实还是具有某种独立的意义。

众所周知，出于评估投资风险的需要，世界银行早就建立了关于“善治”（good governance）的指标体系，包括表达和信息公开、可问责程度、政治稳定性、行政效率、管理质量、法治、腐败控制力等范畴。其中，法治涉及经济活动的制度化支撑以及纠纷解决，对普遍信用体系的维持，这些对跨国企业、金融市场的发展都至关重要，因此，应该使有关指标进一步精确化。

在确立判断尺度之际，首先必须界定“法治”的概念含义。按照世界银行的定义和测量方针，法治的本质在于人民究竟在何种程度上信任和遵守该国的正式规则，这些规则是否公平和能否预期，财产权怎样得到保障。因此，主要的衡量指标应该包括犯罪发生率、司法的效率和可计测性，以及契约履行的状况。这些项目都不可或缺，但还是过于简单，尤其是难以体现制度设计的得失高下。

鉴于这类问题，可以说“世界正义工程”的体系化和细则化作业是顺理成章、合乎时宜的。审视其法治指数试行方案的已有评价项目可以发现，这里关于“法治”的工作定义贯穿了四项基本原则：政府的自律和他律的均衡、立法的公平（开放安定）和公开（通俗易懂）的均衡、不偏不倚的司法过程中的权利与责任的均衡、独立自主的法律人群体的能力与道德的均衡。

如果再提炼一下，相关的制度化主要需要在如下三个层面展开：即公正的程序安排（特别是限制政府权力的宪政设计）、妥当的行为规范（特别是保障个人权利的民主化决策）以及德才兼备的职业担纲者（特别是整合多种规范的共识性技艺）。为了能在全世界推广统一的法治指标，世界正义工程扩展了评价的范围，并使衡量尺度更富于弹性。例如不仅考察书面规则，也留意实际中的规则；把相关的非正式制度也纳入对正式的法律系统进行审查的射程之中；最大限度增强对法治进行评价尺度的国际兼容性。

在考虑是否需要制订或承认法治指标体系以及怎样进行制度绩效的评价等问题时，我们固然要看到数量指标的相对性以及各国的特殊情况，但不能忽视以下事实：按照世界银行的法治标准和打分方法进行衡量，在国民收入水准处于中下阶段的各国中，中国内地的法治成就在2004年已经超过平均水准，颇有可观之处。但也不得不指出，事实上，中国内地的法治成就近年来在某些方面较之前还有所退步。而东亚的五个国家和地区（新加坡、日本、中国香港特区、中国台湾地区以及韩国），2005年时其法治成就便在世界范围内名列前茅。这意味着法治在中国内地具有紧迫的必要性和现实可行性。

载《财经》总第196期

以个案评价机制防止司法腐败

伴随着百年难遇的金融海啸，中国司法界在2008年惩处的经济犯罪大案，也多与金融风险管理有关。例如，6月上旬银行和证券业的重镇王益被隔离审查，当月下旬法院又对张荣坤等人的操纵证券市场罪、欺诈发行债券罪、抽逃出资罪作出终审判决；到11月，骗贷的首富黄光裕刚收监，保险业巨子关国亮又走上被告席，等等。

虽然仅凭这些针对个案的举措并不足以防止金融危机的发生，但的确就症结所在敲响了几记警钟，对那些以权力创造信用、误导投资的行径以及相应的大量泡沫化现象或多或少有些抑制效果。

实际上，在遏阻经济悖德行为和结构性腐败方面，即便是高层审判机构，也并没有构成一道必要的防火墙。最高人民法院原副院长黄松有涉案而被“双规”的惊人消息，就是明证。等而下之的，还有广东省高级法院原执行局长兼副巡视员杨贤才等一群司法要员；还有北京市西城区法院原党组书记、院长郭生贵，在2008年10月底以受贿贪污等罪名被判处死缓；还有商务部条法司巡视员郭京毅与律师勾结渔利的重大情节渐次浮出水面，诸如此类不一而足。监察官员、律师乃至大法官接连变成被告的非常事态，意味着究竟谁审判谁也还要打个大问号，意味着制度化处理的最后手段、最高审级也已经在相当程度上失效，意味着判决书的大量泡沫化和正义理念的贬值。

倘若司法救济无指望，究竟会导致什么样的社会状态？有两个以身试法的人已经提供了很明确的答案，即：（1）国失信于民，则民也无信而不立——这就是周正龙“华南虎假照风波”的启示。一桩并不复杂的案件的真相至今仍然笼罩在五里雾中的事实本身，足以“立此存照”了。（2）国不能以理服民，则民也视暴力为有理——这就是“杨佳杀警案”发出的告诫。无论造假的官民共谋，抑或复仇的自力救济，都有酿成法律秩序的正当性危机之虞，让人不敢掉以轻心。

由此可见，审判机构正在成为中国维护稳定、推进改革的一个社会焦点。但是，司法腐败却正在使渐进的制度变迁失去其关键性的支点。那么怎样才能有效地防止司法腐败、重建审判机构的威信？

从1998年开始，有关当局进行很多探索，采取很多措施，其中也包括人大代表个案监督制以及群众的舆论监督，大都效果不彰，有些做法还引起更激烈的争议，带来更多的弊端。综观各种主张和事端，造成司法腐败的根本原因在于裁量权过大、程序公正原则被践踏、事实认定和法律适用的过程没有透明化。要比较彻底地消除这些原因，就应该改进制度设计，并把诱明化、遵守程序以及限制权力恣意的规范贯彻到每个案件的审理活动之中。

我们真正需求的究竟是什么样的制度设计？依个人浅见，与其不断追加各种审判监督举措以至于叠床架屋，毋宁采取切实手段尽早完善判例评释制度。只要让所有判决都阐明理由并公开发表、编纂成册，让法律人以及学者都能站在独立的立场上、从专业的角度对判决进行详尽的解说和公开批评，就可以收到让司法腐败釜底抽薪的治本效果，也可以减少对审判人员和案件进行个别监督的制度成本。因为日常化的判例评释活动很容易让违法审判以及制裁畸轻畸重的问题统统暴露在光天化日之下，任凭行家里手对个案判决进行反复的推敲和置疑，从而也就便于利用现在的再审制度或其他方式加以纠正，并酿成司法者都各自审慎行事的良好氛围。

正是基于这样的认识，法学界有必要大力提倡判例研究，并力争尽早创办一份由学者主持的、独立自主的、有权威性的判例评论杂志。应该采取一些切实有效的措施鼓励研究生和青年学者发表判例的解说和批评，承认有关成果具备不逊了学术论文的价值，相信这样做对法学研究和司法实务的改观都会产生较深远的影响。

鉴于判例研究成果的积累和效果的渗透都需要时间，为了加快相关制度变迁的速度，可以考虑首先建立“法律人网上个案评价系统”，以收立竿见影之效。

初步设想是让法官、检察官、律师以及法学研究者自愿报名进入这个系统，凭成员名称和密码对个案审理情况进行打分、投票以及讨论的活动。评价对象分为两人部分，即针对法官和检察官的职能行为与针对不同门类重要诉讼案件的判决书。在起步阶段，应该采取学者倡议、律师响应的方式。对于学者而言，这本身就构成研究活动的一部分，并可以获得丰富而生动的素材。对于律师而言，接受或阅读判决之际总有自己的意见一吐为快。实际上，最容易实行、也最富于成效的当是律师和法学研究者对法官进行评价，因为有法庭旁听制、判决书等作为评价的具体对象，有败诉方律师的不满和不服作为动机和诱因。只要自愿参加的律师达到一定规模，或者只要得到律师协会的支持，个案评价系统一定可以逐步有效运作起来。

这种网上评价系统的长处是由法律人从内行的角度对个案进行打分或评论，既能落到实处，又能避免缺乏专业知识的妄评以及情绪化抵制等冈素的不良影响。具体评价的阅览范围仅限于法律人共同体内部，有利于加强团结、批评、互相监督以及在此基础上达成新的团结的氛同，也可以防止直接冲击司法机关的威信。但不同于法院、检察院现有的内部评价制度，网上打分补充了外部评价、第三者监督以及“过程—结果”透明化的优点，从而可以在相当程度上防止对法官、检察官个人的诬告、不明不白的处分等缺陷。这个系统还将人幅度降低监督成本，提高自净和自律的效率。

当然，网上个案评价系统也有一定的局限性，需要其他制度的配合和补充。例如从中发现的程序瑕疵、权限滥用以及规范违背等各种错误必须逐一坚决纠止，绝不苟且或姑息。否则，个案评价的机制就会形同虚设，甚至蜕变成一个像凯恩斯《就业、利息与货币通论》的“选美”（beauty contest）博弈原理所描述的那种趋同陷阱，最终导致法律与审判的“大恐慌”。

载《财经》总第 227 期

中国律师事务所的经济基础和社会作用

——对2007年问卷调查数据的初步分析以及中日比较

引言和答谢词

为了在市场化和法制化的背景下考察当今中国律师的地位、作用以及相关因素的影响，我利用所属大学的研究经费资助项目，在2007年2—3月期间（调查数据资料的截止日期是2007年3月31日）对8个具有代表性的省、直辖市律师事务所的组织条件和经济基础进行了问卷调查。先后总共发放了1674份问卷，获得1337份有效答案，回收率是88.5%。

这是在中国首次以学术研究为目的进行的关于法律服务市场的大规模专题性学术调查，有关数据可以与司法部和律师协会的一些统计资料互补。该项目的实施得到全国律协、调查对象地区律协、《中国律师》杂志社的大力支持和帮助。调查数据的输入利统计处理是委托清华大学法学院赵晓力副教授及其研究团队（包括社会学系的王竞和法学院的杨睿、余娉、张鑫、刘涌、李韦、汪诗源、吴婧媛、谢永林、濮志娇、王娜妹、汤玉、王宁、李陶等）进行的。借此机会我向有关人士（特别是在问卷发放、回收以及统计处理等方面承担组织和协调重任的邢五一女士和赵晓力博士）表示由衷的感谢。

出于对调查结果进行深入的比较分析的需要，神户大学市场化社会法动态学研究中心和浙江大学光华法学院在2007年10月7日联合举办了一次国际论坛，邀请中国（包括台湾）与日本的一些著名法学者和资深律师参加研讨并发言。在这里，特向东京大学法学院名誉教授六本佳平先生，中国台湾理律法律事务所执行长陈文先生，主办单位负责人铿村志郎教授、月村太郎教授，中国协办单位负责人孙笑侠教授、林俐女士，以及学界的齐海滨教授、张志铭教授、林来梵教授、李建勇教授、徐昕教授、翁国民教授、李楯教授、赵晓力副教授、王冠玺副教授、丁利副教授、李学尧副教授、刘思达博士研究员，实务界的王隽律师、史建三律师、赵守华律师、章靖中律师、陈舒律师等再次致意。

这篇文章试图对该调查的部分数据进行非常初步的分析，展示当前法律服务业的某些特征和基本趋势。更详细的、全面的数据整理和解读还需等待后续作业。

一、调查问卷的内容和理论假说

为了与日本以及其他尔亚国家的状况进行比较，2007年律师事务所调查的问卷设计以日本辩护士联合会（日辩联）在六本佳平教授指导下分别于1980年利1990年进行的两次调查为范本，并根据中国的实际情况进行了适当的调整、修改以及增删，由6大部分和44道具体问题构成。基于该项调查的宗旨以及数据分析的需要，我对问题涉及的主要因素及其相互关系进行了梳理和模式化，建立了一个工具型框架（如图1所示）。在这里，问卷的各项内容都作为营利动机与正义动机以及行会、市场、客户以及法制等四个基本指向的分枝来把握和整理，概括为16种主要类型。

在通过这样的框架分析律师事务所的微观生态之前，有必要根据司法部和全国律协的历年统计资料以及新闻报道（省略注释）概观抽样母体的宏观状况。从中可以发现如下基本的趋势：(1) 从1993年开始，全国的开业律师和律师事务所都增长迅猛。在1994—2005年期间，专职律师的人数从将近4万1千人增加到11万4千多人，长了三倍，占总数的94%。与此相应，兼职律师从2万多人减少到7千多人。在同一期间，律师事务所的数量从6千多家增加到1万2千多家，但国营所以及合作制所的数字不断减少；私营性质的事务所从1194家增加到8862家（其中个人所264家，其余为合

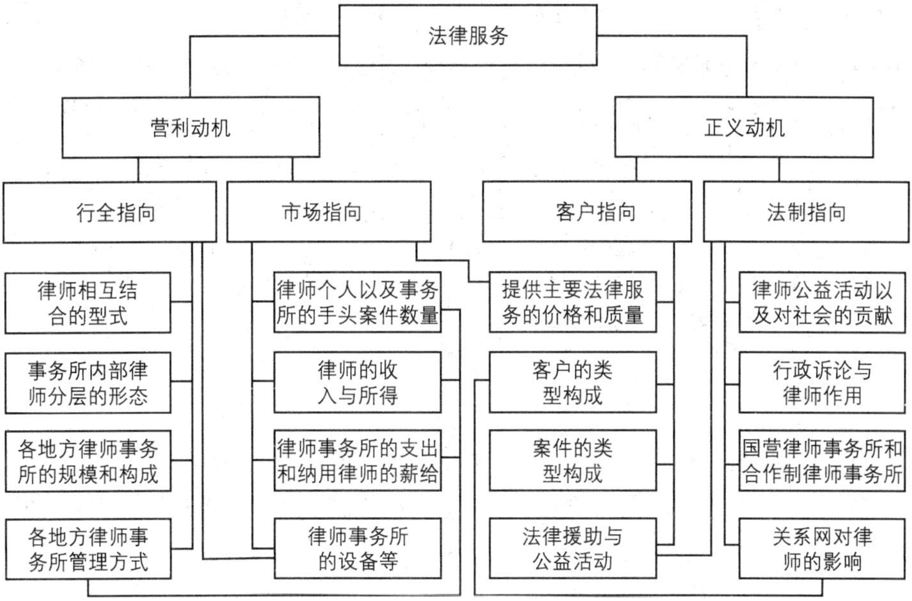

图 1　中国法律服务业调查的要素分析框架

伙制所），大约长了 8 倍。现在的构成是公营所和私营所三七开。（2）律师利事务所在地区分布上的集中化正在加剧。根据全国律协 2002 年度分析报告的数据，22% 的律师利 18% 的事务所分布在北京、上海、广州这三大城市。但作为经济中心的上海律师和事务所只占总数的 5%，小于预期。据报道，在 2002 年后的 5 年间，地方律师向北京、上海、广州流动的规模和速度都在增长，每年迁往首都开业的律师达到一两千人之多。（3）从法律职业构成上看，尽管律师和事务所增长很快，但当今中国的律师与法官的比例仍然极其特异，与世界上其他国家完全不同。法官与律师的比例是 2.5∶1，法官多，律师少。加上检察官，那么司法官员与律师的比例就是 4∶1，为当事人服务、离民众最近的律师的力量非常单薄。

以上述各种现象为背景，我为这次问卷调查提出了如下理论假说：因为律师和事务所增长太快，所以法律服务的市场发展是不平衡的，竞争的激化和混乱是难免的。在 1993 年司法部把律师事务所定义为第三产业和社会服务业之后，在律师以及事务所之间存在着的业务竞争势必表面化并趋于尖锐。因此，如何预防和处理与同行激烈竞争相关的各种问题就成为今后律师制度改革和发展的重要任务。中国自 1997 年起容许律师事务所自由决定相当大部分的收费标准，2004 年又开始承认律师广告，这些举措有可能在律师界助长法律商业主义倾向。处于这样的状态，也许律师法第 42 条规定的法律援助义务就构成了捍卫法律职业主义的最重要的堡垒或者象征。因此有必要了解律师办理法律援助案件以及其他公益活动的实际情形，并就公益性指向（包括维护正义和权利的动机和活动）设问。

二、律师事务所的规模与专业分工之间的关系

根据 2007 年中国法律服务业调查的统计结果，现阶段律师事务所的规模构成是这样的：由 1—8 名律师组成的小所占 37.9%。9—16 名律师的事务所占 34.9%，17—24 名律师的占 12.1%，25 名律师以上的占 15.1%（见表 1）。

表 1　调查对象律师事务所的人数构成（2007）

1—8 人：501（37.9%）	9—16 人：462（34.9%）
17—24 人：160（12.1%）	25—32 人：87（6.6%）
33—40 人：40（3.0%）	41—48 人：20（1.5%）
49—56 人：19（1.4%）	57—64 人：10（0.8%）
65—72 人：9（0.7%）	73—80 人：3（0.2%）
81—88 人：4（0.3%）	89—96 人：3（0.2%）
97—104 人：1（0.1%）	105—112 人：1（0.1%）
121—128 人：1（0.1%）	145—152 人：1（0.1%）
177—181 人：1（0.1%）	

显而易见，与日本 1990 年调查的数据相比较，中国律师事务所的规模是比较大的。在日本，1—9 名律师组成的小所占事务所总数的 96.7%，其中只有 1 名律师的个人所占事务所总数的 55.7%（见表 2）。中国律师事务所共同化的程度与改造国营所的制度变迁路径和鼓励合作制的立法政策不无关系，客观上有利于专业分工的发展。但是，如果没有真正推行律师共有事务所的合伙制，仅停留在律师共有办公楼的“大拼盘”，那就很容易诱发管理困境，也未必会促进分工关系的发展。

表2 日本调查对象律师事务所的人数构成

1980年	1人：50.2%	2人：21.3%	3—5人：19.4%	6—9人：8.8%	10人以上：2.2%
1990年	1人：55.7%	2人：18.4%	3—5人：17.6%	6—9人：5.0%	10人以上：3.3%

注：日本调查数据的出处是日本辩护士联合会辩护业业务对策委员会编《日本的法律事务所——关于律师业务经济基础实况的调查报告》，晓星出版社，1988年，30页；以及《自由与正义》杂志临时增刊第42卷第13号16页。参阅六本佳平《日本与日本礼会》，刘银良译，中国政法大学出版社，2006年，142页。本书中其他关于日本律师的数据也引自这两次问卷调查。

影响专业化分工合作的一个重要因素是律师受理的案件数。如果人均业务量太小，竞争压力势必增大，律师不得不有求必应、薄利多销，因此无力顾及专业化的要求。但如果人均业务量太大，很可能无暇在特定的分工围内精益求精，结果还是不能跳出贪多图快的窠臼。据全国律协2002年度分析报告的数据，当时每位律师平均办案数是65件。只要对比日辩联在1990年调查结果（人均办案数是35件），中国律师的人均案件数是日本的两倍。根据2007年问卷调查，中国大约29%的合伙人的手头案件数超过21件（详见表3）。这意味着中国的律师之间竞争还未达到非常激烈的程度，也表明现阶段法律服务还未达到少而精的水准。

表3 各调查对象地区的律师事务所手头案件数的具体构成（2007）

［与2002年度全国律师事务所平均手头案件数的比较：8836255/10674＝827.83（6467件/每个律师）］

案件数＼地域	回答者的手头案件数（分为10个阶段罗列）										合计
	3以下	3—4	5—6	7—8	9—10	11—15	16—20	21—30	31—60	60以上	
北京	38	23	21	30	23	43	33	21	13	20	265
上海	35	29	71	42	27	21	11	17	12	9	274
广州	17	11	7	14	19	26	14	14	19	25	166
吉林	15	5	12	4	8	11	11	12	8	9	95
浙江	25	12	10	7	3	17	11	11	12	18	126
青海	0	0	1	0	1	1	2	3	2	4	14
江苏	2	3	4	2	8	2	2	6	4	10	43
山东	33	15	25	15	19	33	31	39	47	31	288
合计	165 (13.0%)	98 (7.7%)	151 (11.9%)	114 (9.0%)	108 (8.5%)	154 (12.1%)	115 (9.0%)	123 (9.7%)	117 (9.2%)	126 (9.9%)	1271 (100.0%)

三、在案件构成上反映出来的法务市场特征

表4展现了中国现阶段律师事务所代理民、刑两大类型案件的比例关系，刑事案件占总数的29%，民事（包括商事经济案件）案件占71%。但是在日本，刑事案什的比率只占10%，而民事案们占90%。可见法制上重刑轻民的倾向对律师业务的影响仍然存在。

表4　律师事务所在法律服务不同领域中的手头案件总数和比率（2007）

	案件的具体类型	案件数	百分比
刑事案件	国家指定的辩护	307	28.35%
	当事人委托的辩护等	776	71.65%
	合计	1083	100.00%
民事以及商事经济案件	非诉讼代理	807	29.70%
	民事、商事、经济诉讼的代理	1025	37.73%
	准司法代理	434	15.97%
	共他纠纷的代理	451	17.00%
	合计	2717	100.00%

在刑事诉讼辩护方面，国家指定辩护的案件占28%，个人委托的案件占72%。

在民事服务方面，民事诉讼代理案件的比率在中国是37.73%。在日本，1980年的数据是77.7%，1990年的数据是56.5%，都大幅度高于中国。在这个意义上，日本律师的民事服务是以诉讼为中心的，而中国律师的经济中介功能更强。

另外，在对律师的个人属性与案件数之间关系进行初步分析后可以发现，由于律师制度恢复和发展的历史还不长，无论在刑事领域还是在民事领域，中国律师最为活跃的年龄层首推30岁段，其次是40岁段，再次是20岁段。与日本的40岁段、50岁段、60岁段的排序相比，显得很年轻。需要补充说明的是，30岁到40岁之间的年龄段的办案数在民事案件方面尤其突出，相比较而言刑事案件办得不太多。

四、客户、报酬以及律师事务所的管理方式

2007年调查数据显示，在不同地区，从人均案件规模上反映出来的中国律师事务所的客户构成存在着很有趣的差异（见图2）。北京是政府部门最集中的地方，但北京律师事务所的客户中政府部门占的比重是最小的，大企业和个人的比重相对较大。在浙江的律师事务所客户构成中，企业（无论是中小企业，还是大企业）占的比重是最大的，这与当地经济发展的基本特征是相吻合的；其中面向民间企业的法务究竟如何，很值得进一步调查和探讨。山东的情形很有意思，政府、大企业以及个人形成三足鼎立的格局，中小企业的比重也不低——不同属性的客户的分布显得很均匀，法律服务是全方位的。从整体上看，上海的低调出乎意料，与作为经济首都的地位不太相称；在主要客户的比重上，大企业客户略微突出。需要特意说明的是，由于中小企业数量庞大，对法律服务的需求也较大，所以相关案件的绝对值明显高于其他客户的委托。

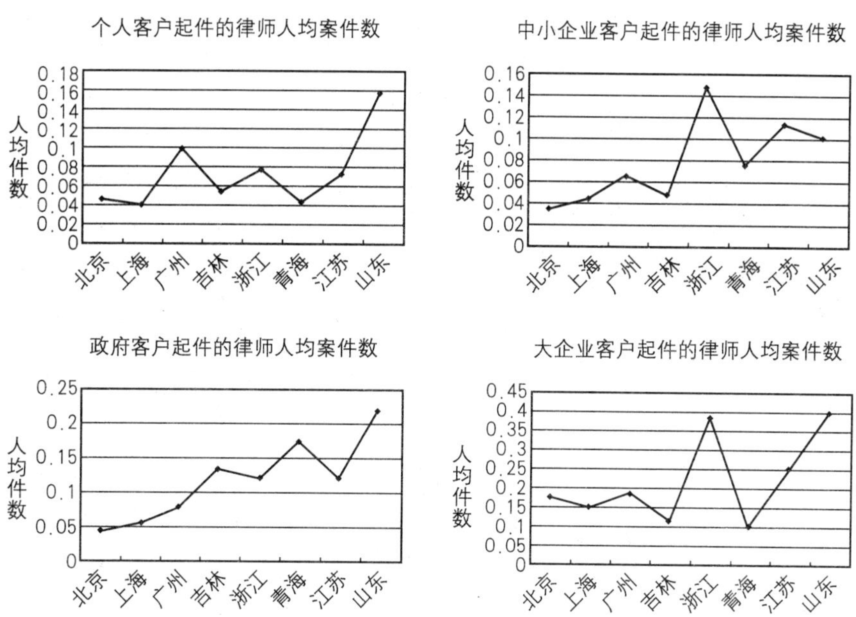

图2　不同地方律师事务所的客户构成

从报酬的角度来看，存在着律师个人收入的分布较均匀，但个人所得悬殊较大的基本特征（见图3）。造成这种状况的主要原因可能是事务所经营方式以及报酬制度的不同，但也很难排除计算口径不统一引起问题的可能性。就调查显示的绝对值而言，年度人均收入在5万元以下的占21.8%，5万—10万元的占20.8%，10万—15万元的占8.3%，15万元以上的占31.3%，中位数是10万元，比全国律协统计的2002年人均5.47万元收入高出很多。但扣除各项开支后的人均所得为负数的竟占25.9%——即使考虑计算误差，也不得不承认，这样的数据意味着律师之间的贫富悬殊非常突出，很多事务所的收益仅能勉强维持生存。

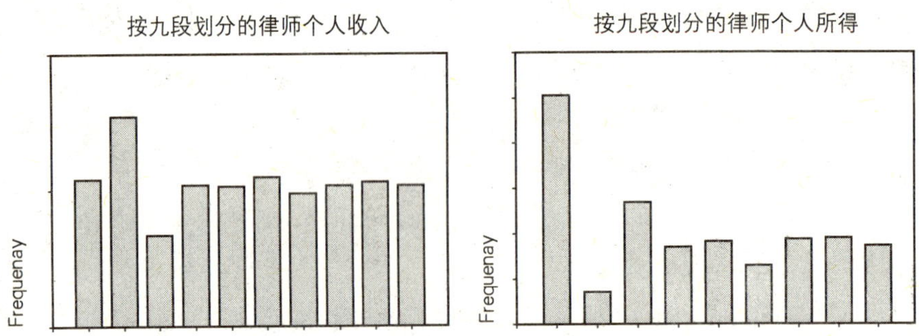

图3　律师的个人收入和所得（货币单位：10000元）

律师（特别是地方律师和青年律师）的所得低到出乎意料的程度，对于吸引优秀人才是不利的，长此以往将招致法律服务业的衰退。在平均所得低于一般公务员和公司白领职员的场合，律师的境况实际上更糟，因为他们没有享受退职金、奖金、福利保障的权利。因此，有必要未雨绸缪，及时考虑相应的救济和养老保险制度。

比较不同省市的调查数据能够清楚地看到律师个人收入与所得的地区差距（图4）。

仅就人均收入的中位数而言，例如北京是126.9万元、广州是96.1万元、浙江是56.3万元、山东是36.6万元、上海是31.9万元，其余地区因取样的数字较小这里暂且忽略不计。不妨与全国律协的2002年统计数据进行比较，当时律师人均收入在北京是27.1万元、上海是13.7万元、浙江是5.7万元、山东是3.7万元。统计结果表明，实际上律师总收入的60%和总所得的31%都集中在北京，但这种倾斜度与律师人数的集中化程度还没有构成适当对应的比例。因此可以推测，在今后相当长的一段时期，地方律师向北京迁徙和开业地点集中化的趋势将日益明显和强劲，除非法律服务市场的格局发生变动或者出台限制性政策。

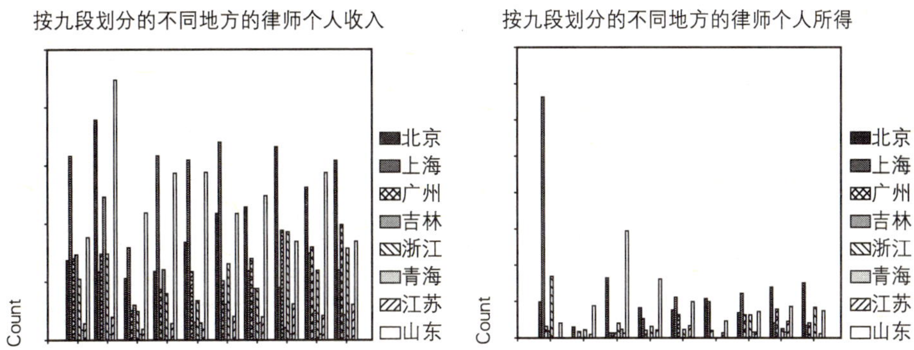

图 4　不同地方的律师个人收入和个人所得（货币单位：10000 元）

2007 年问卷调查结果显示，不同地区律师人均所得数据的特异之处在于上海律师入不敷出的亏损现象极其严重。同样的问题在全国律协 2002 统计数据中就已经出现。这种状态或许与事务所的管理方式和激励机制有关，无论如何都值得深入分析其原因。

表 5 排列出了不同地方聘用律师接受业务和分配收入的不同方式及其分布状况。从这里的数据可以看出，显然广州、上海、浙江的聘用律师享有更大限度的自由，更有利于调动工作的积极性，也更难以准确地把握实际的收入水准。相比较而言，山东、江苏、青海的事务所管理方式则更严格。

另外，从不同地区聘用律师的薪给方式来看（见表 6），北京和广州有更多的律师事务所只允许聘用律师获取固定工资。在这些事务所，律师的成层化程度或许更高，内部分工关系以及组织性或许更强，青年律师面临的工作和生活压力或许更大。

关于不同地区法律服务市场的竞争程度以及律师的主观感受可以从表 7 获得判断的若干依据或线索。值得注意的是，上海的律师中有 13.7% 的人没有感到太大的竞争压力，居调查对象各地之首。其次是吉林，将近 7% 的律师没有明显地意识到竞争压力。这两个地区的业界生态、事务所的组织模式以及律师的分工关系究竟如何，是个饶有趣味的分析课题。

表5　不同地方聘用律师接受业务和分配收入的方式

业务分配的类型 / 地域	聘用律师在事务所分配的工作之外是否能够直接受理案件？				合计
	既能够直接受理案件也能够获取一切业务收入	既能够直接受理案件也能够获取部分业务收入	完全不能直接受理案件及收入	其他	
北京	10（4.2%）	141（59.2%）	81（34.0%）	6（2.5%）	238（100%）
上海	10（3.8%）	211（79.9%）	42（15.9%）	1（0.4%）	264（100%）
广州	9（5.6%）	102（63.4%）	46（28.6%）	4（2.5%）	161（100%）
吉林	2（2.5%）	43（53.1%）	34（42.0%）	2（2.5%）	81（100%）
浙江	5（4.1%）	85（70.2%）	29（24.0%）	2（1.7%）	121（100%）
青海	0（0.0%）	8（61.5%）	5（38.5%）	0（0.0%）	13（100%）
江苏	2（4.7%）	20（46.5%）	17（39.5%）	4（9.3%）	43（100%）
山东	11（4.0%）	110（40.4%）	141（51.8%）	10（3.7%）	272（100%）
合计	49（4.1%）	720（60.4%）	395（33.1%）	29（2.4%）	1193（100.0%）

表6　不同地方聘用律师的薪给方式

薪给的类型 / 地域	聘用律师从事务所获取所得的各种型式				合计
	只有固定工资	固定工资加办案提成	只有办案提成	其他	
北京	60（25.1%）	75（31.4%）	95（39.7%）	9（3.8%）	239（100%）
上海	18（6.7%）	185（69.0%）	63（23.5%）	2（0.7%）	268（100%）
广州	36（22.4%）	57（35.4%）	64（39.8%）	4（2.5%）	161（100%）
吉林	3（3.7%）	7（8.6%）	66（81.5%）	5（6.2%）	81（100%）
浙江	4（3.3%）	27（22.5%）	87（72.5%）	2（1.7%）	120（100%）
青海	0（0.0%）	0（0.0%）	13（92.9%）	1（7.1%）	14（100%）
江苏	0（0.0%）	15（34.1%）	24（54.5%）	5（11.4%）	44（100%）
山东	21（8.0%）	96（36.4%）	141（53.4%）	6（2.3%）	264（100%）
合计	142（11.9%）	462（38.8%）	553（46.4%）	34（2.9%）	1191（100.0%）

表7　不同地方的律师感受的竞争压力

工作压力 / 地域名称	你在多大程度上感到律师之间竞争的工作压力?				合计
	每天感到竞争的压力	有时感到竞争的压力	基本上没有感到竞争的压力	其他	
北京	184（68.7%）	75（28.0%）	7（2.6%）	2（0.7%）	268（100%）
上海	142（51.3%）	97（35.0%）	38（13.7%）	0（0.0%）	277（100%）
广州	119（71.3%）	43（25.7%）	5（3.0%）	0（0.0%）	167（100%）
吉林	49（48.5%）	41（40.6%）	7（6.9%）	4（4.0%）	101（100%）
浙江	79（63.7%）	38（30.6%）	7（5.6%）	0（0.0%）	124（100%）
青海	10（76.9%）	3（23.1%）	0（0.0%）	0（0.0%）	13（100%）
江苏	32（77.4%）	11（25.6%）	0（0.0%）	0（0.0%）	43（100%）
山东	199（70.3%）	68（24.0%）	16（5.7%）	0（0.0%）	283（100%）
合计	814（63.8%）	376（29.5%）	80（6.2%）	6（0.5%）	1276（100.0%）

五、从公益活动的视角观察法律职业的理想与现实

这次问卷调查的结果表明，尽管1996年律师法规定了法律援助的义务条款，仍然有大约过半数（从没有回答相关问题的律师的比率高达52.4%的事实推断）的律师事务所没有从事公益活动；而在已经进行了法律援助的事务所中，一个年度里办理法律援助案件不到5件的比率达到82.9%（见表8）。

大多数法律援助案件（据本问卷调查的统计，占总数的68.1%）是由多位合伙人中的一位合伙人办理的。聘用律师在公益性活动中比较消极（一年只办一件法律援助案的聘用律师占40.9%）。

除法律援助之外，在政治生活中扮演积极的角色也是律师公益活动的重要内容。接受问卷调查的律师中，担任人民代表的占3.1%，政协委员占6.2%，维权团体代表的占6.2%，社会团体职员占4.6%。另外，还有2.9%的律师兼任大学教授。值得注意的是，参与立法活动的人民代表中律师的人数太少，不利于通过专业化、制度化的渠道把公民个人或群众的利益诉求转写到制度框架之中。

从调查数据中还可以看到法律职业主义意识的现状。有56%的律师认为优质服务是稳定收入的最重要因素，50%的律师特别强调丰富的专业知识的作用。对于把业务活动的立足点放在扩大人际关系网方面的做法持否定态度的回答占76.9%，反对利用

法院、检察院中熟人赢利的意见达92.2%。通过这些数据，可以看到大多数律师正在努力摆脱暗盘交易、潜规则等的不良影响。尽管如此，还是有一部分律师在从事法律服务以外的中介活动；对于7.3%的律师而言，为客户当掮客仍然是收入的主要来源。

六、若干初步结论

在包括法官、检察官以及律师在内的职业法律家群体当中，律师最接近公民个人，也最接近市场和社会。无论是经济的和谐发展，还是个人权益的保障，以及规范秩序的协调，律师都在其中发挥着极其重要的中介和有序化的作用。对2007年3月问卷调查的部分结果进行的初步分析表明，目前中国律师业存在“四化”趋势和“一对矛盾”，对法律服务市场的竞争状态影响甚大。

所谓“四化”，是指事务所“规模大型化”、律师“专业分工化”、法律服务的“地区集中化”以及职业收入和社会地位“等级分层化”。所谓“一对矛盾”，是指（1）问卷调查中反映出来的价值取向（对关系网、潜规则持否定态度，强调法律和专业知识的重要性）与实际行为方式（例如部分学者和实务界人士指出的律师养法官现象以及围绕交易成本的博弈和均衡等）之间的矛盾，以及（2）在不同业务领域和地区出现的供求关系极其不吻合的矛盾。

另外，在围绕2007年问卷调查进行讨论的杭州会议上，一些发言人指出目前中国律师业正面临两大挑战，不容掉以轻心。一项是“黑律师”大举介入法律服务市场的挑战。人们转向没有资格和职业团体的黑律师，除了对基层客户而言律师薪酬过高之类的成本问题外，也意味着正式制度失灵或者社会上存在对专业律师及其事务所的信任危机。另一项是全球化竞争的挑战。外国大型事务所在中国开展全面的法律服务，以高薪吸引优秀律师，对国内事务所的冲击是很深刻的。

不言而喻，这两大挑战的交汇点正是律师收入和服务质量。在这里，截然相反的利益诉求形成非常巨大的张力，推动我们到调查的各种相关数据中去寻找问题的根源与适当的对策，也促进我们根据实证分析的结果重新认识中国律师事务所现行的不同管理方式对收支状况以及信誉究竟存在什么样的影响。

载《中国律师》2008年第5期

表 8　律师公益服务案件数及其构成

件数 / 项目	1 2 3 4 5 6 7 8 9 10	11—15	16—20	21—25	26—30	31—50	51—176	Missing / 总计	总计
回答频度	196 176 86 31 39 11 12 16 3 12	19	17	5	4	7	3	700 / 637	1337
百分比	14. 7 13. 2 6. 4 2. 3 2. 9 0. 8 0. 9 1. 2 0. 2 0. 9	1. 4	1. 3	0. 4	0. 2	0. 5	0. 3	52. 4 / 47. 6	100. 0
有效的百分比	30. 8 27. 6 13. 5 4. 9 6. 1 1. 7 1. 9 2. 5 0. 5 1. 9	3. 0	2. 7	0. 9	0. 6	1. 2	0. 6	100. 0	
累计的百分比	30. 8 58. 4 71. 9 76. 8 87. 9 84. 6 86. 5 89. 0 89. 5 91. 4	91. 8—94. 3	95. 1—97. 0	97. 7—97. 8	99. 1—99. 4	98. 6—99. 5	99. 7—100. 0		

杂谈“有产政府”思路对税制的影响

前提条件：公共物品不能指望私人配置

任何社会都需要公共物品，比如国防军、治安警察、解决纠纷的司法制度、基本福利、社会保障，等等。因为公共物品的生产和供给大都无利可图，所以不能指望由私人来配置。即使有企业或民间组织热心公益和慈善事业，也未必能长期地、充分地、普遍公正地满足民众的需求。在这样的状况下，政府也只有政府才适合承担供应公共物品的使命。

关于税制设计的两条思路

谁都知道，馅饼是不会从天上掉下来的，公共物品也做不到免费供应。从生产到消费的整个过程，都会出现谁来承担其成本的问题。我认为，如何解决这个问题，实际上存在两种完全不同的思路。

一种是向公民征收税金，作为政府提供公共物品的财源，最基本的逻辑是羊毛出在羊身上：取之于民，用之于民。沿着这条思路走下去，即使有些曲折，最终会达到现代法治国家的目标。

在这里，显而易见，政府本身没有私心杂念非常重要。如果政府也有自己的产业和独特利益，那就很有可能假公济私、热衷于巧取豪夺。如果政府对某个社会集团偏心眼儿，那就很难保证在公共物品分配方面的公平。当然，要完全避免寻租活动或者政策性倾斜也不大可能。但是，可以通过适当的制度安排来尽量减少这样或那样的偏颇和错误。例如，承认私有财产权的不可侵犯性，通过立法程序决定征税项目和比率，使税金的用途透明化以便纳税人监督，等等。

另一种思路是政府自己也有生财之道，通过国营企业或者高利行业的经营特许权来克服财源不足的困难。用桑弘羊、王安石们的话来说，就是“民不加赋而国用饶”。毫无疑问，政府不可能实现彻底的自力更生，还是要征税的。这条思路只是在制度设计上不完全依赖于租税徭赋，不受制于从民间征收的金额而已。其好处是，假如一个富于远见卓识的国策目标不能立刻获得民众理解，自备财力的政府也有可能推行之、实现之。

“有产政府”所面临的特殊问题

独断专行因而获得较充分的物资条件，但危险也在此并存。为了避免这样的弊端，必须加强对国有资产的监管，并使权力剧增的国资委之类的机构本身也能够得到有效的制度化监管——例如贯彻信息公开原则，并使人民代表和常委的审议监督落到实处。

还有必要指出的问题是，一旦出现“有产政府”，就难免引发那种对与民争利的非议。如果政府的权力不受限制，事态还会恶化，从争利发展到侵权，甚至于完全垄断资金、劳动、利润以及产品交易。政府一旦觉得是凭自己的力量解决了国用之需，还会产生由公民购买行政服务之类的念头吗？还会考虑公共物品是否保质保量、财政再分配是否公正之类的问题吗？恐怕是不会的。相反，倒很容易产生一个误会：以为是政府出钱养活了百姓，人民应该对各种制度化的救济活动感恩戴德。

均富的本质：从“无产阶级的政府”到中立化的“无产政府”

按照我的理解，本来税金就是一个社会的公有资本，税制就是一个政府的公有设施。如果公有企业占优势，那么征税的意义就会下降，用税的方案也就基本上取决于政府的主观愿望。私人没有什么选择自由，与此同时，也不承担什么公共责任——不必纳税、也无从参与政治决策过程。反过来，政府如果基本上处于无产化的状态，征税而用的意义就变得非常大，向谁征收多少税金、为谁开支多少预算就是至关重要的大问题。在这个意义上，税法的发展显然是以“无产政府”的假设为出发点以及前提条件的。

什么叫“无产政府”？归根结底就是政府基本上放弃营利性活动，避免自己沦为一个独特的既得利益集团，迷失在熙熙攘攘中。与此相应的是天下人有恒产、有恒心，藏富于民。在这样的基础上，政府还应该在不同的利益集团之间最大限度保持不偏不倚的中立性，真正成为全体公民的代表。也就是说，政府无产化的目的在于税制中立化。而只有中立化的税制才能真正防止税负过重或者苦乐不均的问题，才能有效地避免公民生计和企业财务被税制所扭曲。

“为人民服务”的逻辑结论是纳税人雇用公仆

在外表上，政府不外乎有权强制公民服从的机关。它的作用主要表现为行政活动。但政府的强制力量不是当然的、无限的。遵守法律规则是对政府的最基本的限制。代表人民意志是公民服从政府的最基本的理由。因此，一个理想的政府绝不应该以强制作为本质因素，而必须经得起合法性和群众承认的检验。从这样的角度来看政府，那么为人民谋幸福或者说“为人民服务”就势必成为国家权力的主要功能。这是所谓“公仆型”政府观。

从这样的角度来理解税制，那么纳税的本质也不应该仅仅是政府的强制力表现，而是公民雇请公仆、购买服务所交付的费用。税率意味着政府供应公共物品的标准价格，增税不得不以增加服务项目，或者提高服务质量为前提条件。

税金的讨价还价里出民主政治

为此，要容许公民与公仆就税金问题进行讨价还价。政府要征税，必须与人民商量，征得大家的同意。政府怎样使用税款，也必须让人民了解，并为公民个人提供监督和表达异议的机会。这意味着按照税收法定的原则和公开民主的程序来决定税种、税率以及审查财政预算案是对现代政府的起码要求。只有在这样的前提条件下，我们才能理直气壮地说：征税是合法政府的权力，纳税是所有公民的义务。

以上所阐述的道理，被制度派经济学家道格拉斯·诺斯概括为这样一个公式，即：政府可以被理解为一个通过向人民提供财产保护和司法救济而获得年收的组织或者制度安排。也就是说，从经济的观点来看，只有政府才能界定资源配置、赋予和执行与所有相关的权利，作为这种服务的报偿，政府也就有资格向本国公民征收税赋。在这里，政府的强制力固然是形成、维持和实施财产权的重要条件，但同时也必须接受法律规则的制约以防止它反过来践踏财产权。

从征管看第二次税制改革的必要性和基本目标

如果政府是有产的，人民对自己应承担的税负很难进行评估，容易产生依赖国家出钱办事、自己免费搭车的心理，也容易对征税产生抵触情绪，感到自己受到剥削。如果税制没有充分的中立性，公民之间难免有不平之气郁结，势必助长逃税漏税的倾向。由于政府本身也理不直、气不壮，对规避纳税义务的公民就很难实施严厉的制裁。长此以往，公民很难产生出作为纳税者的自觉。

在这样的状况下，税制建设不得不面对如何加强征管活动、培养纳税意识的课题。在对税种税率进行比较分析之前，首先必须更多地重视税务监督的实效性，这是现阶段中国的一大特点。

由于征管机制存在缺陷，从工资中扣除税负就成为征税的基本方式。其结果，工薪阶层成为纳税者的多数，负担税收的大约60%，而在新富阶层中逃税漏税现象很普遍。税负不公，这是现阶段中国的另一大特点，引起了许多不满和非议。

另外，人口结构的变化引起了关于“未富先老”的担忧，二三十年之后如何避免养老金、医疗保险、护理以及援助等保障制度的破产，是从今以后必须认真考虑的问题。为了确保高龄化社会福利的财源，即使加强保险制度的建设，适当增加公民的平均税负还是在所难免的。这也是现阶段中国的重要特点。

要解决上述三项基本问题，有必要在完善监管机制、加强征税力度的同时，调整税负分布，矫正税种比率，开辟新的稳定税源。在适当减轻中低收入者税负的同时，可以考虑合理的增税措施，包括高收入者税负的多样化——但要坚决摈弃那种通过税制“劫富济贫”的观念，要采取有效措施保护富人的合法权益，防止资本逃逸对国民经济实体的破坏。

围绕税种税率的立法与政治

可以考虑尽早开征遗产税和赠与税，对与股票、证券交易以及利息有关金融收入应实行单项课税并规定不同的税率，容许各城市对自然人和法人开征居民税，逐步建立以非生活必需品的个人消费税为轴心的间接税体系，对奢侈品、嗜好品等的消费行为不妨课以较重的“罪感税”（Sin Tax），等等。在对高收入者适当增税的同时，还应该强调对他们的慈善捐款、设立教育基金、对公益事业进行赞助等高尚行为适用免税措施。

这样的税制改革要落到实处，还必须满足税收法定化以及财政透明化这两个前提条件。

税外有费，外加各种摊派，这样的状况使得税负难以计算。看上去税率不高，但实际上老百姓负担极重。同时，纳税的数量变化并不能反映到公共物品和行政服务的数量或质量上去。于是人们没有纳税的自觉性、积极性。政府部门就不得不加强监督和管理活动，这样势必增大税制的成本。

一般而言，税制越复杂，公民就越不容易理解纳税的意义，越需要有关部门提供技术性服务，征税的成本就越高。因此，要降低税收成本，争取公民同意，首先应该做也比较现实可行的是简化税制，使税金的来龙去脉变得非常清晰易懂。

简明的税收机制能吸引公民更充分的注意。如果大家都能理解税金的意义和用途，知道与自己享受的福利以及其他公共服务密切相关，纳税的积极性就会增加，征管的成本就会减少。例如征收3%的消费税，所有收入都作为建设公立养老设施的资金专款专用，那么反对增税的人就不会很多。

以纳税人诉讼作为撬动税改的杠杆

例如1966年，日本京都的同志社大学商学部教授大岛正以对工薪阶层征收所得税不公平、职员税负过重为由提起税金诉讼，要求承认工薪阶层纳税的扣除额度，纠正工资收入、营业收入以及农业收入之间在税负上的苦乐不均，废除对企业家征税的不合理优惠措施。当时的日本有点像当今的中国，税款的相当大部分征自工薪阶层，而富人反倒负担较轻。所以这个案件一报道，就激起了强烈反响。

从起诉开始算，8年后京都地方法院做出一审判决，15年后大阪高等法院做出上诉审判决，19年后日本最高法院大法庭做出终审判决，承认工资所得扣除制度的合理性，也承认征税率分布上存在偏颇，应该通过税务行政加以纠正，但是否认所得税法制有违宪性。

大岛税金诉讼的意义是唤起了政府和社会对工薪阶层成为主要纳税者的税负不公平现象的关注，推动了税制改革运动以及各地纳税人诉讼。在这样的背景下，日本从1969年开始先后几次修改税法，提高了工资所得纳税扣除的额度，并削减了税收上的优惠措施。

可以说，税制设计或改革的关键在于实现税负公平。从公民个人行为的角度来看，最妨碍征税公平性的是逃税。为了防止这样的不公平现象蔓延，必须充分保障纳税者的程序性权利，必须建立和健全关于税务制裁的法规体系。因此，除了纳税人诉讼外，税务制裁也是很重要的司法救济手段。

在日本，对于逃税现象主要有两种制裁方式：一种是行政的，称为“加算税”，对申报过少甚至不申报的公民增加惩罚性的附带税负；另一种是刑事的，称为“租税犯”，对各种逃税漏税的犯罪行为科以或轻或重的刑罚。

谁来设计和决定税制改革方案?

鉴于税负牵涉到各阶层的复杂的利害关系，专业技术性又很强，欧美在设计税制或改革税制时往往聘请少数德高望重、学识渊博的专家组成方案起草委员会，经过若干年深入的调查研究之后发表税务意见书。这样的专家意见书经过国会审议和舆论批评后最终转化成法案。日本的做法不同于此，是政府主导。尽管如此，还是由作为总理咨询机关的政府税制调查会进行深入而充分的调查讨论后提出权威性专家建议，由国会辩论通过。

直接由政府部门来决定税收问题不符合法治原理。直接让代议机构介入税制设计虽然符合税收法定原则，但容易受到政治力量对比关系的影响，或忽略少数人的正当诉求，或轻视长远的整体的利益，或流于无原则的妥协。实际上，现代欧美代议民主制面临的一个最大难题就是政治家为了选票而竞相提出脱离实际的减税口号，导致政策短视以及财政赤字累积。因此，为了实现税收法定和税收合理的均衡，改革税制的方案应该出自那些独立的、富于远见卓识的专家。也就是说，先让学者精心构思，再让民意审议通过。

公民不知道究竟是谁、在哪里、怎样决定税收的，就会心生疑虑。公民不知道自己缴纳的税款究竟怎样用、用到哪里、用得是否得当，也难免对税负产生不满情绪。强调税制简明化，就是要让公民仅凭直觉和常识就能了解纳税的意义和公平性。而强调与税收有关的知情权和监督权则更进一步，通过制度化举措吸引公民对税制的关注、加强征税的公正性以及纳税的积极性，意味着税制透明化。

现代社会日益复杂，政府的职能和社会需求也日益复杂，在这样的背景下，无论如何注重税务的精简，有关制度设计也还是带有很强的专业性的。因此，仅仅强调税制简明原则还不够，还需要进一步通过知情权、监督权来切实保障税制合理、公正。另外，还有必要培养大批税务师来为公民享用知情权、监督权提供充分的法律服务。

征税权与预算案是目前政治改革的两大棋眼

如果说对征税权的知情和监督属于国家财政系统的输入控制，那么也不妨认为对预算案的知情和监督属于财政的输出控制，两者不可偏废。税收是财源，财政是开支。税收过少，就会引起财政恐慌。开支过大，就会引起税负苛重。怎样适当调整两者之间的关系，牵涉到千家万户的切身利益，需要充分听取各方面的意见。因此，税务财政在本质上是要求按照民主程序做出决策。社会结构多元化后，不同的群体或阶层之间的协调作业变得更加重要了。这时为了稳妥地确定收和支的均衡点，为了使征税得到公民自觉支持、使财政分配充分满足实际需要，必须加强审议程序，为各种诉求提供表达和讨价还价的场所和基本游戏规则。否则根本消除不了那种“端起碗来吃肉，放下筷子骂娘”的怪现象。

关于预算案的审议，宪法和人民代表大会组织法上都有明文规定。目前的问题是缺乏透明化的程序以及具体操作规则来保障这样的审议具有实质性内容、不流于走过场。也就是说，预算审议应该真正反映不同利益集团的诉求和互动，应该仔细推敲具体内容的合理性和公平性。

“预算议会”的实践不妨从基层起步

对财政制度以及预算案审议方式的改革不妨从基层做起，在村务公开之后应该把政府收支的公开化逐级上推。乡镇、县这两级的开支项目比较简明，涉及的利害关系也比较直接、比较清晰，与征税活动有着密切的因果联系。因此，公民对这种近距离的预算审议既有强烈的兴趣，也有足够的判断能力。我曾经提出以技术性的“预算议会”作为改革突破口的思路，其基本特征是首先尽量让代议制的讨论范围侧重于那些在不同利益群体之间进行公平分配的租税和财政事务。这样做的好处是，有利于各种政治势力和利益群体在编制和审议单纯的财政预算程序中学会竞争和妥协的技巧，也有利于加强民意代表对行政权的监控。现在有必要补充一下，这样的尝试在乡镇、县可以立即推行。

2006 年 12 月 10 日初稿，载《同舟共进》2007 年第 5 期

税制改革的点与面

全国人大常委会决定在2005年9月举行关于个人所得税法修正案的立法听证会。无论从法制史还是政治发展的角度来看，这都是一项具有深远意义的创举，标志着中国正在发生从税制到“税政”的巨变。

提高个人所得税的起征点，等于对工薪阶层进行减税。这样的法案获得中低收入者的热烈拥护是不言而喻的，任何有良知的公民也都应该为之欢欣鼓舞。从理论上说，在减税之后，普通市民的购买力和消费意欲将会相应增强，可以拉动内需。从长远和整体上看，这样的刺激效果对企业以及有关的高收入者也是有利的。因而个人所得税起征点上调本身并非一场穷人与富人之间的“零和游戏”。

然而，如果按照修正案的规定，把1500元作为新的起征点，国家将丧失200亿元以上的稳定性泉源税收；有关当局已经表明，这个财政窟窿实际上不得不通过向高收入者追加征税的方式来填补。鉴于分配不公的现状，或者按照从社会得益者应对社会负责的逻辑，对纳税负担苦乐不均的状况进行调整的必要性也同样是不言而喻的。但在力量对比关系极其不对称的社会条件下，即使带有双赢色彩的税制改革，仍然会不断遭遇来自既得利益者的各种各样的抵抗。

所以不妨说，关于个人所得税修正案的立法听证会，很可能将成为中国的不同利益集团之间围绕分配正义问题开始进行公开交涉的第一个制度化场所，以此为契机，租税法定主义原则也有望逐步确立起来。但目前舆论关注的焦点，似乎只限于起征点设定的妥当性。

令人担忧的是，在限定一点不及其余的相关讨论中，已经有人开始迎合部分群众对当前实惠的偏好，主张大幅度提高非课税收入的底线，甚至还提出就是要“通过税制来劫富济贫”这样偏激的、煽动性的、无谓地刺激不同阶层之间敌意的口号。如此非理性化倾向，即使出于良好动机和正义感，也很可能危及正在演进的制度变迁，造成事与愿违的结局。现代欧美代议民主制面临的一个最大难题就是政治家为了选票而竞相提出脱离实际的减税口号，导致政策短视以及财政赤字累积。但愿中国不会在有关改革的起步阶段就未得其利而先得其弊。

在考虑起征点的调整时，毫无疑问必须把缩小贫富悬殊、实现分配公平作为首要目标。但与此同时还有必要充分发挥现行决策方式也有利于深谋远虑、统筹兼顾的潜在优势，基于长期合理性的考虑仔细权衡以下方方面面的基本因素：起征点过高、减税幅度过大有可能导致国家财政破绽。俄罗斯在叶利钦执政时代就是因为征收不到足够的税金来支付行政服务的开支而濒临崩溃边缘的。这次个人所得税法修正案把征税底线提高了700元，在工薪阶层中免税者占10%。如果抛去较高收入者人数呈几何级递减等因素，仅按照同等比值进行最单纯的计算，那么起征点设定在2200元时免税率就是20%以上，改为2900元时则达30%以上（这是在世界范围内也很罕见的过高起征点）。如果再进一步调高到5000元乃至8000元，那么工薪阶层的大多数都不必纳税了，而农村也基本上处于“草木自生无税地”（黄桐石语）状态，如何确保稳定的政府财源就成为无从回避的紧迫问题。除非我们都憧憬无政府主义的乌托邦并坚信其现实可行性，否则只有倒退回计划经济时代，继续由国家通过经营企业来自筹行政经费并且包揽一切。

其实，对有产阶层强行征收较高的税金本来是以那种非营利性的“无产政府”为前提的。如果政府本身拥有大量公共所有的财富并从事经营活动，就无法维持不偏不倚的中立性，难免引起官方与民间争利、财政扭曲家政之类的疑惧，有关部门在调整税率上稍有不慎就很容易招致“纳税人造反”（tax revolt），至少是难以争取纳税人的协作。何况国际竞争的压力和产业政策要求扶助企业活动，对高收入者以及法人加重征收直接税还是有一定限度的，否则资本就会逃遁。另外，对于广大纳税人而言，减轻负担固然重要，然而知道税收的用途也很重要，甚至更加重要。这个问题不解决，逃税和漏税的行为方式就很难改变，作为纳税人的现代公民意识也很难形成。而假如审议预算案以及财政再分配的法律程序足以保障向中低收入者提供充分的社会福利，那么片面追求过高的起征点自然而然就没有太大意义了。

中国正在迅速步入高龄化社会，从今以后广大公民的平均税负势必渐次加重。何况经济正处于高速增长期，也需要通过增税抑制投资过热和通货膨胀，并为将来经济走向低谷时借助减税措施来振兴景气预留较大的回旋余地——避免到了该减税的关键时刻却已经无税可减的困境。因此，目前在适当减轻中低收入者税负的同时，不得不全面考虑合理的增税措施，包括高收入者税负多样化以及税率的合理调整。例如，应该尽早开征遗产税和赠与税，对与股票、证券交易以及利息有关金融收入实行单项课税并规定不同的税率，容许城市对自然人和法人开征居民税，逐步建立以非生活必需品的个人消费税（附加价值税）为轴心的间接税体系，对奢侈品、嗜好品等的消费行为课以“罪感税”（Sin Tax），等等。特别要侧重于建立和协调直接税（承认贫富差异的累进制纳税）和间接税（采取均摊方式广征薄收）之间相辅相成的关系以及最佳搭配比例。在对高收入者增税的同时，还应该强调对他们的慈善捐款、设立教育基金、对公益事业进行赞助等高尚行为适用免税措施。

总之，在上述前提条件下，我认为应该把工薪阶层的全国统一起征点设定为2000元，但同时通过定额扣除（例如扶养亲属扣除、残疾扣除）、特别扣除（例如各种社会保险费扣除、购房贷款利息扣除）以及在某些条件下退还已缴税款等一系列制度，按照事先明确规定的标准适当减少较高收入者的被课税金额，并为公民自觉申报纳税额提供诱因。这样统筹兼顾的全面性制度设计的好处是政府在确保稳定财源不流失的同时，可以根据各种具体要件把对中低收入者的实际起征点调整到2500元左右（从而工薪阶层中免税者的比率可在20%—30%之间浮动从中寻找适当的均衡点），并为考虑地区差异提供了裁量的某些空间。

2005年9月1日初稿，载《新京报》2005年9月24日

社会治理机制多头重构

仅就内政而言，2005 年是从只管“做馅饼”过渡到兼管“分馅饼”、从非正式私有化阶段过渡到强调公平分配阶段的一个重要的转折点。2004 年底的“郎顾之争”在舆论界所产生的非同寻常的反响就是这种转折的显著前兆。这场论战实际上提出了一个最基本的问题：怎样维护国家的利益和人民的利益？沿着这样的思路推而论之，国有资产的管理和分配方式以及国有企业的治理结构将成为下一步改革的焦点。政府很可能采取的策略是对现存国有资产的利用侧重于建立社会保障体系以及加强基干产业和公共事业等两个方面：前一种用途主要是编织社会安全网，化解基层民众以及弱势群体的相对性不满；后一种用途涉及企业的经营效率和治理结构。如果把这两个方面用法治和程序公正的原则连接起来，政府可望在新的一年采取以下脚本来推动根本性制度改革。

首先，是通过政府注资，严格清查银行资产，对企业进行规范化金融检查，设立企业重建机构，由银监会严厉查办渎职行为等方式迅速处理银行的烂账。其次，是在外国金融机构介入之前健全证券市场的各种制度，以吸引长期资本，缓和金融风险对银行的冲击，并保证政府有机会在财政赤字陡增而银行烂账比率太高的情形下通过发行债券来摆脱财政困境。然后是确立和保障股东以及广大股民能行使对企业的监控权。在这里，最关键的一招是把国有资产出让收益中的大部分，用来建立不同类型的社会保障基金，例如退休年金基金、保险基金、公益金等，并让这些社保基金具有独立的法人地位，成为债券和股票市场中的机构投资者，就像美国著名的 Cal PERS（California Public Employees’ Retirement System）那样，通过活跃而高质量的信息公开活动和法律应用行为来发挥监管企业的作用。

也就是说，让上述基金组织成为企业股东、股民、职工以及民众的经济利益的代表。它们为了维持支付能力，必然非常重视投资证券市场的回报率，因此必然会密切关注上市公司的经营效率和收益状况，这类活动不仅完全符合人民的利益，也完全符合国家的利益。而各类基金组织与小股民以及企业股东相比更有条件动员专家、公众传媒以及其他制度性手段（包括与证监会、银监会进行沟通，整理和公布投资参考消息，点名批评经营失策的企业，组织机构投资者联席会议等），更能有效地向企业经营者施加压力，也可以提起或推动股东建议案以及股东代表诉讼。

显而易见，企业治理结构的改造是以政府治理结构的改造为前提的。政府治理结构的改造当然也必须以维护国家的利益和人民的利益以及两者的统一为标准。从这个角度来看，应该加强和完善两项制度，即：审计制度与信访制度。

严格执行审计制度主要是国家利益的要求，也与前面论述的银行、股市以及国企的三位一体改革密切相联系。只有抓紧审计才能使工商业以及服务业的会计规则合理化并符合国际标准，才能切实提高资本的利用效率。审计制度不健全，信用体系以及答责义务、公开义务都无从落实，社保基金对企业治理和证券市场运行状况的监控功能也难以发挥。更重要的是，按照审计程序追究有关部门的责任，终究会提出如何克服“密室行政”、“小金库”等黑箱操作的弊端的任务，导致财政预算案的制定和执行都成为公共性议题，使政府对纳税人的责任明确化，进而加强人民代表大会对预算案的审议和监督。

改进信访制度主要是人民利益的要求。鉴于失业人口、社会异议活动以及恶性工伤事故或治安事件的增加，对各种不安定因素进行疏导和化解的作业将得到进一步的关注。在现阶段，中国信访工作的重点基本上由各种部门窗口受理的一般性陈情转向制度化的政府自我监督和行政型申诉处理，但国家信访局以及下属机构还缺乏足够的独立性和足够的权威手段。因此今后的信访制度发展的方向似乎应该包括：

（1）进行组织重构，使国家信访局具有独立于行政机关的法律地位，同时整理国家信访局与人大监督功能、政府的监察部门、审计部门之间的权限关系，以形成更合理、更协调的监督系统。可以考虑通过全国人大的监督权来补强国家信访局的独立性，但为了与现有的组织网络以及行政监察部门、审计部门协调工作，建制仍然保留在国务院。

（2）对于一些专业性问题（例如社会福利保障、金融证券、拆迁、摊派），可以在有关部门设立特别信访机构。另外，应该借助律师以及民间团体的力量来减少信访局在维权方面的制度成本。

（3）不妨立即修改《信访条例》，增加如下几条内容：明确信访局的调查权可以涉及任何行政机关以及司法机关，在调查过程中不受任何其他机关干预；信访局的调查报告以及对有关涉案机关的劝告和意见应该采取文件以及新闻等方式公布，特别是应该借助公众传媒的力量；信访局可以代表上访者个人提起违宪审查的请求，即担任宪法性诉讼的代理人。

（4）应该从代议机构监督和制衡行政权的高度，正式提出制定信访法的建议，把信访制度作为加强人民代表大会监督权、促进违宪审查、保障公民申诉权和知情权的重要驱动装置。

总而言之，通过社保基金组织在金融市场中的作用来改进企业治理结构，通过审计局和信访局激活人大监督机制来改进政府治理结构，这就是中国进行制度创新的根本性课题。从法治的角度来看，两者之间存在着很大的共同之处，这就是要按照程序公正的原则为企业经理和政府官员都确立这样两条行为标准——公开信息（disclosure）的义务和回应质询（accountability）的义务。

2004 年 12 月 18 日完稿，载《全球财经观察》2005 年 1 月 3 日

从农村的法律话语场看中国宪政的合意论基础及其缺陷

自2002年9月29日起，北京大学乡土中国学会的12人考察组赴内蒙古自治区赤峰的某个村庄（以下简称A村）进行了为期4天的实地调查，在整理和分析记录资料的基础上，提交出了翔实可信的总结报告。承蒙该学会成员的好意，我阅读了这个报告的原稿，从而得知在偏僻农村发生的一个既奇特而又普通的悲凉事件。

根据调查报告的记述，在A村，党支部书记和村民委员会主任等践踏有关土地承包经营的法律规定以及村规民约，任意谋取私利已经是屡见不鲜了。广大群众忍无可忍，终于从1999年起开始要求公开村务，使涉及村民公益的决策过程透明化。但是，村干部们却无视这些合理要求，继续我行我素。于是，当地群众就尝试通过村民委员会换届选举的程序来更迭有关人员。但由于村干部与乡政府沆瀣一气，正式的选举却怎么也不能顺利地进行到底。其间出现了有人利用乡政府的办公计算机系统操作户口底册和选民名单，撕毁投票日程公告，阻挠选民证发放以及部分选票遗失等异常现象，结果导致三次选举均被宣告无效。

既然基层行政权力已经蜕化变质，有关基层部门对村民要求重新投票的请示又置若罔闻，村民们只好自发地另行举办选举。他们相信国家既然已经赋予农民这样的自治权，公正是可以依法争取的。A村的群众按照法定程序在2002年1月初重新登记选民，同月15日进行预选，20日决选。在这个过程中虽然出现了有人争夺票箱和殴打群众领袖的一幕，但由于绝大多数村民的支持和配合，自组织的选举还是进行得有板有眼，并得以圆满结束。决选的当天，自发组织的选举委员会就赶快把计票结果以平信方式上报乡政府，以表示守法尽责的诚意。

果然不出村民之所料，乡政府在同月 26 日通过乡广播电视台的新闻节目发布公告，宣称第四次选举因违反法律规定而无效。于是，村里的群众按照预定计划，开始进一步加强个别申诉和集体上访的抵制活动，反复向上级行政机关、各级不同部门的信访办公室以及公众传播媒体提出申诉和陈情。在上访的核心人物于 3 月 12 日被旗（县）公安机关逮捕之后，村民们毅然决然第三次进京直诉（越级上访），强烈要求国家和社会关注《村民委员会组织法》以及有关基层民主选举、村务公开、村民自治的法规在 A 村无从落实的严重问题。

从以上事件梗概可以清楚地看到：即使在偏僻的边疆农村区域，要求行使知情权以及参与公共事务管理的呼声也正在日益高涨。随着村民委员会选举的发展，独裁与公议之间的冲突已经愈发频繁。在这样的背景之下，一方面，农民开始自觉地援引有关村民自治的各种法律规范来捍卫自己的正当利益，甚至存在着借助公议舆论的力量来建构某种新型的农民社会公共领域的潜在可能性。另一方面，鉴于科层制尾大不掉的弊端，我国政府也试图通过制度化的农村自治、乡规民约的合意论构成以及群众性维权活动（包括依法上访和诉讼）来监督下级官吏，以防止他们在“天高皇帝远”的状况下滥用行政权力。

关于依法抗争、制度救济，除了宪法有关条款和《村民委员会组织法》之外，还有许多具体的规范性文件可资援用，例如中共中央办公厅、国务院办公厅《关于在农村普遍实行村务公开和民主管理制度的通知》（1998 年 6 月 10 日发布）、最高人民法院《关于审理农业承包合同纠纷案件若干问题的规定（试行）》（1999 年 6 月 5 日通过）、最高人民法院《关于印发〈全国法院维护农村稳定刑事审判工作座谈会纪要〉的通知》（1999 年 10 月 27 日发布）尤其是纪要的第三节、全国人民代表大会常务委员会《关于〈中华人民共和国刑法〉第 93 条第 2 款的解释》（2000 年 4 月 29 日通过），等等。总之，在这样的规范性框架内，通过推动村规民约、基层民主选举以及各种形式的“民告官”或“信访”的制度化三元互动，国家结构的顶端和底座正在通过各种程序规则遥相呼应、连接、汇合并贯通各种中间环节，一个“法律共同体”的雏形在上下夹击的动态里隐约浮现。

以地域性投票、公共传媒、非正式的信息传递以及上访等沟通方式为基础的“法律共同体”以及相应的话语场，与传统中国的“乡评清议”以及“过得乡场，过得官场”（民谚）的评价标准之间究竟有什么不同？又有多少类似点？对于研究宪政改革以及法社会学的人们来说，这些都是饶有趣味的问题。如果说结构产生于话语、制度取决于沟通，那么当然有必要把目前农村的法律话语场与旧式社区的流言舆论以及哈贝马斯所描述的现代市民社会的“公共领域”之间的异同进行比较、分析及理论性说明，以便准确把握现代中国社会转型的本质和发展趋势。

为此，首先应考虑和解答两组问题：第一，在建构或重构市民社会和民族国家的现代化过程中，固有的议论方式是否真的可资利用？法的话语场在结构和功能上发生了何种变化？能够适应时代需求的对话或公论是什么，具有哪些基本特征？第二，在农民社会公共领域发生变迁之际，脉络性意义究竟是采取怎样的方式进行处理的？在儒家式公论中已经确立的“处士横议”与“庶人不议”的发言规则受到哪些修改和更新？规定语境的价值体系能不能实现某种解释性转折？

与前一组问题相联系，值得重视的是黄宗智教授近年来对清末州县自理案件中的民事诉讼档案资料进行的实证性考察。他依据这些素材，认为审判实践中的交涉、调解以及与正式的法律表达有所不同的其他各种沟通行为合在一起构成了国家与社会互动的“第三领域”——虽然不同于市民社会的公共领域，但却作为双向反馈的机制发挥着媒介功能。

黄宗智教授的研究成果揭示了司法者的角色冲突以及介于判定和私了之间的某种基于实践理性的沟通方式，对此应给予高度评价。但从国家与社会互动的制度性条件以及公论的理想状况的角度来看，中国旧式衙门未曾区分审判和行政的功能，也缺乏司法独立观念，因而与西欧法院可以在一定程度上被理解为市民社会组成部分的前提条件完全不同，在肃杀之气甚浓的“公堂”，缺乏真正的对等性议论的机会，当事人和关系人的意思表达能否达到自由而充分的程度也还得打个问号。

我认为，如果要探究相对独立于国家权力的公共性“第三领域”，比较而言更典型的事例是在科层制外部的民间社会中由农民和地方士绅自主进行的“集众立约”活动，这种通过议论达成规范性共识——“乡规民约”、“结社定盟”——的过程正是以“公法”与“私德”之间的自主性互动关系为基本构成因素的。特别是20世纪80年代以来村民自治和基层民主选举，也在一定程度上保持了对这种合约式规范秩序的继承性，有利于我们发现和理解从农民社会到市民社会的公共性结构转换的线索。

关于后一组问题，应该追踪在现代化过程中言论权力以及象征性符号的演化轨迹，分析社会革命的舆论和公论的形成、发展及其核心内容。概而言之，在 20 世纪的中国，先锋党为了动员人民参加政治运动，撤除了所谓“庶人不议”的传统限制，政府和民间都开拓出来一些类似“群众性公共领域”——哈贝马斯的沟通和公共性理论对于这种市民社会公论的变种并未给予什么关注——那样的话语场。

在这里，国家与社会的互动表现为两个不同的方面：一方面是个人的坚持不懈的呼吁和诉求、自发性议论政治的聚会以及为了达成意见统一而进行相互说服；另一方面是国家的动员、破私立公的思想教育、各种不同的读书会和学习班以及文艺宣传。由此形成“人民公论”和“人民公约”的沟通行动具体表现为反馈式的决策、反省性的议论以及多样化的话语策略，并通过对抗性议论（其中当然也不乏基于斗争哲学和阶级分析法的言论暴力等弊端）和协调性议论交替进行的方式来实现社会矛盾的转化。正是在这样的话语场中，某种基于合约以及公约的内发秩序不断地生成、扩展并与国家法律体系（包括政策规范以及社会控制的手段在内）之间不断进行着互动和协调。

从哈贝马斯的基本观点来看，在重新发掘和利用直接参与式民主政治资源以克服代议制、科层制的弊端的意义上，应该到部落集会、公民大会、民会式审判及其他各种面对面的沟通场所和过程中寻找公共领域的原型和翻版。而在通过自由讨论而达成合意或共识的意义上，也不妨说公共领域的本质就在于社会契约观念。问题是中国的“集众立约”活动能不能与社会契约的观念相通？我认为中国传统的制度设计原理基本上是以两者关系、两者契约的彻底化为出发点，缺乏社会契约论里的那种公共人格和普遍意志的契机。这样的思路最终能否超越“小宪法”的局限性而达到在全国范围内建立统一的民主宪政的目标，颇令人怀疑。现代民主宪政既要求合意论构成，同时又要求必须超越具体的契约关系，这样的交涉和议论与互惠性讨价还价的泛化完全是两回事。尽管如此，我们还是有理由对中国的宪政改革的前景持乐观态度，因为强调互动关系以及合意的社会环境毕竟是有利于克服片面从强制的角度来理解法治的观念、有利于接受宪政的契约主义安排的。

载《法律人》2004 年 9 月

宪政之路

——与公法学和政治学界同仁的对话

百年宪政的几个关节点

南方周末：从1898年戊戌变法之后，清政府被迫实施西方现代政治制度——颁布宪法，实施宪政开始，到1947年国民党政府在中国共产党未予同意和参加的情况下强行通过《中华民国宪法》，中国经历了多次宪政浪潮。这段历史不仅发展曲折，而且最终都以失败告终。我们能否对这几次宪政浪潮进行一个简单的梳理和总结？

季卫东：我觉得中国宪政史上有四个时间点值得注意：一个是1906年，这一年清朝正式宣布预备立宪。清王朝在此之前希望通过经济手段来达到强国的目的，迟迟不进行政治改革，结果一拖再拖，到迫不得已推行宪政时已经晚了。此后体制内的任何变动都对社会不起作用，革命派和民众纷纷寻求另外的途径，立宪不久之后辛亥革命就爆发了。

再过30年是1936年，是第二次立宪，这个时候已经完成了宪法草案，中国在形式上完成了统一，眼看着就要步入宪政的门槛，这个时候日本军国主义势力打了进来，宪政在外部干扰下中断了。

再过30年就是1966年。宪政必须得有一个宪法，但这个时候连宪法都不“存在”了，最典型的场面就是国家主席刘少奇举着宪法被迫害，连国家元首的基本人格尊严宪法都保护不了，宪法被践踏到了极点。

又过30年就是1996年，中国第一次真正提出“法治”，过去我们谈的是“法制”。法治与法制是不一样的，法制是国家建立一套法律制度进行统治管理，而“治”是现代意义上的法治，是约束权力本身，宪政的实质就是限制国家权力，法治的提出暗合了宪政精神，开启了通往宪政的第一道门。

徐显明：中国的宪政历史实际上开始于戊戌变法，第一部《钦定宪法大纲》的产生是1908年，如果从第一部宪法的出现算起，至今有95年的时间；如果从1898年的戊戌变法开始，则有105年。对这一时期可以做出这样的评价：有宪法而无宪政，有法律而无法治。目前则是正在向宪政过渡，从人治向法治过渡。

单纯把宪政看成是改变国家落后的工具，是中国历次宪政失败的最大原因

刘军宁：一百多年来的中国宪政运动有不变的地方，有变的地方。不变的是从19世纪以来对宪政的追求始终没有停止，变的是以前对宪政的追求多半从赶超的角度来理解，中国被西方打败后，很多人都在问中国为什么落后了？结论是制度落后了。那么，怎么改变这种落后的局面？结论是从制度入手实行宪政，西方就是靠搞这个强大的。

这个逻辑听起来没错，中国的落后也的确与没有宪政有一定关系，问题在于对宪政抱着完全工具主义的态度，当作一种桥梁。

现在我们谈宪政，不能再抱着工具主义的态度，不能单把它看作是改变落后的工具，而应该把宪政看作是实现政治正义的工具，看作是实现政治正义的惟一途径，看作是保障公民个人权利和自由的惟一途径。

如果从这个角度看，宪政是不可取代的，就不会轻易放弃它。在今天谈宪政，应该改变工具主义的态度，实际上中国几次宪政失败最主要的便是对宪政持有工具主义态度。

毛寿龙：宪政是一种政治组织技术，需要有超人、超集体的共识和智慧，以及适当的条件才能实现。就清末民初和民国期间这两次宪政历程来看，失败的原因主要有几个方面：

其一，认为行宪政只是为了强国，这是错误的。学来的只是皮毛。

其二，宪政主张只是一部分学者和官员的主张，当时的主体政治力量并未认可，或者虽有认可，也是为己所用，在优势的时候用足自己的优势，而不是超越力量对比来思考。

其三，缺乏立宪思维的传统。个人层面上可能有很多宪政感觉，但一到军阀混战或者政治斗争的场合，便集体地放弃了。

其四，缺乏相关的内部条件，同时也缺乏社会资本、政治资本和政治的人力资本：公民、专家和有见识有实力的政治家。

其五，忠孝这一传统政治合法性来源为专制政治和军阀统治提供了条件。宪政需要的是个人自由、每个人的权利和合法性的权力。合法性来自理性，而不是传统关系的合法性和纯粹的魅力（传统意义上的“民本”是依靠君与民的关系，而不是依靠竞争性的制度程序）。

王人博：单看近代中国人对宪政思想的追求，便延续了整整三代人，我们熟知的康有为、梁启超是第二代，此前的王韬、郑观应是第一代，第三代就是“五四时期”的胡适、陈独秀等一批人。从观念上看，这三代知识分子的追求是一致的。他们发现西方富强的奥秘是因为有议会、宪政，并且认为宪政是救中国于危亡的惟一手段，只有宪政才能使中国走向富强。

那么，宪政是否能够导致国家富强呢？富强的国家是否就一定是宪政的国家呢？这是一百多年来的思考，也是涉及到宪政的根本价值观的问题。

事实上，西方在设计宪政制度之初，并不是把宪政作为国家富强的工具，而是在寻找一种被认为是最好的治理国家的手段，当推行宪政制度后，国家富强起来了，但两者实际上没有必然联系。

我们在学习西方宪政制度的时候，是把西方选择的一种治理国家的方式，作为强国的实用工具拿到中国来的，百年来知识分子们始终抱着这样的心态，这是一个最大的误区，就是过分强调了宪政的工具作用。

这个问题不能完全由政治家负责，知识分子也应当承担责任，正是知识分子是把西方的宪政思想作为一种实用工具介绍到中国的，误读了宪政的本来思想，才使得我们在宪政制度的设计上走入误区。

改革时机贻误的教训

蔡定剑：可以说，1840 年以后的中国之路也是面向内外的变革、寻求经济发展，当时提出的口号是富国强兵，在经济改革方面，引进西方现代工业、商业、贸易、银行，修铁路、建邮局，学习西方的枪炮和军事管理。

当时在对外开放方面，外国人可以直接投资办工厂，变革的力度不可谓不大。

面向内外变革成果的一个重要标志是建立了北洋水师，舰队的总吨位超过了日本，当时经济上的成就也是令人满意的，和别人的差距并不是很大。但甲午战事一起，中国便一败涂地。

为什么面向内外变革了、经济发展了，还是要打败仗呢？于是中国人反省，原来中国的问题不仅是经济问题，关键是政治问题，日本之所以强大，是因为有明治维新，学习了西方政治制度的结果。

怎么办？中国人也想政治改革，可以说从甲午中日战争之后，中国人就一直在反思这个问题，政治关没过，甲午危机就不会避免，但是，清政府错失了宪政的机会，维新以百日告终，而形势的发展已经时不我待，清政府后来不得不承认现实，只有政治体制改革才能救大清，于是派五大臣出洋考察，回来后决定立宪，开议会、申民权、彰民主，这是中国人重新反思历史的结果。

但这种政治改革由于顽固派的反对，要 9 年才立宪，而且它提出的口号和社会各界相距甚远。更重要的是，在人民看来，这个政权已经不值得信任了，其搞的是假政改，真欺骗。

当时的另一个社会现实是，民主宪政理念已经深入人心，在知识界和社会上层对宪政已经形成了广泛的共识，不对清王朝抱任何幻想。所以，才会出现 1911 年，一次看似偶然的起义就把清朝这一“纸房子”推倒。

它给后来人的教训是：要珍惜改革时机。

中西文化的差异问题

贺卫方：西方宪政的实现有它的政治条件、文化条件和宗教条件，而中国并不具备。中国的宪政是自上而下而不是自下而上的，这样的路径差异，标志着我们的宪政带有相当大的精英推行过程。由于不是一种自发的，所以宪法往往不是实实在在的活的规范。

此外，中国传统的政治文化也有问题，虽然孔子说君子和而不同，但实际上，我们在操作层面和整个政府制度层面，并不太包容差异性和矛盾，我们不知道和谐来自矛盾和冲突，没有矛盾和冲突就没有和谐。

第三，过分理想主义。实际上政治是带有利益冲突与妥协的东西，不能有效认识这一点，是妨碍我们建立宪政的一个重要原因。

徐显明： 文化滋养一种制度，反过来，制度又促进文化的发展。这是从1840年以来我们在学习西方时梁启超总结出来的。这其中经过了三个阶段。先是学习西方的技术，这就是洋务运动。甲午战败后才发现是制度上的问题，那就去学西方的制度，戊戌变法就是在这种情况下发生的。戊戌变法是中国改造制度的开始，完成对封建制度的改造是辛亥革命。后来我们差不多把西方的制度整个都拿来了，但还是不行，该复辟的复辟，该做皇帝的做皇帝，大家都回到那个老路上去了。最后终于发现，与这种制度相适应的文化没有学习到，于是又开始学西方的文化，这就是新文化运动。

中国的先知先觉们理解到，文化比制度更重要。因为，一种文化才是一种稳定的生活方式。一种新的制度的建立往往会遇到两种困难，第一类，我把它叫作思维惯性，或者叫路径依赖。人们对于一种新的制度很陌生、不习惯。中国在旧制度中形成的一套规则，称为“民间法”，这在正式的法律中可能找不到，在推翻了帝制以后，突然宣布把所有的封建法律都废除了，但是，民间法却保留下来了，老百姓的习惯还是以前的习惯，这样，新制度建立起来后遇到的第一个敌人就是习惯。就是从思维定势到行为模式的路径依赖。

第二个障碍是文化的障碍，新制度产生以后并不会随之带来一种新的文化，没有新的文化，制度就生存不了，所以，一种制度一定是生存在一种文化当中。

日本的近代化过程，就是从更新文化开始的，我认为，1840年鸦片战争后，日本人受到的震动比中国人还要大，因为日本人开始思考，西方灭亡东方的第二个国家是谁。那之前，日本人心目中对中国带有极大的崇拜性，崇尚中华文化，学了大量的中国典章制度，文字、生活习惯等等，一切都是中国的，但是，突然间一个帝国崩溃了，日本人突然找不到信仰了，一大批日本汉学家就开始思考，文化是不是需要进化，这样，对西方有了解的一批知识分子提出一个响亮的口号：“抛弃汉学，学习兰学！”“兰学”指的就是荷兰学，当时，日本人对西方的了解，是借助于荷兰文化。日本的近代化过程，实际上就是文化选择的过程，一大批知识分子到荷兰后，借助荷兰又逐步了解到德国、法国、英国等，进而从欧洲认识了美国。19世纪60年代，这些人回到日本后就开始造势，最后的结果导致了1868年的“明治维新”。

在日本三口县有一个巨型碑，名为“维新运动胎腹之地”，就是在这个地方，日本开始介绍西方的技术、文化，进行教育、文化上的变革，带动了日本文化的更新。“明治维新”成功以后，经过二十多年的酝酿，日本人才制定了第一部宪法——《大日本帝国宪法》。

这也说明一个问题：革命成功了以后立即制定宪法，要看你是否做好了文化和观念上的准备，如果没有，这个法就存在不下去，这一点就被中国的历史证明了，我们的几部宪法都没有生存好：一部是《钦定宪法大纲》，制定出来后很快就被辛亥革命推翻了；辛亥革命后制定的《临时约法》，又很快被袁世凯废除了。

所以，与宪政相适应的文化的建立，是宪法能够存续下去的基础。

当然，中国的传统文化不应该彻底抛弃，它有很多可以与西方文化沟通的内容，比如道家思想。但是，在设计宪政制度时，肯定需要对文化的改造，其核心就是把义务、服从本位改造为权利本位，大力弘扬权利文化。

杜钢建：1949年以后，中国共产党的执政代表了当时一种宪政的热潮。但是，随后很快就接受了苏联理论，甚至理解为不要任何约束。这一倾向到“文革”时期达到最高峰，党的领导人领导一切，权力高度集中，这就是邓小平讲的政治体制弊端。

“文革”结束后，邓小平就开始考虑如何回到约束的思路上来，所谓约束就是不应该有一个人一个组织是不受法律制约的。江泽民同志后来提出依法治国，建立社会主义法治国家，这是回归法治、迈向宪政征途上的重要一步。

宪政本质

宪政的实质意义是限制国家权力，保障个人权利

南方周末：中国人一百多年来一直不懈地追寻实现宪政。这从根本上说是什么原因？宪政的本质到底是什么？

毛寿龙：追求宪政，根本上来说是古老的文明古国寻求自我更新的发展需要。但从宏观上来看，各个阶段的目标是不一样的。清末是为了自强救国，民初是为了结束

军阀混战，寻求政治发展。1949 年之后是为了建设一个现代化的国家，而宪政是其中的一个方面。现在则是为了给进一步的持续发展加一个制度上的保障。

季卫东： 清末搞宪政，一个重要原因是当时西方列强势力很大，迫使清政府承认列强的治外法权，理由是你的法制不合理，是落后的，所以必须接受他们合理的、限制权力的法律制度。

第二个原因就是当时大家感觉到需要一个强有力的方式把国家组织起来，特别是看到日本因宪政由一个弱国变成了列强之一，对中国刺激很大。过去东方社会的各个部分是分散的，现在要通过宪政把它组合起来。通过重新设计国家结构适应产业经济发展的需要，过去的统治模式已不适应经济形态的变化，需要合理的有效率的国家机构。

第三个原因，当时一些忧国忧民的知识分子，提出引进西方的宪政制度，在变局之下产生了舆论的压力和要求。

从政治哲学和法理学上说，宪法是统治者和民众之间的一个社会契约，有至高无上的威力，其他法依此制定，使法制有统一性，这是它的一个很重要的功能。同时，宪法是通过限制国家权力来保护个人权利。

如果宪法在现实中不能发挥最高规范的效力，或者如果宪法仅仅在维护法制统一方面发挥作用，而在维护个人权利、限制国家权力方面不能起到作用，那么这个时候尽管有宪法但还是没有宪政，这个时候宪法和宪政分离了。所以，最核心的是看是否真正限制了国家权力。

刘军宁： 宪政是统治者的权力得到人民真实的授予，老百姓的权利和自由在宪法中得到承认并且在实践中得到保障，政府的权力受到限制。这些条件都满足了，我们就认为这个国家有宪政了。如果一个国家制定一部宪法，这部宪法授予政府无限的权力，剥夺老百姓的自由，那这个宪法就是针对老百姓的而不是针对统治者的，这个国家就没有宪政。这中间有严格的界限。

从这个意义上看，我们追求宪政是为了人的尊严和每个人的平等权利和自由。奇怪的是，当你做到这点时，经济就发展了。所以国家的发展，落后局面的改变，只是宪政的一个副产品。如果把这些当作主产品来追求的话，那我们就丢掉了更根本的东西，所以，今天我们总结宪政在历史上失败的原因时，一定要看到这一点，不要舍本逐末，不要接受其他诱惑。

贺卫方：我们可以用冲击和反应的模式来理解百年来中国人为什么苦苦追求宪政。长期以来，在中国人面前是一个强势文化，即西方文化制度，可以说自从鸦片战争以来，这种强势文化的压力就是中国人的一个心结。

中国人看到，西方国家之所以有强大的国力，是因为它有合理的制度安排和良好的组织化力量，这种安排能够焕发每个人的能力，而中国自己的缺陷却暴露无遗，没有哪个民族愿意看到自己节节败退。

我们知道，严复在英国期间，经常旁听法庭和议会的辩论。他在书中说，从法庭上感到英国社会每天都在张扬公理，英国的富强就是公理得到不断伸张的结果。激烈的议会辩论和自由的言论环境，司法对正义的维护，都给这个年轻人以深刻的影响。对比中国这样的老大帝国，几千年来权力都在官家，人民没有一点权力，这样的状况，让每个有一定觉悟和眼界的中国人都感到不能继续了。

杜钢建：1949 年以后，中国经历了无数次运动，直到“文革”把人的尊严都弄丢了，把人性中恶的一面发挥到极致，人人都在反思，个人的尊严和权利到哪里去了，最高领导人也在反思。结论是制度最重要，制度就是宪法，直到现在中国人对这个问题的认识还在不断得到深化。加入国际人权两公约，就是要借鉴和吸收人类政治文明成果。

我们虽然有了宪法，但是还要保证这个法能够落实。那么宪政具体是干什么的？一方面是要保障公民权利；另一方面是要制约公共权力，包括执政党权力、立法、司法、行政权力都应受到制约。而保障人权，对权力制约，说到底，宪法就要有权威，宪法就要付诸司法实践，违宪就要得到纠正。

包万超：儒教人性哲学的核心观念是至善论与等级论，但又认为人人都有改变本性，成为“圣人”的可能，这种人性哲学贯穿着整个中华民族的历史。同时，又承认人因为出身、阶级地位等差异，而有善恶、先进与落后之分，并付诸周而复始的运动来解决“恶”的问题。这种思想导致在法律制度上的设计易于走向两个极端：对人的极端不信任和蔑视；漠视人的本性与弱点，对人“天使般”的德性的信任和依赖，进而对权力的行使寄予一厢情愿的厚望，甚少考虑付诸法律的手段，对权利鲜有关注而只强调义务和无私奉献。自然，儒教文化传统就产生不出类似于“权力容易使人腐败，绝对的权力绝对会使人腐败”这样的警世名言。

在进行宪政制度的设计时，为什么如此强调对权力的控制呢？美国著名宪法学者詹姆斯·麦迪逊有一段精彩的论述："如果人们都是天使，那也就没有设置政府的必要了，如果如何治人是由天使来规定的，那么也就没有对政府进行控制的必要了。正因为政府是由人来治人的，最大的问题就在于两方面：首先使政府有能力控制被治者；其次，就是要求政府控制其自身了。控制政府无疑要依靠人民，但经验告诉我们，人类必须有其他的防备办法。"

"其他的防备办法"就是通过自由立宪实现一个"有限政府"：一个在某些领域永远无权做出决定的政府，一个像普通公民一样守法和负责任的政府，一个内部有分权和制衡机制的政府。因此，政府的职能和权力是有限的，而现代宪政的制度设计正是要确保这种"有限性"及其"有限权力"的正当运用。

与宪政制度的"人权保障"和"有限政府"的特征相反，如果主张政府的权力是无限的，这就是"无限政府"。认为不存在一个独立的私人自治领域，政府的行为可以深入到社会生活的所有领域。

现代宪政的一个根本原则是"一切权力都是有限的，权利原则上是绝对的无限的（特殊限制除外）"。但是，中国的传统文化思想却恰恰与此相反。

客观要求

市场经济深刻地改变了中国，中国面临一个历史性的宪政机会

南方周末：为什么在最近一两年来，国内学界、政界和执政党内部又开始出现对宪政的呼吁？它意味着当今中国已经处在一个什么样的阶段？

毛寿龙：推行宪政一直是建国的思路，1954 年《宪法》就是其成就。后来又有好几次立宪、修宪，1982 年的《宪法》沿用至今，宪政至少在形式上已经成为中国政治的基本框架。

具体而言，是因为当下中国市场经济的发展已经进入了这样一个阶段，需要有适当的外部条件，即政府的职能必须是有限的，政府的行为必须是法治化的，政府的权力必须是分散的、以自主治理为基础的，政务信息一定是制度化公开的，政府的合法

性是以选举为基础的，或者是以法律为基础的。只有这样的政府，才能确保市场经济得到充分发展。

季卫东：二十多年来经济改革的结果，使经济体制发生了变化，政府必须与市场经济相适应，所以这个时候自然会提出搞宪政。

经济改革产生了不同的利益集团，价值观和要求都不一样，这就需要协调和磨合的机制，就必然导致政治的多元化、民主化，这都与宪政有关。

另外，经济改革的结果是私有财产的出现，这个财产需要保护，但是仅仅提私有财产的保护有很大的问题，因为如果国家的权力结构不变的话，你拥有了权力就可能意味着也拥有了财产，权力和资本的结合太可怕了，将对社会造成极其不公平的状态。所以，既然你要把私有财产通过宪法确立下来，那就同时要接受对政府的重新定义，于是出现了一个历史性妥协的机会：要达到这个目的，就要对国家权力进行限制。从这一点来看，中国出现了一个历史性妥协的机会。

还有一个方面是私营企业主以及整个市民阶层的抬头，形成了新的社会结构。因为社会越来越复杂，过去那种简单的国家机构不足以应对，如何使它适应这种复杂的情况，必须对国家的功能加以改进，使之合理化。涉及机构之间如何协调的问题，还有意识形态的变化，比如个性的自由、个人的解放等等。

所以，宪政呼声日渐高涨的最根本原因是新的经济方式发展到这个阶段，社会形态发生了变化，市场经济逐渐占了主流地位，市民阶层已经兴起。

刘军宁：有很多因素，最本质的是社会的变化。为什么 1975 年没有提出宪政？市场经济和宪政有密切关系，在没有市场经济的地方是找不到宪政的，所以市场经济的出现是中国宪政最强大、最坚实的社会基础，这是一方面。

另外一方面是人们权利意识的觉醒，尤其是对财产权和参政权的关注。这两个东西是最关键的，中国自 1982 年《宪法》颁布第一天以来，就受到一个财产权问题的困扰，直到今天这个问题仍没有彻底解决。财产权是关于正当的财产的正当权利，是财产和权利的结合，财产反映市场经济，权利反映人的权利意识，这两个一结合就会对宪政穷追不舍。此外，对宪政的呼吁也反衬出宪法中提到的中国公民的一些基本的权利和自由尚未得到充分保障，有限政府的形成没有得到落实，所以对宪政追求的冲动就不会泯灭。

当然还有一方面，中国不再是传统意义上的权力国家，也使得宪政成为焦点。

王人博：当代与近代最大的不同就在于，中国与世界的联系非常密切，二十多年的改革开放使我们看到了真实的西方，或者说重新认识了西方。以前，我们只是认为西方的技术比较发达，现在我们发现他们的文化、科学、民主等多方面都比较发达。

改革开放让我们看到了西方市场经济带来的多方面的优势，显然，与市场经济相配套的政治制度就是宪政，不管你是否承认，这是经济学家和法学家的共识，也是一种被实践反复证明了的理论。如果中国还是实行计划经济，或许对宪政制度的建设没有那么急迫，但是，二十多年的改革开放，市场经济制度的确立，尤其是加入 WTO 之后，宪政建设、法治建设就显得十分重要了。

对宪法的高度重视

南方周末：怎样看待高层领导人对宪法的重视？先是胡锦涛总书记在纪念现行宪法施行 20 周年大会上的讲话引起广泛关注，随后中央政治局第一次开会学习也是学习宪法。再后来，是“两会”前夕，有关方面专门组织在京人大代表和政协委员学习宪法。

毛寿龙：高层精英学习宪法，了解宪政的精神，有助于宪政制度建设。学习宪法很重要，但更为关键的是掌握宪法的精神。

在进行宪政学习和建设过程中，还要有针对性地预防社会的危机，并为此采取切实可行的公共政策。

季卫东：过去中国强调国情，强调文化特殊性，但十六大以后有个新提法，即“政治文明”。也就是说，现在中国开始准备接受在国际社会具有普遍性治理的模式，因为文明是普适的。总书记的讲话更加认识到国家靠人治不行了，靠偶然性、力量对比关系来治理不行了，要把国家治理纳入制度框架。

值得注意的是最高领导人第一次提出“违宪审查”，强调健全宪法监督机制、及时纠正一切违反宪法的行为，还有一个强调宪法解释，这些因素加在一起，已经接近司法性合宪审查的架构。

专职人大常委的出现

南方周末：全国人大常委会将设立20名年轻的专职常委，怎样看待这一动向？它是否是人大进行实质性改革的一个开始？

蔡定剑：中央对人大改革很重视，希望增加常委人数，承担一些立法任务。

专职化和专业化的方向是对的，但这一改革措施还有待观察。这一改革也不能代替实质性的改革。

宪法委员会的设立问题

南方周末：最近几年，从全国人大到学界都在讨论宪法委员会的设立问题，这说明了什么？

季卫东：在现实的制度框架下，司法审查是个很好的突破口，现行体制可以容纳。违宪审查可以分两步走，先在全国人大框架内设立一个违宪审查的机构，即宪法委员会。它发现法律法规违宪时可以提出来，让全国人大讨论并做出最终决定，然后条件成熟时再搞宪法法院。

为什么要使违宪审查机构具有司法性呢？这不仅可以使国家机构内部形成系统内的监督机制，更重要的是，我们之所以要进行违宪审查，最核心的是看法律法规是不是违宪，是审查国家权力的行为是否得当，人权是否获得了充分的保障。如果公民个人不能够提起审查要求的话，就很难真正的限制国家权力，所以违宪审查机构应该具有司法性，即允许个人提起宪法性诉讼，即使一时难以做到，也应该为此创造条件。

蔡定剑：事实上，1982年起草现行宪法的时候就提出建立宪法委员会，当时是为了防止类似“文化大革命”这样的灾难，但有人提出反对，说即使设立这个机构也解决不了问题。到1990年、1991年起草《监督法》的时候，稿子里也有宪法委员会的规定，到1993年修宪，也有人提出。

之所以没有提上日程，一个重要原因是，对宪法委员会的要求太高了，把宪法委员会理想化了，放在解决“文革”这样的灾难事件的高度，这当然不现实。

事实上，我们现在急需解决的是司法的高度不统一，各自为政，需要建立一个专门的机构，专司解决法律实施过程中出现的违宪和法律法规冲突问题。

具体实施起来，可以考虑在人大下面设立一个类似于专门委员会的机构，主要由法律专家为其成员，全国人大授予它一定的权力，对宪法进行解释，发现违反宪法的法律法规，可以通知有关机关撤销，甚至可以提请常委会来执行。慢慢地，制度就会成熟起来。

徐显明：在设计我们的宪政审查制度时，不妨把世界现存的几种模式拿来比较一下。一是设立宪法法院，它遇到的第一个问题是，宪法法院由谁产生，如果由全国人民代表大会产生，它要不要向人民代表大会负责？因为中国的权力结构是一元结构，全国人大产生的这些机构不能进行反监督，只能由全国人民代表大会监督一府两院。如果再多一个“院”，一府三院，增加一个宪法法院，受产生它的机关的监督，但它却没有办法监督立法机关，而很多违宪问题都是由立法机关在制定法律时出现的。如果不由全国人民代表大会产生，那就违背了一个原则：中华人民共和国的一切权力属于人民，这就与我们的根本政治制度不相符。所以，宪法法院的路是走不通的。

第二种是美国、日本等国的司法审查制度，就是由司法机关特别是最高司法机关行使司法审查权。目前中国的司法审查只是有限审查，可以指向行政机关，但是它对立法机关制定的法律和与立法相关的决定以及解释，缺乏审查的根据和能力。司法审查的方式在中国也有制度的障碍。

第三种是像法国那样建立宪法监督委员会。宪法委员会可以有两种模式，如果在现行体制范围内设立的话，应该设为全国人大常委会的一个机构，可以行使专门问题的调查权力、对所有立法调查的权力，但是，这种性质的监督只能是下位监督，对下监督，不能对上监督，这个矛盾无法解决。另一种模式就是建立一个与全国人大常委会并列的机构，它只向人民代表大会负责，它日常的工作就是监督所有的立法机关。

关于私有财产入宪问题

贺卫方：对私有财产保护不足，是几千年来的问题，而不仅仅局限于过去的 50

年。在城市里，你拥有一套房子，那么，这个房子就是自由的堡垒，不允许任何侵犯，公共权力是不允许进入这个领域的。“陕西黄碟事件”就是公权力侵犯私权利的典型。

个人的自由空间和公共权力的空间有着非常清楚的界限。国家不能动辄以人民的意志或自己的意志剥夺、没收、征用私有财产，一切都要纳入法律轨道。可以说，对自由财产的保护是宪政发展的一个基础性的要件。

当然，入宪不能一劳永逸地解决私有财产保护的问题，但修宪是一个符号化的东西，它可以逐渐地引发更深层次的改变，比如土地财产的私有问题，这对中国的影响将非常大。当然首先要解决起步的正当性问题，这是非常棘手的。

蔡定剑：我是不同意动不动就修改宪法的。首先，宪法是国家根本制度，不能看到好的东西就塞进去，不要轻言修宪，哪怕它滞后。宪法本来就不是先进的东西，而是基础性的东西，就如同房子的地基，你难道要经常把地基拿出来先进一下？中国宪法本来就面临权威不足，实施宪法比修改宪法更重要，中国当前应该集中精力实施宪法，而不是要集中精力修改宪法。

其次，宪法要保持它的稳定性和长期性，不要让宪法随着政策纲领路线而修改。

再次，中国目前对私有财产保护不够是现实，但显然不是宪法没有明确规定的原因。难道公有财产保护就足够了吗？它流失的程度比私有财产更要严重。

问题不是宪法本身，而且宪法并没有妨碍我们在相关法律上加强保护，比如我们可以在民法中写进类似的条款。老百姓的房子说拆迁就拆迁，修宪解决不了问题。

王人博：现在一直在强调宪法司法化，我是持保留意见的。因为，现行的宪法文本没有办法司法化。当务之急，应当有一部规范的宪法。

事实上，宪法就是两部分：国家权力与公民权利。宪法是神圣的，是国家的根本法，哪些内容应该写进去，哪些内容不写，立法者需要认真考虑。宪法首先是法律，应当用法律的语言表述，而不是用意识形态的语言表述，如果不能解决这个问题，宪法司法化、宪政都不过是一个口号。因此，我们完全可以根据现行的政治制度，成立一个修宪委员会，重新在内容上和语言的表述方法上对宪法进行重新设计。

季卫东：私产入宪如果仅仅停留保护私有财产的权利、公民个人与个人之间的关系，那就毫无必要。因为只要其他法律有规定了就够了。之所以要私产入宪，最关键的是要防止国家权力对私产的侵犯。国家处于强势地位，说没收就没收，说增税就增税，说国有化就国有化，私有产权的保障就无从说起。入宪是针对国家权力而言，不进行这样的改革，会对社会造成不稳定感，造成财产外流，反过来影响经济发展。这一点有产者也可以理解，如果不限制国家权力，哪一天国家想剥夺你就剥夺你，它可以保护你的私有财产也可以侵犯你的私有财产，为了防止它任意侵犯，就要通过宪政限制它的权力，从这一点来看，中国出现了一个历史性妥协的机会。

南方周末：如果中国要从现在开始，逐步地走向宪政之路，那么在当下有哪些现实的步骤可走？

季卫东：司法审查是马上应该做而且是马上可以做的，在现有体制下就可以做。

刘军宁：中国不可能一夜间走上宪政，但首先要切实保障公民的权利和自由。凡是宪法规定的要全面落实，凡是宪法没有而应有的应该明确，比如说财产权、尤其是土地所有权。从政治制度层面上看，应该组建一个有限而有效的政府。

蔡定剑：中国迈向市场经济以后应该有步骤地推进宪政建设，加强民事法律制度的完善，加强行政法的建设，限制公共权力，保障公民权利，就有可能加快民法时代的发育，同时也能开启宪法时代。

宪法时代必须约束政府，政府不是无所不能的，没有对它的约束就没有宪政的基础，要把权力从公共权利的坚硬的壳里解放出来，政府只能充当市场的守夜人。

贺卫方：客观地说，中国目前宪政的基础还不充分，但并不意味着我们没有什么事情可以做，如司法改革，就是在司法独立方面迈出实质性的一步，改变司法权受地方控制的状况。当下可以做的是先实现法官、律师和检察官的职业化，形成专业化的力量，有助于宪政的启动。职业化后的司法队伍是一群拥有专业化知识的法律人，他们的决策模式就不一样，就能够促进司法审查权的实现，从而制约政府权力，这将是中国宪政发展的很好的途径。

载《南方周末》2003 年 3 月 13 日

中国宪政实践的制度通道

宪政建设的构想

问（《21世纪经济报道》，下同）：中共中央总书记胡锦涛最近在纪念现行宪法施行20周年大会上发表重要讲话，就落实宪法和改善宪法的问题提出了一些很有创意的观点。作为长期关注程序公正和宪政问题的法学专家，你怎样理解？

季卫东：胡锦涛同志在就任新职后发表的第一次公开讲话就强调宪法的至上权威，预示着以人民主权和依法治国为基本方略的中国政治现代化正在迈向更高的发展阶段。可以认为，这篇讲话所包含的新思维是非常丰富的，其中最值得关注的有三个论点：

第一，指出了根据实践的新经验、新认识及时地按照法定程序来修正和补充宪法的必要性，即首肯宪法的部分性改订，以便提供一部更完善的宪法作为对违宪活动进行审查和纠正的适当标准。

第二，根据现行宪法的明文规定重新确认并强调了任何组织或者个人都不得拥有超越宪法和法律的特权的原则。

第三，把某些具体的制度创新任务提上了政治议事日程，其中包括健全宪法监督机制，及时纠正一切违反宪法的行为，切实履行解释宪法的职能，把宪法规定落实到各个地方行政区，等等。

在这里，改宪、遵宪以及护宪环环相扣，一方面重申了当局与时俱进、执政为民、率先守法的自我定位；另一方面也展示了通过解释宪法和应用宪法的程序，采取从地方到中央的步骤，稳健、积极、全面地推进宪政建设的基本构想。

当然，这只是个人解读和推论的一孔之见，未必都是准确无误的，如果诠释错了由我自己负责。

问：从法学理论的角度来看，尤其令人感兴趣的是第三个论点，我们如何在加强和完善宪法监督机制的基础上及时地、强有力地纠正违宪现象？

季卫东：在宪法学者们的大力推动下，2000 年制定的《立法法》第 88 条明确规定，全国人民代表大会及其常务委员会有权对法律、行政法规、地方性法规以及各种条例规章是否合乎宪法进行审查，并对违宪的法律规范予以改变或撤销。对于从制度上保障宪法的最高效力而言，这个条文是有开辟先河之功的。另外，作为强化人民代表大会功能的一项重大举措，《监督法》的起草工作也加快了进度，并准备在近期内提交审议。

但是，有一点不得不提醒人们留意，尽管专家之中存在不同的主张，迄今为止的制度设计还是继续坚持立法机关内部监督、自我纠正的思路，对违宪的法律法规进行司法审查的宪政原理尚未得到正式承认。

立法机关审查违宪的冲突

然而，稍加推敲就会发现，由全国人大及其常委会来审查法律是否违宪的做法，既不能使宪法监督充分制度化，也难以达到及时纠正违宪现象的目的。试想象一下，如果仅仅由立法机关本身来发现和解决有关规范冲突，它能感到承担违宪责任的压力吗？宪法由立法机关制定，也由它解释，法律是不是违宪还要由它判断，既然如此，不等违宪问题提出来就可以通过或者修改宪法，或者修改法律的方式来化解之，岂不是连“违宪”这个词都变得可有可无了吗？

何况法律规范的违宪在大多数场合并不是一目了然的，往往需要在司法过程中通过具体案件的审理来发现；但现在最高人民法院根本无权对法律文本说三道四，甚至连提请立法机关审查纠正的资格也不具备，这就等于编造了一个“法律无谬”、“法律万能”的神话。

按照《立法法》的规定，最高人民法院及其他的国家机关统统都只能就行政法规以及地方性法规是否与宪法和法律相抵触的问题向全国人大常委会书面提出审查的要求，决定的权柄则一概由立法者掌握。对违宪的法规进行立法性审查的要求一旦受理，需要经过全国人大常委会的工作机构、专门委员会以及该法规制定机关的研究、审查、反馈、决定、复议等许多环节，颇费周折。

纠正违宪的制度保障

问：强调纠正违宪的及时性，其最终的落实如何体现？

季卫东：现在强调纠正违宪的及时性，注重宪法解释，提倡首先解决地方性违宪问题，无论立论的出发点是落在人民代表大会体制上还是落在人权事业上，在逻辑上必然要推导出建立司法审查制度的任务——通过最高人民法院或者另行设立的具有司法性的宪政委员会，从立法机关的外部来监督法律法规是否符合宪法，同时也严格追究任何组织或者个人的违宪行为。

可以说，宪法监督机制如果不能最终落实到司法性程序上，很可能好看不能用，还得小心轻放冷处理。而法律实践对于可操作性的要求反过来就会成为促成“宪法进诉讼”（容许法院在审判中援用宪法规范）乃至“宪法诉讼”（容许法院纠正任何形式的违宪行为）的动力。

问：为什么在谈到宪法保障制度时要特意强调宪法解释这样具体的事项呢？

季卫东：宪法作为根本规范具有抽象性，只有经过解释才能转化为看得见、摸得着的公民基本权利和义务以及约束政府权力的准绳。一般而言，解释主要与执行、应用密切联系在一起。所以，在讨论落实宪法规定的时候谈到加强宪法解释是顺理成章的。

根据现行《宪法》第67条，由全国人大常委会行使的职权当中包括解释宪法和解释法律。但是，宪法并没有让立法机关去包揽甚至垄断法律的解释权，也没有禁止最高人民法院就在审判过程中如何具体应用宪法性法律（包括《宪法》、《宪法修正案》、《特别行政区基本法》以及相关法律）的问题进行解释。

问：也就是说，假如现行宪法的条文构成了某种制度上的障碍，可以通过修宪来克服？

季卫东：是的。实际上，比较一下各国的宪法和法院组织法就知道，由于法院的解释权是不言而喻的常识，没有必要再对这项职能另作规定。在这个意义上，要求全国人大常委会对宪法实施中的问题做出必要的解释和说明，决不是否定有关的司法性解释，恰恰相反，是在敦促国家权力机关对2001年第25号司法解释（8月13日批复）以及相应的宪法权利诉讼案件的判决等新经验、新认识及时做出回应。退一万步说，假如在这里现行宪法的条文构成了某种制度上的障碍的话，也完全可以通过修改宪法的程序来克服它。

强调宪法解释，意味着还要认真对待宪法原文。不能对根本大法采取敬而远之的态度。不能让宪法文本留下任何漏洞、逻辑混乱以及内容上的暧昧和矛盾。也不能把宪法当成可以颠来倒去、任意组合出各种图案的万花筒，当然更不能阳奉阴违，说一套做一套。

“大司法”态势已形成

问：如果承认法院系统也是宪法解释的主体并以此为基础导入司法审查制度，就势必牵扯到权力结构的调整，也将对审判机关的素质提出非常高的要求。在中国，这样的宪法监督方式具有现实可行性吗？

季卫东：由于历史的阴错阳差，在中国其实已经形成了“大司法”的态势。目前具有法官职衔（不包括助理审判员在内）的人数达到15万余人，平均每个法官服务的公民人数是8600余人，与日本法官人均公民规模4.4万余人相比非常悬殊。如果把助理审判员、检察官（包括助理检察员）和律师人数加以合计，那么职业法律家的总数达49.6万余人，每个法律家服务的公民数是2600余人，也比日本的数值5900余人少得多，而更接近欧美发达国家特别是法国的水平。当然我们不能仅仅根据法官、律师人数众多就匆匆做出中国法治化程度已经很高的结论。

现阶段中国司法改革的一项重要举措其实是通过减员定编再培训的方式克服滥竽充数的弊端。但是，已经具备这样大规模的预算编制，倒也未必有什么不好。只要在这样的格局中尽快提高职业法律家的整体素质，那么中国就的确很有可能迅速地发展成为某种形态的法治国家，甚至以后来者居上的态势建立起与全球化市场竞争相适应的所谓“司法国家”的新体制。

至于司法审查制度对判断者的见识才学所提出的高标准、严要求，完全可以通过遴选少数德高望重的政治家、法律家组成具有司法性的宪政委员会或者宪法法院的方式来解决。

我曾经建议，在维持人民代表大会体制不变的前提条件下，不妨尽快设立一个具有足以与全国人大常委会相匹配、相抗衡的地位和权威性的宪政委员会，由5—9人之间的奇数委员组成。待条件成熟之后，再把宪政委员会转变成主要由大法官组成的宪法法院，并适当扩大其规模和职能。

另外，2001年第25号司法解释已经为导入司法审查制度提供了起点。审判机关既然已经可以在一定条件下援用宪法条文作为决定的根据，当然也将可以对宪法的含义进行解释，从而也就可以进而按照宪法最高效力的原则对与之抵触的一切法律、行政法规以及地方性法规进行审查和纠正。现在需要全国人大及其常务委员会通过宪法解释或者宪法修正案的方式对此给予明确的承认，或者在有待审议的监督法草案当中增加对违宪活动进行司法性审查的具体内容。

总之，现在设立司法审查制度真的是“万事俱备，只欠东风”。

司法审查制度的本质

问：司法审查制度的实质是什么？

季卫东：现代宪法学的理想是人民主权，也就是我们通常所说的一切权力属于人民。根据这个原理，人民的意志应该是至高无上的，可以约束国家权力。怎么约束呢？迄今为止主要存在着两种最基本的思路：即洛克式的以人权和公民基本权利来限制政府权力的思路和卢梭式的以普遍性公共意志来支配政府意旨的思路。但在制度安排上，人民主权通常表现为法治秩序中的议会本位，以普遍的直接选举和民意代表审议的程序为运作的枢纽。

到了20世纪后期，这种基本架构又受到了某些修正。值得强调的主要有两点改进：一项是沿着洛克式的思路，通过司法机关对违宪立法的审查和纠正来切实保障人权和个体自由。另一项是沿着卢梭式的思路，采取特别法案的公民投票以及行政首长的公民选举的方式来拓展民主的广度或深度，试图在某种条件下和某些特定的范围内促进群众参加式民主。

因此，在目前考虑宪政问题，应该把代议机构、司法审查制度乃至民主自治作为三合一的互补性配件纳入视野之中。中国在代议机构方面有人民代表大会（虽然它不等同于议会），在民主自治方面有基层“海选”和公约公议活动，惟独还缺那么一个司法审查制度的对应物。

司法审查制度的实质是用人民基本意志的结晶——宪法——来制约议会以及其他国家权力，在很大程度上也可以说，设立对违宪现象进行审查和纠正的制度就是要改组立法权与司法权之间的关系，是两者在人民主权至上、宪法效力最高的原则之下达成互相制约的均衡状态。以便切实保障公民的基本权利不受侵犯，防止一时一地的多数派甚至疑似多数派滥用表决程序和制定法规的权力来任意蹂躏个人的合法权益以及自由，进而败坏民主政治的声誉。

特别是在中国共产党把“三个代表”的表述写入党章之后，从代表大多数人民的角度来重新认识统治方式的合法性，势必要求立法程序的进一步民主化，同时还应该通过中立性的司法审查程序来防止或尽量限制“阶级立法”的偏颇，使一切法律规范和法律决定都能充分反映大多数人民的意志。

在这里有必要指出的是，司法审查制度的目的主要是防止宪法规定的公民基本权利受到立法权或者政府的侵犯，法院原则上并不介入一般性政治问题，也不应该对整个统治行为进行审查。

中国宪政之鉴

问：司法审查制度的前提是有一部真正符合正义理想以及人民意志的好宪法。中国在进入 21 世纪之后讨论改宪，有什么历史性特征吗？

季卫东：从理论上思考制定和修正宪法时，除了尊重国情和文化传统以及维护普遍性的社会公正观之外，一般还需要参照世界宪政发展史上的四个划时代的坐标，即：1689 年的英国《权利法案》，主要意义在于强调个人自由的价值；1789 年的法国《人权宣言》，侧重于社会平等的价值；1889 年日本明治宪法，展现了亚洲等非西方社会推行宪政的可能性；1989 年前苏联东欧各国的宪法革命，提出了重新定义国家与市场、社会与个人之间关系的问题。

问：你认为当今的宪政实践应吸取哪些经验？

季卫东：现行宪法已经采取宪法修正案的方式进行了三次小改。如果要在 2003 年全国人民代表大会上提出第四修正案的话，首先应该顺着 1999 年宪法改正的制度变迁路径，把包括私营经济在内的私有财产权益作为一项不可侵犯的永久性公民基本权利加以确认，同时规定财产权的内容必须符合公共福利并对私有财产的征用加以严格限制。其次应该在劳动权利的项下规定职工和农民的集团交涉权以及其他方式的集团行动权，以便与私营企业家的实力增大和有产者利益保护措施的强化取得适当的均衡。

与此相应，还有必要在宪法修正案法治国家条款的基础上，进一步推动政府的中立化，并建立和健全从制度上协调不同集团利益的各种方式方法。在国家机关和制度方面，应该补充规定对一切违宪的法律、法规、命令、规则以及处分措施进行审查并做出决定的条款。

鉴于社会结构巨变的现实，也不妨继 1982 年之后的第四次大改宪，把包括加强政治协商会议的功能、引进司法审查制度、界定地方自治的权限等在内的国家权力结构重组作为最主要的议题。当然，这样的作业应该从长计议，完全不必匆忙行事。

载《21 世纪经济报道》2002 年 12 月 30 日第 6 版

私权伸张　与民更始

即将来临的这一年，公权与不断演化的私权之间的互动很可能会加剧；在这个过程中，民主法治建设的关键在于切实保障私权、并相应地彻底刷新公权。

从法律界的视角来回顾改革开放30年的风雨历程，中共十一届三中全会公报中最具划时代意义的内容，应该是执政党在历经各种政治劫难后向人民作出的承诺：要保障《宪法》规定的公民权利和法律面前人人平等的原则、维护司法的独立性、不允许任何人有超于法律之上的特权。

在这个意义上也不妨说，改革开放时代，制度变迁的大方向就是重塑私权、对个人自由和平等逐步加强司法救济。其主要表现，包括私人空间的拓展与私有财富的积累这两大方面，前者由在1990年代初大量涌现的名誉权、隐私权诉讼而确定疆界，后者因2000年代初正式提上议程的物权立法以及相应的各种产权纠纷处理才逐步纳入正轨。

时至2008年，私人权利的发展已经转入质变阶段，从片面追求消极自由，飞跃到新的起点上来尝试各种形式的积极自由。作为转折的突出标志，典型为抗震救灾过程中大放异彩的“志愿者精神”以及民间的互助合作活动。私人也好，私营企业也好，在危难之际突然展现主人翁意识，积极参与公共事务，富有成效地推动自治机制运作，给了海内外舆论界一个巨大惊喜。从矗立于废墟之上的中国公民社会的雏形可以看到，以回避政府以及利己行动为特征的私权正在式微，而关注他人和公益、主动承担责任、接近公共管理事务的新私权观已经呈现。这种聚小私为大公、个体与整体相协调的共和主义政治效应，在北京奥运会的大量精彩细节中也得到了进一步的印证，并将对今后的社会发展（包括政治体制改革在内）产生着某些难以预测的深远影响。

既然个体初露公共性、私权的伸张也不再囿于利益驱动，那么如何因势利导，如何以价值取向的多元化为前提来调整公共权力的结构、功能以及沟通活动，就是下一阶段进行制度改革和创新的中心问题。由此可见，即将来临的这一年，公权与不断演化的私权之间的互动很可能会加剧；在这个过程中，民主法治建设的关键在于切实保障私权、并相应地彻底刷新公权。

众所周知，2009 年适逢中华人民共和国成立后的首度花甲。按照传统的“干支历法”和“时政纲领”，这应该是个周而复始的拐点。回溯初衷开新局，此其时也。

怎样切实保障私权?

怎样切实保障私权？怎样彻底刷新公权？这两个问题，就是在迎接建国六十周年庆典之际，法律界必须首先推敲的问题。

就保障私权而言，诉讼程序具有特殊的重要意义。理由很简单，在立法程序中存在少数服从多数、部分服从全体的规则，在行政程序中贯穿着个人服从组织、下级服从上级的逻辑，只有在诉讼程序这里，理论上是任何个人都享有充分的、平等的机会来自由发言，任何特殊的、少数派的利益诉求都有可能在一定条件下被写进规范文本。但诉讼程序能否为私权提供充分的保障还是有前提的，其中最重要的就是司法独立、审判者不偏不倚。在这里，可以把问题转换一下，着重推敲怎样才能确保司法独立原则的贯彻到底并且不至于被误解、滥用、践踏之类的方法。

在社会转型的过渡期，由于新规范、新体制尚未完全确立，推行司法独立会碰到各种困难和阻力。为了避免围绕审判的互动关系扭曲法律和正义、出现滥用裁量权的流弊，提高诉讼程序的透明度并适当加强舆论监督的举措就成为必要。

但在 2008 年，诉讼透明化和舆论监督开始发生剧变。一方面，当局的基本方针再次指向司法的群众路线，把对舆论的重视以及对政策的考量提到了前所未有的高度。另一方面，围绕个案的舆论日益活泼乃至激烈，已经呈现法庭斗争的态势并开始形成支援诉讼当事人的市民运动。这两股合力拧在一起，正不断促进审判工作的政治化，在使不称职的法官有所顾忌、司法腐败有所收敛的同时，也使法庭里个人发言的声音或多或少受到多数意见及其他外部因素的影响。不得不指出，这样的状况有悖诉讼程序设计的宗旨，是不利于私权保障的。因此，在2009年中国司法改革的目标和具体任务还会有所调整，在避免公权的不同制度原理相混淆的同时，针对不同类型的案件采取相应的、稳妥的审判原则。

回顾2008年颁布的一些重要法规，可以看到在实现平等的自由以及公民均质化等方面的长足进步。如果说《物权法》为个人自由提供了坚固的保障，该命题实际上暗含了一个假设：自由与和谐的程度与财产权密切相关——无产者，不自由；有恒产者，有恒心。由此可以推而论之，为了保障必要的平等自由，就必须推行适当的均富政策，确保产权关系的明晰和稳定。

在这样的含义脉络里，自2008年元旦开始施行的《劳动合同法》、在2008年10月中旬通过的《十七届三中全会关于推动农村改革和发展的若干重大问题的决定》等规范性文本，可以理解为进一步保障私权的配套举措。《劳动合同法》关于无固定期限雇用关系的规定（第14条）、及时缔结书面合同的规定（第10条第2款）、对口头合同的工资翻倍罚则的规定（第82条第1款）等，意在节制资本，客观上也改变了雇用市场里讨价还价各方的力量对比关系，加强了劳工的谈判地位。同时，以耕地承包经营关系长久不变为前提，允许集体所有土地的使用权益自由转让，把土地定价权下放到基层群众手里，则加强了农民个人对于地方政府、村委会以及其他利益集团的谈判地位。通过诸如此类的制度化安排缩小不同阶层和利益集团之间的力量悬殊之后，以私权为基础的民主政治才不再被认为是缘木求鱼。

怎样彻底刷新公权？

以上述制度变迁为背景，从2009年起，包括农民以土地换取其他资源或财富、工人以雇用期限换取薪酬或待遇等现象在内，私权之间的交易将会日益活跃，并且促进营业自由的进一步扩大。与这样的趋势相呼应，公权的行政性干预将不断减少，村落、乡镇、企业、社区内部的自治将不断增强，政府的职能越来越集中到调整私权之间互动关系、防止以强凌弱和分配不公等方面，政府的立场也越来越中立化。尽管刚爆发的全球金融危机标志着市场万能主义的破产和自由至上论的终结，在挽救经济的过程中，政府的作用也会有所强化，但是，私权伸张、公权随之重新定位的大格局不应该、也不可能被改变。

在承认和保障私权的前提下改革公共事务的管理方式，最关键的是要解决怎样对不同利益集团之间的诉求进行调整的问题。相关的制度化作业必须首先确立两个基准点：一个是通过表达的自由来充分反映不同的利益诉求，例如继《政府信息公开条例》实施之后，尽早制定颁布一部符合时代精神的新闻出版法规；另一个是通过程序的公正来作出能被各方所接受和执行的决定，例如在财税制度以及预算审议方面推陈出新。这类举措大都属于增量改革，根本不存在体制上的障碍，是可以立即付诸实施的。

载《财经年刊2009：预测与战略》

改革就是建立新的公共性

——接受《21 世纪经济报道》采访的对话记录稿

［记者按语］

“改革就是建立新的公共性”，中国改革已届而立之年，展望未来，季卫东教授提出，中国的改革才进行了一半，接下的改革应大力伸张私权，彻底刷新公权。

2008 年夏天，季教授决定东瀛归来，主持上海交通大学凯原法学院。时值中国改革三十年，季教授归国之个人选择与大时代之间可有相遇之处？当年 12 月底，季教授在北京接受了本报记者的专访，讲述了一代法律人对于中国改革历史前景的展望和个体命运在时代长河中的独立抉择。

有人认为，中国今后进入一个后改革的时代，季教授不同意这个观点，“改革还只走了一半。也就是说，在个人权益的承认与保障方面在前三十年已经取得了辉煌成就，但还不能算大功告成，还需要推动公共管理的改进，但这一方面还是刚刚开头。

关于私权，季教授表示，改革二十年以来，中国人的权利意识已经在萌发和勃兴，私有财富也得到积累，自治空间也有所扩大。通过今年的汶川地震和北京奥运等事件可以看出，中国的个人不再停留在自扫门前雪的层面，还显露出对于参与公共事务的高度兴趣和能力，“这可以叫做一种新的私权观”，季教授表示，如果说私权意识的觉醒和私人财富积累是一种消极的自由的话，那么，新私权指向的就是一种积极的自由，一种参与国家事务的自由。中国社会将通过新私权向公民社会发展。

对如何保障私权的问题，季教授提出要在把个人利益升华为法律主张的基础上，鼓励私人在实现法律方面发挥积极作用，通过诉讼与侵权行为作斗争。当私权受侵害时，必须让受害者有充分的机会获得司法救济。而为了确保法律反映正义和正当的诉求，必须加强人民参与立法的可能性。季教授特别提示，在这个过程中，一方面要贯彻依得票多数进行决定的民主原则，另一方面也要防止多数人专制，确保少数人或者弱者的利益和诉求不被埋没。

季教授还讲到了中国已经加入 WTO，正在全面参与国际社会的各种游戏，而这些游戏都是有一定规则的。中国人要在国际竞争中胜出，就应该掌握并娴熟地应用这些游戏规则。为此中国的法学教育就不得不国际化。另外，中国政府已经在讲软实力，强调制度竞争，强调民主和国际化，这些就意味着中国也开始意识到这些方面的重要性。

吴　飞

一、承认个人自由乃改革之始

《21 世纪》：作为一个法律人，回顾改革三十年，您认为最为关键的价值在于哪里？

季卫东：我认为三十年改革最大的一个价值是承认个人的自由。个人的自由虽然还是有一定限制的，但是总的来说，自由度是越来越大了。然而我们还有必要继续考虑这样的问题，是不是个人都在享有适当而充分的自由，是不是所有人都自由了。也就是说，自由的平等性，这还是一个问题。

到目前为止，改革开放取得了巨大成功，总的来说，对个人的自由，大家都是认可的。你只要给人以自由，这个社会就有活力。现在基本上是处在不断放开的过程之中，放开的过程是要让大家去逐步适应的。虽然这个放开还不是很充分，还有很多的限制，但毕竟是在不断放开。也要看到，这其中的一些限制是合理的，强调个人自由并不意味着自由至上、撤除一切限制。问题是什么样的限制、何种程度的限制以及采取哪种方式进行的限制，这就涉及公权力的存在方式。我们现在应该追问，在这个自由不断扩大的社会里，不合理的限制究竟是什么？这是一个如何重新界定公权力的问题。

《21 世纪》：那您现在觉得我们社会的自由是限制得不够还是限制得太多了，怎么理解“不合理的限制”或者“重新界定公权力”的问题？

季卫东：我觉得这个问题不能简单地看。目前中国的现实是，应该限制的地方却并没有限制，导致某种被放任的自由与被放任的强制的短路联系。自由需要以法治为基础，法治当然意味着限制，既限制个人的自由被放任，也限制政府权力被滥用。但这样的限制之所以并不让人感到压抑，是因为它以保障个人自由为目的，是一种为了自由的限制，并通过限制更好地保障自由。我们面对的困境是，该自由的地方缺乏自由、该限制的地方缺乏限制，有些阴错阳差的感觉。

《21 世纪》：那能不能说现在很大的问题实际上就是，在于公权力利私权利之间的界限一直没有良好的规定。它不在于说多权利是多还是少，关键还在于怎么对两者做良好的界定。

季卫东：你说的这个观点，我很赞成。我也是这么想的，第一点，从法学的角度来看，权力的本质性问题不在于它的强弱，而且在于它有没有边界。也就是说权力应该是有法定边界的，同时个人自由与社会的公共性空间也是有一定边界的。这类界限没有划分好，社会就容易陷入混乱。本来是公共性问题，结果却以私人性方式出现。这就叫公私不分，或者说公器私用。人们甚至会用一种非正常的方式去购买公共服务，导致大面积的制度腐败。

二、如何切实保障私权？

《21 世纪》：今天我们在谈论改革三十年，总结还是蛮多的，但是我们总结过去，主要还是为了探求未来怎么走？对于这个命题，我发现您已经有了自己不少的思考，还写了专门的文章，从私人权利的伸张和公共权力的刷新的两个维度讲述了您的思考。那么，您能不能先从私权伸张这个角度，对于私权利的现状讲一讲。

季卫东：首先，我们需要弄清楚，属于私人范畴的事情究竟包括哪些。比如包括隐私，他的私人生活空间和决定私人事务上的自由。还有宗教信仰，这也是私人的问题。他信什么不信什么跟你有什么关系？只要不影响公共事务的决定，个人在宗教信仰和价值选择等方面应该享有充分的自由。他还应该享有自由表达的权利，“君子动口不动手”，可见言论自由与行动自由是应该有所区别的，对言论的自由不应该加以过度的限制。诸如此类的是自由的一个方面。其次，我们需要强调，对私人的正当利益和价值选择应该提供制度化保障，不容许其他人侵犯之。在改革开放过程中，个人享受到了很多政策优惠，今后应该把这些政策优惠逐步转变为权利和制度。对私权的保障不应该停留在政策的层面，而应该采取制度化的方式加以巩固，这正是现代法治原则的基本要求。

关于私权伸张，除了涉及它与公权力之间的关系之外，还涉及私权利与私权利之间的关系。这是个人自由的相互调整问题。这也是对社会性权力如何进行限制的公共性问题。在这里存在两种基本的关系：一个是国家与私人之间的关系，另一个私人与私人之间的关系。

《21世纪》：那么如何切实地保障私人的权利呢？

季卫东：从上面的分析，我们看到，对个人权利存在着来自两个方面的侵害的可能性。或者是国家权力对私人权利的侵害——国家为私权提供保障，同时也有机会进行剥夺。或者是一个私人对另一个私人的侵害——这就是弱肉强食的逻辑，也就产生了锄强扶弱的需求，也就导致国家应该为私权提供保障的呼声。在这个意义上可以说，要切实地保障私人权利，就必须在限制国家性权力的同时也限制社会性权力。要形成这样的局面：正当的私人权益都不能受到来自任何方面的任意侵害；如果有人受到侵害，他可以找到公正的第二者出面解决问题，不至于求告无门、伸冤无处。为了实现这样的局面，为确保存在一个公正的第三者，必须对国家权力加以限制，必须设立某种能够超越于国家性权力和社会性权力之上的力量，例如独立的司法权，例如自律的法律职业群体，这正是现代法治的制度设计思路。当然，在强调法治时，还有一个前提条件，这就是法律制度本身的正当性、妥当性，能充分反映人民的共识、社会的公意。因此，制定法律、决定公共事务就必须允许私人在场参与。每个人都要有机会去参加决策过程，表达自己的利益诉求，使法律内容符合大多数人的愿望。

这里面非常关键的问题就是对少数人、弱者的利益怎么保护？因为一个社会中强者的利益诉求很容易得到实现，多数人的利益诉求也比较容易通过民主程序得到实现，但少数人尤其是弱者的利益诉求却很容易遭到忽视。能否切实保障少数人和弱者的利益，这是私权保障的最关键的问题，是一个社会是否公平的重要指标。在这里，独立的司法具有决定性意义。让法院作为那个公正的第三者，为受到侵害的私人权利提供司法救济，这是切实保障私人权利的不可回避的一个制度化举措。

三、以增量改革刷新公权

《21 世纪》：展望政府改革之道，对于公权的刷新，您觉得会有什么样的障碍？

季卫东：关于政治体制改革的必要性已经形成了共识。剩下的问题是怎么改、改哪些地方、按照什么样的时间表去推行。一般而言，人家都认为政治改革不能采取激烈冒进的方式，因为这样做很难理性布局，却很容易引起社会动荡造成太大的社会代价。虽然在重大政治问题上不能回避决断，有时也需要采取大刀阔斧的果断举措，但政治改革也还是应该像经济改革那样循序渐进、稳扎稳打。不妨借鉴特区的做法，容许在现行体制之外有所尝试，设立一个对照物，开辟一块试验田，让新生事物与既成事实并存和竞争，然后根据结果和效果进行选择。

改革有一个渐变的过程，需要为新生事物预留生存空间。在这里，需要当局和民间双方都要有一个正确的互相理解，需要有这样一个互相理解的过程，双方都要理解对方的难处和要求并超越小我的立场，从大局、从久远来考虑政治改革的方向和步骤。在现有的体制之外来做，但是又是在现有体制下可以做的事情，这个就是所谓的增量改革。

《21 世纪》：能否具体的讲讲您对增量改革的定义？

季卫东：我在前面实际上已经解释了增量的涵意。也就是说要落实宪法法律的规定，在现有的体制内推进，并对法定权利和社会发展目标的内涵和外延有所增加。比如说让人家多说一点话，并不会直接牺牲别人的利益，天也不会塌下来，这个属于增量改革。还比如说，改革财税体制，增加透明度和参与性等等。这些内容的改革是符合国家和社会的根本利益和长远利益。

《21 世纪》：刚才您也提出来，民众和政府之间需要更加理性，相互妥协，但是改革的压力在哪里，这个问题您怎么来看？

季卫东：总的来说，邓小平时代的改革，这三十年间的改革，是以一部分人先富起来为特征。先富起来是意味着一部分人先自由。最近这几年开始强调均富，这也是当时就预定了的目标。均富就意味着平等的自由。我觉得是追求平等的自由这是一个很大的动力。

《21 世纪》：我注意到您在表述中比较注意采用“沟通”、“互动”、“协商民主”这些词汇，特别是您对“协商民主”是怎么定义的？

季卫东：是的，我比较重视在政府和民众之间的沟通和互动，我觉得这才是良性的社会矛盾化解之道。我认为在这个过程中，应该逐步提高普通民众，弱势者的谈判能力和地位。

而对于协商民主的强调，则来自我对片面强调票决的民主化主张的反思。民主是一个很精致的设计，它不仅仅是投票，民主如果只有投票而没有协商就很可能会成为情绪化的东西；而只有协商，没有投票，则很容易流于暗盘交易，民主也无法真正落实。所以我们追求的民主应该采取一种既有协商，又有票决的政治决策模式。

四、改革就是建立新的公共性

《21 世纪》：对于汶川地震、北京奥运中体现出来志愿者精神和众志成城的公众面貌，您提出来，它可能是一种，从消极自由向积极自由转变。个人更加的关注公共事务了，然后这些可能是转换为一种公民社会的一种渠道。对于这一个我感到不好理解，您能不能在介绍一下。

季卫东：总的来说，改革开放前的中国是一个全能主义体制下的社会，任何一个人在国家动员的范围之内，他没有逃避国家的消极自由。改革开放逐步给人们以消极的自由，尽管还很不充分。

在 20 世纪 90 年代，中国开始去政治化、去意识形态化，因此开始承认更多的消极自由。就是说，你可以在非政治领域享有广泛的自由。所以才会有些自由至上论在中国流行，包括自生秩序的观念。这表明大家都想追求消极自由，而国家也默许这种状况。

《21 世纪》：您对消极自由和积极自由是怎么定义的？

季卫东：消极自由就是脱离国家事务的自由，积极自由是参与国家事务的自由。20 世纪 90 年代初以来，消极自由虽然还很不充分，但发展的趋势却很明显。迄今为止，可以说消极的自由是得到认可的，但是积极自由却受到种种限制。因此，今后政治改革的方向是扩大积极自由。其实，仅有消极自由而没有积极自由，私权保障肯定是不充分的。在这个意义上，加强私权保障就必须承认私人享有积极自由的权利。

《21 世纪》：这个自由观有点特别，怎么来理解比较合适？

季卫东：这个提法与中国社会的特点有关。传统中国本来是一个缺乏公共物品、公共服务的国度。中国不乏被放任的自由，但却并没有允许和鼓励人民参与公共事务的观念。当然，这个传统特征在社会主义历史阶段已经有所改变。因为老百姓本来是一盘散沙，所以需要强调公共性，需要进行群众动员。但是在动员体制下，人民还是处于被动状态，并没有真正的参与，因此所谓公共性也只是国家意义上的，与社会的理解和感受未必等同。

由于只有片面的、甚至是畸形的消极自由，权力结构始终未能改造，结果机会的平等得不到充分保障、竞争的公平得不到充分的保障、分配的正义得不到充分保障，导致社会两极分化越来越严重。这就使得新的公共性更难以建立，积极自由的实现变得更加困难。要打破这样的恶性循环，有赖于国家的政治决断。在这个意义上，也只有在这个意义上，我们期待着某种跨越式发展。

《21 世纪》：那么您认为中国社会如何才能建立新的公共性？

季卫东：建立新的公共性，首先需要推动市民社会的发育和壮大，承认个人的主体性，承认民间自治机制，让自由选择和自我负责成为新型法治秩序的基础。应该让新的公共性从公民之间平等互动的关系以及自治机制中产生出来，这就意味着采取共和主义自由观。共和主义自由观在私权中嵌入他者和社会化的契机，所以不限于消极自由。与此同时，它又与动员型政治相区别，充分发挥个人的主观能动性。

其次我想强调自由的非自由基础，也就是法治秩序建构的重要性。在加强法治方面是存在社会共识的，但对法治概念的理解却很不一样。新的公共性应该以现代市民法学为理论基础，应该以个人权利保障和程序公正作为制度化的两个极轴。

分析一下现有的司法系统和法律实务人员的构成，你可以发现一种极其特殊的现象，即我们的法律实务人员构成具有法官多、律师少的特征。在其他国家，都是律师人数多于法官人数。比如我们可以看到，即使在律师人数较少的韩国，也是一个法官对三个律师。律师人数最多的是美国，一个法官对二十五个律师。但在中国，情况恰恰相反，比例是颠倒过来的，出现了三个法官或者是两个半法官对一个律师这样一种奇特情况。

这样一种极其特异的构成意味着什么呢？当然，律师人数过少，法官人数过多是和中国的司法体制有很大关系的。因为审判方式决定了在其他国家由律师所从事的很多工作，在中国都是由法官来做的。撇除这个因素，还体现了法院里的话语空间的特征。在那里，代表当事人诉求的律师的声音是很小的；而代表体制这一方面的法官、检察官，其比重是非常大的，占了压倒优势。也就说，这样的格局其实并不利于私权保障。

还可以推论，即使现在中国法官达 25 万人的数值不再增加，那么要以此为基准点按照美国模式来设计中国下一步法律职业发展的话，就意味着中国今后的律师人数将要达到 700 万乃至 1000 万人这样的规模；按照比较保守的日本模式，也会增加剑 150 万人。中国要得了这么多的律师吗？中国要得了这么多的法律实务人员吗？反过来，我们以政府既定的律师人数达到 30 万的目标为基准点，按照中国现在这样的法律实务人员的构成来确定应有法官的人数，那么法官就要增加到 75 万人之众，就人口比值而言相当于美国的三倍。这意味着无论从那个角度来看，我们都必须修改法律职业的发展目标或者构成模式。

如果把是非判断先放在一边，仅从上面介绍的发展目标和相关推算值上看，法科学生就业前景似乎是非常广阔的。也就是说，关于律师发展，假设按照刚才所说的政府决定的目标数字，无论采取哪一种推算方法，都应该产生大量的法律职业需求。但是，实际上已经出现了过早饱和的态势。既然现实和目标模式有这么大的距离，如果我们继续按照这样的模式去发展，前景将是一个火控的乱象。如何解决这样的问题，应该怎样进行法律职业教育的改革，就是我们需要进一步讨论的内容了。

摘要刊登于《21 世纪经济报道》2008 年 2 月 3 日

图书在版编目（CIP）数据

法制的转轨／季卫东著．—杭州：浙江大学出版社，2009.1

（公共政策论丛）

ISBN 978－7－308－06520－7

Ⅰ．法…　Ⅱ．季…　Ⅲ．社会主义法制－中国－文集　Ⅳ．D920.0－53

中国版本图书馆 CIP 数据核字（2009）第 006115 号

法制的转轨
季卫东　著

策划编辑　王志毅
责任编辑　钱济平
装帧设计　高海云
出版发行　浙江大学出版社
（杭州天目山路 148 号　邮政编码 310028）
（E-mail：zupress@mail.hz.zj.cn）
（网址：http：//www.zjupress.com）
排　　版　北京京鲁创业科贸有限公司
印　　刷　杭州杭新印务有限公司
开　　本　710mm×1000mm　1/16
印　　张　17
字　　数　262 千字
版 印 次　2009 年 4 月第 1 版　2009 年 4 月第 1 次印刷
书　　号　ISBN 978－7－308－06520－7
定　　价　32.00 元